新民法の分析

III

債権総則編

堀竹 学・吉原 知志〔著〕

成 文 堂

はしがき

　本書は，民法の債権総則について，2017 年の改正をきっかけに行った分析の成果である。債権総則を大きく債務不履行責任に関する分野と債権回収に関する分野に分けた上で，今回は，後者の債権回収に関する諸制度を主として対象とした。債務不履行については，本書のシリーズⅣ・契約法編で扱うことを予定している。債務不履行制度は契約責任との関連性が強いので，そちらで扱う方が適当であるとの判断による。

　今回扱った範囲は 2017 年の民法改正の主要領域であり，それぞれ改正前の規律，その当時の学説・判例，改正検討における議論の状況を踏まえていかに改正がされたかを示した。その過程で，著者の考えを若干示してみた。本書は以上のように基本的な事項の整理を示すことに主眼を置いているので，文献の参照は最小限に抑えている。各項目の内容については，著者 2 名の間では，簡単な話し合いはしたが，基本的には各自の考えに沿って執筆したものであるので，必ずしも著者間で見解を同一にはしていない。なお，吉原担当部分については，2019 年度香川大学演習履修者の眞田千明輝さん，真田隼人さんに目を通していただき，表現の点で貴重なご指摘を多数いただいたので，ここにお礼を申し上げる。

　著者の 2 名は，京都大学大学院法学研究科に在籍していた折，松岡久和先生（現・立命館大学法科大学院教授）にご指導を賜った。大学院の講義（スクーリング）では，民法が定める制度について，なぜそのような定めになっているのか，解釈上の問題点はないか，議論の状況はどのようなものか等々関心をもち，自分の頭でよく考え，疑問に思ったことは文献にあたり，自分なりの考え方をまとめる，という研究の一連の方法とその面白さをご教授頂いた。そのスクーリングの中で，民法を学ぶことの魅力を意識し，議論することの楽しさを実感できた。このような学問の経験から，民法について考察を深めて議論する楽しさを表現できたらと思い，『新民法の分析』というタイトルの本書を計画するに至った。できあがった本書でそのような意図の一欠片でも表現できたか，今となっては甚だ心もとなくはあるが，まずは自分たちな

りに考えたところを世の中に出してみることが重要だと思い，思い切って刊
行することとした。

　末尾になるが，本書の出版をお引き受けいただいた株式会社成文堂の阿部
成一社長，企画，編集から多大なお世話になった編集部の小林等さんに，心
より感謝の意を表したい。

　　2019 年 8 月

　　　　　　　　　　　　　　　　　　　　　　　　　　　　　著者一同

目　次

はしがき …………………………………………………………………………… i

凡　例 ……………………………………………………………………………… xii

Ⅰ　債権の実現方法

1　債権とその実現手続 …………………………………………………… 2

1　債権とは何か ………………………………………………………… 2

  (1) 債権の定義 …………………………………………………………… 2

  (2) 債権の種類 …………………………………………………………… 3

  (3) 債権の効力 …………………………………………………………… 4

2　民事執行手続 ………………………………………………………… 6

  (1) 実体法と訴訟法 ……………………………………………………… 6

  (2) 判決手続から執行手続へ──「債務名義」の機能 ………………… 6

  (3) 強制執行の方法 ……………………………………………………… 7

  (4) 金銭執行 ……………………………………………………………… 8

  (5) 執行手続の争い方 …………………………………………………… 9

  (6) 保全手続 ……………………………………………………………… 9

3　倒産手続 ……………………………………………………………… 10

  (1) 債権者平等原則 ……………………………………………………… 10

  (2) 倒産手続 ……………………………………………………………… 11

  (3) 手続の進行──破産法をモデルに ………………………………… 11

  (4) 倒産実体法 …………………………………………………………… 12

目　次　iii

Ⅱ 債権の保全

2 債権者代位権の行使 ……………………………………… 16

1 債権者代位権の構造 ……………………………………… 16

2 代位行使の範囲 ……………………………………………… 19

3 債権者への直接の支払いまたは引渡し ………………… 20

4 債務者の取立てその他の処分の権限 …………………… 24

3 詐害行為取消権の法的性質と効力 …………………… 26

1 詐害行為取消権の構造 …………………………………… 26

2 改正前の詐害行為取消権の法的性質の議論状況 ……… 29

3 改正前の詐害行為取消権の法的性質の判例 …………… 31

4 改正法による詐害行為取消権の行使方法 ……………… 37

5 認容判決の効力の拡張 …………………………………… 37

4 詐害行為取消権における対象行為 …………………… 40

1 問題の所在 ………………………………………………… 40

2 改正前の判例の状況 ……………………………………… 42

  ⑴ 不動産の相当価格での売却 …………………………… 42

  ⑵ 新規借入に伴う担保の供与 …………………………… 43

  ⑶ 既存債務に対する担保の供与 ………………………… 44

  ⑷ 特定の債権者への弁済 ………………………………… 45

3 改正法の規律 ……………………………………………… 46

  ⑴ 破産法の否認権との整合性 …………………………… 46

(2) 相当価格での財産の処分 ……………………………………… 47

(3) 既存債務に対する担保供与または債務消滅の行為 ……………… 50

(4) 過大な代物弁済 ………………………………………………… 52

(5) 転得者に対する詐害行為取消権の要件 ……………………… 52

Ⅲ 債権の消滅事由

5 債権の消滅，相殺 ……………………………………………… 56

1 債権の消滅 …………………………………………………… 56

(1) 弁済 ……………………………………………………………… 56

(2) 更改・代物弁済・免除・混同 ……………………………… 57

2 相殺とその制限 ……………………………………………… 58

(1) 基本事項——相殺の制度趣旨・要件・効果 ………………… 58

(2) 相殺を制限する規定の所在 ………………………………… 59

(3) 性質上の相殺制限（505条1項但書）
——自働債権に抗弁がある場合 ……………………………… 60

(4) 相殺制限の意思表示（505条2項） ………………………… 62

(5) 消滅時効にかかった債権を自働債権とする場合（508条） ……… 62

(6) 損害賠償債務を受働債権とする場合（509条） ………………… 63

(7) 差押禁止債権を受働債権とする場合（510条） ………………… 65

6 差押えと相殺 …………………………………………………… 67

1 問題の所在——相殺の担保的機能 ………………………… 67

(1)「差押えと相殺」 ……………………………………………… 67

(2) 相殺の担保的機能に対する評価 …………………………… 68

2 判例法理の展開 ……………………………………………… 69

(1) 2つの大法廷判決——制限説から無制限説へ ……………… 69

目 次 v

(2) 合意相殺に対する影響 ……………………………………………… 72

(3) 期限の利益喪失約款の周知性——大隅補足意見の意義 ……………… 74

3 改正法511条 ……………………………………………………… 75

4 債権譲渡と相殺 ……………………………………………………… 76

(1) 昭和50年判決以来の「無制限説」 ………………………………… 76

(2) 改正法の立場 ……………………………………………………… 78

7 弁済の表見受領権者 …………………………………………… 80

1 表見受領権者（478条） ……………………………………… 80

(1) 規定の趣旨 ………………………………………………………… 80

(2) 要件・効果の整理 ………………………………………………… 81

(3) 要件①——表見受領権者 ………………………………………… 81

(4) 要件③——弁済者の善意・無過失 ……………………………… 82

2 478条の類推適用 ………………………………………………… 87

(1) 類推適用とは ……………………………………………………… 87

(2) 判例①——定期預金の期限前払戻し・預金担保貸付 ………………… 87

(3) 預金者の認定 ……………………………………………………… 89

(4) 判例②——総合口座取引・保険契約者貸付 ……………………… 92

Ⅳ 債権債務関係の移転

8 譲渡制限特約の効力 ………………………………… 96

1 債権の自由譲渡性とその例外 ……………………………… 96

2 改正前の判例の状況 ………………………………………… 98

3 改正前の学説と検討 ………………………………………… 102

4 改正法による債務者の債権者固定の
利益に対する配慮の規律 ………………………………… 105

5 譲渡制限の意思表示が付された債権の差押え ……………… 107

6 預貯金債権に係る譲渡制限の意思表示の効力 …………… 108

9 将来債権の譲渡可能性 …………………………………… 110

1 問題の所在 …………………………………………………… 110

2 改正前の判例法理と学説 …………………………………… 111

3 将来債権譲渡担保の有効活用の観点 ……………………… 115

4 将来債権譲渡の効力 ………………………………………… 117

5 改正法の規律 ………………………………………………… 123

10 債権譲渡における対抗要件制度 ……………………… 125

1 民法 467 条および動産・債権譲渡特例法 4 条の規律 ………… 125

2 債権の二重譲渡の優劣の決定基準 ……………………… 127

目　次　vii

3 民法 467 条 2 項による対抗要件具備と
債権譲渡登記による対抗要件具備の競合 ……………………………… 131

4 対抗要件制度の改正議論 ……………………………………………………… 133

Ⅴ 弁済に関与する複数の当事者

11 多数当事者の債権債務関係 ……………………………………………………… 142

1 「多数当事者の債権及び債務」規定の見方 ………………………………… 142

(1) 分類──給付の可分性 …………………………………………………… 142

(2) 担保的機能 ………………………………………………………………… 143

2 債務者が複数の場合──連帯債務 ………………………………………… 143

(1) 基本 ………………………………………………………………………… 143

(2) 連帯債務者の 1 人について生じた事由の効力① ……………………… 144

(3) 連帯債務者の 1 人について生じた事由の効力②──各種の免除

…………………………………………………………………………………… 145

(4) 「"不真正"連帯債務」概念とその消滅 ………………………………… 147

(5) 求償とその制限 …………………………………………………………… 149

(6) 不可分債務 ………………………………………………………………… 152

3 債権者が複数の場合 ………………………………………………………… 152

12 保証の成立と効力 ……………………………………………………………… 153

1 保証の成立 …………………………………………………………………… 153

(1) 保証の趣旨 ………………………………………………………………… 153

(2) 保証契約の成立 …………………………………………………………… 154

(3) 「事業に係る債務」についての個人保証の特則 ……………………… 154

2 保証人の地位 ………………………………………………………………… 155

(1) 保証契約の内容 ……………………………………………………… 155

(2) 付従性・補充性・随伴性 ……………………………………………… 158

3 根保証 ………………………………………………………………… 160

(1) 根保証とは ……………………………………………………………… 160

(2) 個人根保証契約 ………………………………………………………… 160

(3) 根保証における随伴性 ………………………………………………… 161

4 継続的保証 …………………………………………………………… 162

13 保証人の求償権 ………………………………………………… 163

1 民法上の求償権の規定 ……………………………………………… 163

(1) 委託を受けた保証人 …………………………………………………… 163

(2) 委託を受けない保証人 ………………………………………………… 164

2 事前求償権 …………………………………………………………… 165

(1) 制度の概要 ……………………………………………………………… 165

(2) 事前求償権と事後求償権は別箇独立の権利か否か ……………… 165

(3) 事前求償権と事後求償権の間の影響関係 ………………………… 167

3 求償権の解釈問題 …………………………………………………… 169

(1) 事後求償権の発生時期 ………………………………………………… 169

(2) 物上保証人の事前求償権 ……………………………………………… 172

14 第三者の弁済と弁済による代位 ……………………………… 175

1 この項目の概要 ……………………………………………………… 175

(1) 第三者の弁済 …………………………………………………………… 175

(2) 弁済による代位 ………………………………………………………… 175

2 第三者弁済の要件・効果 …………………………………………… 176

(1) 「第三者弁済」の要件 ………………………………………………… 176

目　次　ix

⑵ 求償権の発生 ……………………………………………………………… 179

3 弁済による代位の要件・効果 ……………………………………………… 180

⑴ 弁済による代位の効果——原債権移転構成 …………………………… 180
⑵ 要件①——法定代位と任意代位 ……………………………………… 181
⑶ 要件②——弁済による代位における「正当な利益」…………………… 182

4 弁済による代位の判例法理 ………………………………………………… 183

⑴ 原債権移転構成 ………………………………………………………… 183
⑵ 原債権αの「附従的性質」……………………………………………… 185
⑶ 消滅時効 ………………………………………………………………… 187

5 一部代位 ……………………………………………………………………… 188

15 法定代位権者間の負担調整 ……………………………………………… 190

1 法定代位権者の競合 ………………………………………………………… 190

⑴ 問題の所在 ……………………………………………………………… 190
⑵ 501条3項各号の定める代位権者間の調整 ………………………… 191
⑶ 求償リスク分担の基本原理 …………………………………………… 194
⑷ 資格兼務者がいる場合の扱い ………………………………………… 198

2 共同保証 ……………………………………………………………………… 206

⑴ 共同保証人の債権者に対する義務の特殊性——「分別の利益」……… 206
⑵ 共同保証人間の求償権 ………………………………………………… 207
⑶ 「保証人」と「保証人」の間の代位 …………………………………… 210

3 担保保存義務 ………………………………………………………………… 212

⑴ 趣旨 ……………………………………………………………………… 212
⑵ 担保保存義務免除特約 ………………………………………………… 212
⑶ 担保保存義務違反と担保財産の承継人の関係 ……………………… 213

事項索引 ……………………………………………………………………………… 215

判例索引 …………………………………………………………………… 219
条文索引 …………………………………………………………………… 221

凡　例

・引用は原則として原文通りとするが，旧字体を新字体に改め，漢数字は算用数字に改めた。また，執筆者による補充は〔　〕で示した。

・民法については，条文番号のみを示した。ただし今回の改正（民法の一部を改正する法律〔平成29年成立〕）に関わる箇所については，以下のように示した。

　　・改正法〇条　　民法の一部を改正する法律（平成29年成立）により改正された民法条文

　　・改正前〇条　　民法の一部を改正する法律（平成29年成立）により改正される前の民法条文

・その他の法令名・判例集・法律雑誌等の略語・略称は，原則として有斐閣六法全書の略語・略称に従った。

・判例引用部は教科書体で示した。また，判例の出典と年月日は，下記の通りとする。

　　例　最判昭和59年5月29日民集38巻7号885頁【百選Ⅱ36事件】

　　※百選Ⅱは，窪田充見・森田宏樹編『民法判例百選Ⅱ債権［第8版］』（有斐閣，2018年）を指す。

・文献については，以下の略語を用いた。

池田・研究(2)　　池田真朗『債権譲渡法理の展開　債権譲渡の研究　第2巻』（弘文堂，2001年）

池田・研究(3)　　池田真朗『債権譲渡の発展と特例法　債権譲渡の研究　第3巻』（弘文堂，2010年）

一問一答（債権）　　筒井健夫・村松秀樹編著『一問一答民法（債権法）改正』（商事法務，2018年）

一問一答（動産・債権譲渡）　　植垣勝裕・小川秀樹『一問一答動産・債権譲渡特例法［三訂版増補］』（商事法務，2010年）

一問一答（破産法）　　小川秀樹編著『一問一答 新しい破産法』（商事法務，2004年）

内田Ⅲ　　内田貴『民法Ⅲ債権総論・担保物権［第3版］』（東京大学出版会，2005

年)

近江Ⅳ　近江幸治『民法講義Ⅳ債権総論［第 3 版補訂版］』（成文堂，2009 年）

大村・道垣内・ポイント　大村敦志・道垣内弘人編『解説 民法（債権法）改正のポイント』（有斐閣，2017 年）

川島　川島武宜『債権総則講義第 1』（岩波書店，1949 年）

講座　星野英一編集代表『民法講座　第 4 巻　債権総論』（有斐閣，1985 年）

佐久間　佐久間毅『民法の基礎 1　総則［第 4 版］』（有斐閣，2018 年）

潮見Ⅰ　潮見佳男『新債権総論Ⅰ』（信山社，2017 年）

潮見Ⅱ　潮見佳男『新債権総論Ⅱ』（信山社，2017 年）

潮見・概要　潮見佳男『民法（債権関係）改正法の概要』（金融財政事情研究会，2017 年）

潮見ほか・詳解　潮見佳男ほか編『詳改 改正民法』（商事法務，2018 年）

四宮＝能見　四宮和夫＝能見善久『民法総則［第 9 版］』（弘文堂，2018 年）

重要論点実務　鎌田薫ほか『重要論点実務民法（債権関係）改正』（商事法務，2019 年）

詳解Ⅰ～Ⅴ　民法（債権法）改正検討委員会編『詳解・債権法改正の基本方針Ⅰ～Ⅴ』（商事法務，2009 ～ 2010 年）

詳説　債権法研究会編『詳説 改正債権法』（金融財政事情研究会，2017 年）

新注民(10) – Ⅰ　『新版注釈民法(10)– Ⅰ債権(1)』（有斐閣，2003 年）

新注民(10) – Ⅱ　『新版注釈民法(10)– Ⅱ債権(1)』（有斐閣，2011 年）

第〇回会議議事録　法制審議会民法（債権関係）部会第〇回会議議事録

髙橋・債権総論　髙橋眞『入門 債権総論』（成文堂，2013 年）

注民(11)　『注釈民法(11) 債権(2)』（有斐閣，1965 年）

注民(12)　『注釈民法(12) 債権(3)』（有斐閣，1970 年）

中間試案補足説明　民法（債権法）の改正に関する中間試案の補足説明

中田・債権総論　中田裕康『債権総論［第 3 版］』（岩波書店，2013 年）

中田ほか・講義　中田裕康ほか著『講義 債権法改正』（商事法務，2017 年）

中舎・債権法　中舎寛樹『債権法』（日本評論社，2018 年）

Before/After　潮見佳男ほか編著『Before/After 民法改正』（弘文堂，2017 年）

百選Ⅱ　窪田充見・森田宏樹編『民法判例百選Ⅱ債権［第 8 版］』（有斐閣，2018 年）

平野・債権総論　平野裕之『債権総論』（日本評論社，2017 年）

平野・論点と解釈　平野裕之『新債権法の論点と解釈』（慶應義塾大学出版会，

2019 年)

部会資料　　民法（債権関係）部会資料（2009 年〜 2015 年）

星野　　星野英一『民法概論Ⅲ（債権総論）［補訂版］』（良書普及会，1988 年）

前田・口述　　前田達明『口述債権総論［第 3 版］』（成文堂，1993 年）

前田編・史料　　前田達明編『史料債権総則』（成文堂，2010 年）

松尾・債権法改正を読む　　松尾弘『債権法改正を読む』（慶應義塾大学出版会，2017 年）

松岡・物権法　　松岡久和『物権法』（成文堂，2017 年）

柚木　　柚木馨〔高木多喜男補訂〕『判例債権法総論［補訂版］』（有斐閣，1971 年）

我妻　　我妻榮『新訂債権総論』（岩波書店，1964 年）

I 債権の実現方法

1 債権とその実現手続

1　債権とその実現手続

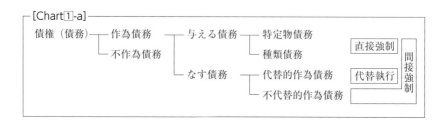

　本書は，民法第3編「債権」の第1章「総則」の解釈問題を扱う。「債権総論」と呼ばれる分野の半分近くが対象となる。本書で扱う分野の特徴を一言で言うならば，「債権の実現に関する諸方法」である。この項目では，債権とは何か，債権の実現方法はどうなっているか，を簡単に見る。

1　債権とは何か

(1) 債権の定義

　債権とは，債務者に対して一定の給付を要求できる権利である。物権が物への支配を誰にでも主張できる権利であるのに対し，債権は特定の者（債務者）にだけ主張できる相対的な権利である。債権はまた，独自に価値をもつ財産権でもあり，譲渡が可能である（Ⅳ）。

　民法第3編第1章「債権総則」は，債権債務関係に関する共通事項を規定し，第2章以下の「契約」「事務管理」「不当利得」「不法行為」が，それぞれ債権の発生原因を規定している。本書は，債権総則を扱う。なお，「債権総則」という場合は民法の規定群を指すのに対し，「債権総論」という場合は講学上の領域を指す。

⑵ 債権の種類

　債権総則の第1節「債権の目的」は債権の種類を規定している。「目的」とは目標 target のことではなく内容・客体 object の趣旨であり，債権の内容・客体に応じて債権が類別されている。債権の種類に応じて債権の実現方法が異なるので，債権の種類を知ることは重要である。

①作為債務／不作為債務，与える債務／なす債務

　債権者が債務者に要求できる「給付」とは，債務者が債権者のためにする利益的な行為全般を指す。すなわち，債権は，常に債務者の一定の行為を対象とする。債権は，あくまで債務者の行為を経て実現されるのが原則であって，債務者という人間自体や債務者の所有する財産そのものが債権の対象となるのではない。

　「行為」は法学では意識的な動作全般を指し，「作為」と「不作為」の両方を含む。「何もしない行為」というと違和感があるが，債権者のために何もしないこと（例えば夜20時以降はピアノの演奏を「しない」など）も「給付」の一種であり，「不作為債務」という。すなわち，債権は作為債務と不作為債務に分類される。なお，「債権」と「債務」は互換的であって，以下の説明でも互換的に用いる。

　作為債務は「与える債務」と「なす債務」に分類される。与える債務は一定の財産を与える債務であり，なす債務はそれ以外の作為債務である。与える債務は，「与える」という行為の性質上，作為債務の中でも国家による履行強制に馴染みやすく，反対に，なす債務の内容は縦横無碍に存在するので執行方法の解釈が必要である。

②特定物債務／種類債務，代替物／不代替物，金銭債務

　与える債務は「特定物債務」と「種類債務」に分かれる。特定物債務はこの世に一つしかない特定の物を給付する債務であり，種類債務は同種・同等の物の引渡しを種類・数量で指定された債務である。なお，特定物か種類物かの区別は，代えが効く物かどうかの区別とは異なる。広く流通している商品（代替物という）であっても，債権債務関係の当事者が「この物」に決めたのであれば，特定物となる。反対に，代えの効かない物（不代替物）であっても，いくつか並べられた中でどれでもよいのなら特定物でない。

1　債権とは何か　　3

最後に，与える債務の中で特殊な類型として金銭債務がある。金銭債務は価値によって給付する点で一般の給付物の中でも特殊であり，かつ社会的に極めて重要な類型である。国家が強制通用力をもたせた貨幣を「通貨」と呼ぶが，金銭債務は通貨によって弁済される（402条）。利息を生ずべき債権は利率の合意があればそれにより（約定利率），なければ法定利率による（404条）。従来は法定利率は5％に固定されていたが，改正法は3％を起点として，金利相場に応じて3年に1度1％の変更を加える変動利率制度を導入した。約定利率には利息制限法の規制がかかる。

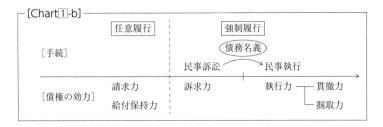

(3) 債権の効力
①債権の履行と不履行
　債権は債務者が債務の本旨に従った弁済をすることで消滅する（473条。Ⅲ5）。債務が履行されない場合，債務者が債権者の求めに応じて任意に履行をすればそれでよいが（任意履行），債務の履行がなければ債務者は債務不履行責任を負う。債務が不履行となるのは，履行期に履行をしなかった場合（412条。「履行遅滞」）と履行できない場合（412条の2。「履行不能」）が代表であるが，債務の本旨に従った履行がなければ全て債務不履行である。債権者による債務不履行責任の追及手段として，債権総則では①履行請求権（414条）と②損害賠償請求権（415条）が規定されている。契約に基づく債務の場合，契約総則で③解除（540条）による契約の解消も規定されている。契約総則は，債権総則に続く第2章「契約」の第1節であり，契約の共通事項を規定している。本書は債権総則を扱うので①と②だけ簡単に見る。①履行請求権は，債権者が裁判所に提訴して契約内容を強制的に履行させる権利である（強制履行）。②損害賠償請求権は，債務不履行によって債権者に損害が生じ

た場合に債務者に賠償させる権利である。ただし，②については，債務不履行と因果関係をもつあらゆる損害を賠償させるのでは行き過ぎであるので，416条が損害賠償の範囲を規定している。「通常生ずべき損害」（1項）と「特別の事情によって生じた損害」（2項）とで判断が異なる。損害賠償は金銭で行う（417条。金銭賠償の原則）。

　なお，債務の本旨に従った履行を債務者がしたにもかかわらず債権者が受領しない場合，債権者は受領遅滞責任を負う（413条）。

　②請求力／給付保持力／訴求力／執行力（貫徹力／掴取力）

　①に見た債権の実現手段に対応させて債権の効力が定義される。まず債務者に任意履行を迫ることのできる力が「請求力」である。請求力の欠ける債権の行使は不法行為となる。大半の債権には請求力が備わるが，道徳上・社交上・宗教上の義務（「徳義上の義務」と呼ばれる）は請求力がない。例えば，毎週食事をおごってくれる先輩がいてたまたま今週は喧嘩しておごってくれなかったとしても，おごってくれと請求することはできない。そして，請求した結果受領した給付を適法に保持できる力を「給付保持力」という。請求力と給付保持力はセットで備わる。

　「訴求力」は，民事訴訟という国家機関の用意した手続を通じて履行を請求できる力である。債権が訴求力を有しない場合，その債務は「自然債務」と呼ばれ，当該債権には請求力・給付保持力はあるが訴求力はない。自然債務となる場面としては，債権に不訴求の合意がある場合と，法律上の訴求制限がある場合が挙げられる。法律上の制限の典型は破産免責や消滅時効である。これらにかかった債権は完全に消滅はしないが訴求はできなくなる。

　債権者が民事裁判で勝訴判決を得ても，それだけでは債権は実現されない。判決によって権利の存在が証明されたことを前提に，強制執行を申し立てる必要がある。強制執行による債権内容の実現を国家に要求できる力が「執行力」である。債権に不執行の合意がある場合は，訴求力まではあるので請求認容判決を取れるが執行力はなく強制執行はできない。

　執行力は「貫徹力」と「掴取力」に下位分類される。債権が当初予定された内容通りに実現されるよう強制執行を求める力が貫徹力であり，特に金銭債権に関して債務者に属する財産を強制的に処分して価値によって実現する

1　債権とは何か　　5

力が掴取力である。金銭債権は価値で実現されることが予定されており，必ずしも債務者に貨幣を支払わせる方法でなくとも実現できる。

債務者が強制執行の引当てとする財産を「責任財産」（または単に「責任」）と呼ぶ。掴取力と貫徹力はほぼ金銭債権としての実現か否かに対応し，掴取力の対象となる債務者の全財産を「一般財産」，貫徹力の対象が特定の財産の引渡しである場合の当該財産を「特定財産」と呼ぶ。

2 民事執行手続

(1) 実体法と訴訟法

既に何度か触れたように，債権が任意に履行されない場合は，債権は裁判所を通じて実現される。私人間の権利義務関係の発生・内容・消滅の仕方は全て民法を頂点とする実体法の秩序から決まるが，その実現手続は訴訟法で決まる。「手続」というと役所や銀行の窓口の扱いのようで安く聞こえるかもしれないが，国家機関の活動は全て手続で構成されており，訴訟法以下の手続法を見ないと権利の実現の仕方はわからない。以下では債権総論に関わりの深い，執行手続と倒産手続の概要を説明する。

(2) 判決手続から執行手続へ──「債務名義」の機能

履行請求だろうと損害賠償請求だろうと，それに債務者が任意に応じない場合，自力救済（暴力の行使）は禁じられているので，債権者は国家機関である裁判所に民事訴訟を提起する必要がある。民事訴訟は，原告が被告に対して主張している実体法上の権利義務関係が存在するか否かを裁判所が判断する手続である。原告の請求する実体法上の権利こそが裁判所の審理の対象であり，審理対象のことを「訴訟物」と呼ぶ。訴訟物である権利の存在を裁判所が認めれば「請求認容判決」，認めなければ「請求棄却判決」が出る。

民事訴訟は，被告に給付を求める「給付訴訟」，権利義務関係の確認だけを求める「確認訴訟」，離婚や決議の取消しなど法律関係の形成を求める「形成訴訟」の3種類に分けられる。それぞれ訴訟物が実体法上の権利であることは変わりない。民事訴訟は権利義務関係を確定する手続にとどまるの

で，給付訴訟の請求認容判決（給付判決）が出てもそれだけでは権利の強制的な実現とはならない。給付訴訟の請求認容判決は権利の存在を確証する「債務名義」（民執22条1号）となり，原告は裁判所の強制執行を担当する部門である「執行裁判所」に債務名義を提出して強制執行を申し立てる必要がある。権利の確定手続と執行手続を分けて強制執行を迅速に行えるようにするため，判決手続と執行手続は分離されている（分離原則）。

(3) 強制執行の方法

　強制執行の方法は，①執行官が物理的に内容を強制する「直接強制」，②執行官やその委託を受けた者が代わりに債権内容を実現し費用を債務者から徴収する「代替執行」，③債務者が債務を履行するまで制裁金を賦課して圧迫感を与える「間接強制」がある（414条参照）。特殊なものとして，④意思表示をする義務の履行は，これを命じる判決の確定によって意思表示が擬制される（民執174条。「判決代用」）。

　執行を申し立てられた債権にどの執行方法を使えるかは債権の種類に応じて決まる。民事執行法の規定は，金銭の支払を目的とする執行（金銭執行。法第2章第2節。掴取力の実現）とそれ以外の執行（第3節。貫徹力の実現）とで大きく分かれる。金銭執行は，直接強制として責任財産の強制換価が行われる。非金銭執行は，作為債務の執行（作為執行）と不作為債務の執行（不作為執行）とで異なる。作為債務の内，与える債務には直接強制が適合的である（民執168条〜170条）。与える対象を物理的に奪取すればよいからである。なす債務は債務者以外の者でも内容を実現できる場合（代替的作為債務）と当該債務者でしか履行できない場合（不代替的作為債務）とで区別できるが，代替的作為債務には代替執行が（民執171条），不代替的作為債務には間接強制が（民執172条）それぞれ適合的である。債務の内容が代替的ならば他の者にやらせればよいし，不代替的なら当該債務者に心理的圧迫感をかけてやらせるしかないからである。ただし，間接強制は債務者に自発的な履行を促す，比較的穏健な強制措置と理解されているので，いずれの種類の債務についても利用可能とされる（民執172条，173条）。それでも，ⓐ金銭債務と，ⓑ債務者の人格・意思の尊重を要する債務（芸術作品の創作や夫婦の同居の義務など）は，例

外的に間接強制の利用が許されない。ⓐは間接強制金を課すことが，ⓑは心理的圧迫を加えることが，債務の性質に適しないからである。不作為債務の場合は，履行方法も不作為であれば，許されない作為に出た場合に〇円支払えとする間接強制が適合し（民執172条），許されない作為の結果除去・予防のための作為をさせる場合（煙突に煤煙防止のフィルターを付けるなど）は作為執行による（民執171条1項2号参照）。「不作為債務」だからといって，履行内容が全く何もしないこと（全部停止）とは限らず，執行方法もそれに対応している（債務の性質に応じた執行方法に関する近時の研究として，安永祐司「抽象的不作為請求・判決と強制執行に関する考察(1)-(5・完)」論叢183巻5号35頁，184巻3号24頁，6号54頁，185巻3号53頁，6号53頁（2018-19年）がある）。

⑷ 金銭執行

　金銭執行は，債務者に属する財産を処分して債権者の満足に充てる手続である。財産ごとに適切な換価の方法が異なるので，処分対象が不動産である場合（「不動産執行」），動産である場合（「動産執行」），債権その他の財産権である場合（「債権執行」）に分けて規定されている。

　換価手続はいずれも「差押え」によって債務者の当該財産に対する支配を奪うことから開始する。不動産執行では強制競売開始決定（民執46条）の後に差押えの登記（民執48条），動産執行では執行官による動産の占有（民執123条），債権執行では第三債務者（執行対象債権の債務者）への差押命令の送達（民執145条）がされる。差押えの後，不動産は競売（民執45条以下），動産は適宜の方法による売却（民執134条）が行われる。債権執行では，債権を売却することもできるが，その債権の「取立て」（民執155条）をしてしまう方が手っ取り早い。第三債務者が取立てに応じない場合は，差押債権者は「取立訴訟」（民執157条）を提起できる。さらに，債権者が当該債権を貰い受けてしまう代わりに元の金銭債権は帳消しにする「転付命令」（民執159条）もよく使われる。転付命令は次に見る配当手続に入らずに債権を1人の債権者が丸取りできる方法のため，他の債権者の異議がないことが必要である（同条3項）。差押債権者は，いずれの種類の執行にしろ，差押対象財産に対して一定の物的な支配権を獲得したものと見られるので，94条2項や177条の第

三者の地位を認められる（松岡・物権法 127 頁，129-130 頁参照）。

　換価が完了したら配当の手続が行われる。強制執行の申立てをした債権者以外に，債務名義をもつ債権者は「配当要求」（民執 51 条）をして配当を受けることができる。換価金が全ての債権を満足させるのに不足する場合，債権額に応じた按分で配当される。執行裁判所は配当期日に「配当表」を作成し（民執 85 条），これに異議のある債権者は「配当異議の申出」（民執 89 条）をした上で，配当受領に不服のある他の債権者を被告にして「配当異議の訴え」（民執 90 条）を提起する。

(5) 執行手続の争い方

　執行手続が進む過程で，①手続に不備があったり，②前提となっていた実体法上の権利が実はなかったと発覚することがある。①手続の不備は「執行抗告」（民執 10 条）によって争うことができ，「決定」で裁判される。執行抗告ができない執行処分についても執行機関に「執行異議」（民執 11 条）を申し立てることができる。これに対して，②実体法上の権利の存否・内容に異議がある場合は，「訴え」によらなければならない。実体法上の権利に対する裁判所の判断には，当事者に憲法上の「裁判を受ける権利」（憲 32 条）が保障され，対審の弁論を経る必要があるからである。裁判所のする判断には「判決」「決定」「命令」の 3 区分があり，「訴え」には「判決」が対応し裁判所が判決をするためには口頭弁論を経る必要があるが，「決定」には不要である（民訴 87 条 1 項）。その結果，執行債務者が債務名義に記載されている権利の存否・内容に異議がある場合は，「請求異議の訴え」（民執 35 条）を提起することになる。執行債務者が原告となって勝訴すれば債務名義の効力は覆される。また，執行対象財産が執行債務者の責任財産に紛れ込んでいた第三者の財産である場合には，本来の権利者は「第三者異議の訴え」（民執 38 条）を提起して当該財産の取戻しを請求できる。

(6) 保全手続

　以上が債権実現の正攻法である民事執行手続だが，以上の手続だけでは債権実現のために致命的な欠陥がある。判決手続で争っているうちに債務者の

責任財産が不足すれば，強制執行は不奏功で終わるのである。債務者が全ての債権者に対して債務を履行するのに十分な責任財産をもたない状態を「無資力」と呼ぶが（Ⅱの重要概念），債務者が無資力になって権利の実現が手遅れにならないよう民事保全法が保全手続を規定している。

　民事執行手続は債務名義をもつ者が利用するのに対し，民事保全手続はこれから債務名義を取るため本案の訴えを提起した者が利用できる（民保11条）。「保全の申立て」が認められて「保全決定」を得るためには「保全の必要性」を「疎明」する必要がある（民保13条）。疎明は「証明」より証明度が低い事実の解明であり，事態の緊急性に鑑みて疎明で十分とされる。保全の手段は，①先にある財産について他の債権者が執行手続を進めている場合にも配当要求できる地位を保全しておく「仮差押え」，②債務者の特定財産が訴訟中に処分されないよう処分禁止効をかけておく「係争物に関する仮処分」，③例えば雇用関係確認訴訟の間に原告の生活のため給与が支払われるよう暫定的に本案の権利関係を認める「仮の地位を定める仮処分」の3種類がある（民保1条）。

　ここまでが，債権の実現のために法が用意する正攻法の手続である。これに対し，Ⅱでは債権者代位権（2），詐害行為取消権（3，4）という方法を見る。これらは，民法が債権者に以上の正攻法に対する抜け道的な債権の実現方法を認めるものである。

3　倒産手続

(1) 債権者平等原則

　前出の配当手続で少し触れたように（2(4)），債務者が全ての債権者に弁済できる責任財産をもたない場合，債権者は債権額に応じた按分弁済を受ける（債権者平等原則）。これは，債権が債務者に対してのみ主張できる相対的な権利であって，相互に優先性を主張できないからである。優先弁済を望むなら，あらかじめ債務者の特定財産に「担保物権」を設定しておく必要がある。担保「物権」であれば，物権法上の要件を満たす限り他の者に対抗できる。さらに，債権総則では保証人などの「人的担保」を取る方法が定められ

10　　Ⅰ　債権の実現方法──1　債権とその実現手続

ており，Ⅳで見る。

(2) 倒産手続

　債務者がいよいよ立ち行かなくなった場合，個別の強制執行に任せていても埒が明かないので債務者の財産関係を一挙に整理してしまう必要がある。この手続が「倒産手続」である。民事執行法上の強制執行は個別の債権者のために個別財産を対象として行われるので「個別執行」と呼ばれるが，倒産手続は全ての債権者のために包括財産を対象として執行されるので「包括執行」と呼ばれる。

　倒産手続を定める法律に，破産法，民事再生法，会社更生法の3法がある。債務者の財産を整理する目的は，いったん全財産を債権者に配分して一から出直すことにする「清算型」と，現状の財産を維持しつつ増殖させて元の経済生活に復帰させる「再建型」がある。清算型手続を定めるのが破産法，再建型手続を定めるのが民事再生法と会社更生法である。

(3) 手続の進行──破産法をモデルに

　倒産手続の基本的な枠組みは破産法から学ぶのが早い。破産手続は債務者が「支払不能」である場合に債権者か債務者が裁判所に申し立てることで開始する（破15条，18条）。支払不能とは，債務者が弁済期にある債務を「一般的かつ継続的に弁済することができない状態」をいい（破2条11項），単なる無資力よりも限定的である。裁判所が支払不能を認めれば「破産手続開始決定」がされ（破30条），「破産管財人」が選任される（破31条1項）。破産管財人の地位は，破産手続の包括執行としての性格から個別執行における差押債権者の地位に類比され，破産者のした法律行為につき第三者とされる。破産手続開始決定の重要な効果として，手続開始時に債務者（「破産者」）の有していた一切の財産から「破産財団」が構成され（破34条），破産者は破産財団に属する財産の管理処分権を剥奪される（破47条）。破産財団の管理は破産管財人が専属的に行う（破78条1項）。そして，手続開始時に破産者が負っていた債務は「破産債権」（破2条5項）と扱われるが，「債権届出期間」が設定され，破産債権をもつ者は期間内に届け出ないと破産手続から無視されて

3　倒産手続　　11

しまう。届け出られた破産債権は，破産管財人が本当に届出通りの内容で存在するかを調査する。破産管財人の認否に異議のある債権者は裁判所による「査定」の申立てができ（破125条），査定決定にも不服のある者は「異議の訴え」（破126条）を提起できる。これらの手続を経て破産債権が「確定」して破産債権者表に債権が記載されると，確定判決と同一の効力でその存在が認められる（破124条3項）。破産管財人は確定した破産債権者らのために破産財団を管理しつつ財産を「換価」（破184条）し，「配当」（破193条）を行う。配当まで完了すると，破産手続終結の決定がされる（破220条）。

　個人である破産者にとって重要であるのは，手続開始と並行して「免責許可の申立て」をすることである（破248条）。裁判所が「免責許可決定」をすると破産手続で配当されなかった債権について「破産免責」の効果が生ずるが（破253条。自然債務となる），要件は厳格である（破252条）。法人である破産者は，破産手続開始によって「解散」する（株式会社について会471条5号。各法人根拠法を参照）。再建型手続である民事再生手続は「再生計画」（民再2条3号）を立てて裁判所の「認可」（民再174条1項）を受けた上で再生債務者の再建を図り，会社更生手続も株式会社について「更生計画」（会更2条2項）を遂行する。再建型手続では法人は解散しない。

(4) 倒産実体法

　民法は債務者が無資力になった場合に一定の要件を満たす債権者が優先して弁済を受けたり，あるいは劣後することを規定しており，本書で扱う債権総論の主要な領域である。倒産法は民法上の権利の倒産手続内での扱いも規定しており，これを「倒産実体法」と呼ぶ。対して，倒産手続にかかる前の段階で妥当する民法上のルールを「平時実体法」と呼ぶ。平時実体法と倒産実体法はパラレルの関係にあり，倒産実体法の方が債権者平等を実現するための拘束が相対的に強まる。

　破産管財人の行う破産財団の管理は，倒産実体法上の権利を適切に処遇することも含まれる。破産債権者が担保物権をもつ場合，担保物権は「別除権」とされて破産手続の影響を受けない（破65条1項）。債権者が担保物権の設定を受けておく意義はこのためにある。また，破産財団に破産者に属しな

い財産が紛れ込んでいた場合は，本来の権利者は「取戻権」をもち，手続にかからない（破62条）。また，破産財団に対する債権の内，財団運営のための共益費用など最優先で財団から支払を受ける特別の根拠をもつ債権を「財団債権」（破2条7項，148条）といい，破産財団から随時弁済を受ける。これらとは反対に，破産財団内の財産がこれ以上流出しないための倒産実体法上の措置も規定されている。破産管財人は，破産手続開始時に双方とも未履行だった双務契約がある場合は，特別の解除権をもつ（破53条）。また，破産財団を一方的に減少させたり（財産減少行為），破産債権者間でえこひいきになるような行為（偏頗行為）に対しては，破産管財人は「否認権」を行使してその効果を否定できる（破160条以下）。否認権は民法上の詐害行為取消権（II3，4）とパラレルの制度である。

再建型手続では以上に比べてさらに債権者の手続拘束が強められている。例えば，担保物権は会社更生法では「更生担保権」（会更2条10項）とされ手続内での行使しか認められない。それによって再建を促進する趣旨である。

本書では倒産実体法の解釈は扱わないが，平時実体法である民法の解釈は倒産実体法の規律を横目に見ながら行われている。したがって，倒産手続が何を目的とし何をする手続であるかの概要を頭に入れた上で民法の解釈を見た方が理解がしやすくなる。

（吉原　知志）

Ⅱ 債権の保全

2 債権者代位権の行使
3 詐害行為取消権の法的性質と効力
4 詐害行為取消権における対象行為

2　債権者代位権の行使

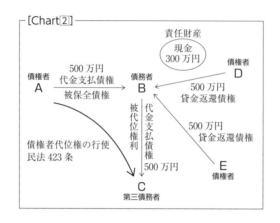

1　債権者代位権の構造

　債権者代位権とは，債権者が自己の債権（被保全債権）を保全することを目的として，債務者の債権（被代位権利）を行使する権利のことである。例えば，債権者Aが債務者Bに対し売買代金支払債権500万円を有しているとする。また，債務者Bは他にDおよびEに対しそれぞれ無担保の貸金返還債務500万円を負っていたとする。そして，ここではすべての債権が弁済期にあるとしておく。一方，債務者Bは，C（A, D, Eから見れば，第三債務者にあたる）に対する売買代金債権500万円と，現金300万円を有するだけで他には何ら財産を有していないとする。この状況では，債務者Bの財産状態は，債務の総額が1500万円であるのに対して，債権者Aに対する債務の弁済の原資となる責任財産は現金300万円のみである。このまま債務者Bが第三債務者Cに対する債権を履行しないと，債権者Aが債務者Bに対して有する被保全債権である売買代金債権500万円が全額回収できないおそれがある。そこで，債権者Aは，自己の被保全債権である500万円の売買代金債権を保全す

るため，債務者Bが第三債務者Cに対して有する被代位権利である売買代金債権500万円を代位行使することを考える。以下では，わかりやすくするために，金銭債権については，この事例をベースとして考察を進めることとする。

　ここで考慮しなければならないのは，債務者Bが第三債務者Cに有する被代位権利である500万円の売買代金債権は債務者Bに属するものであって，私的自治の原則からすれば，債務者Bの当該債権の管理処分権に対して第三者が不当に介入できないはずであることである。そうであるならば，債務者Bの管理処分権に介入して，債権者代位権が行使されるためには，債権者Aの被保全債権たる500万円が保全される必要がなければならない。この保全の必要性は，被保全債権が全額回収できなくなるおそれがあるときに生じる。そこで，最判昭和40年10月12日民集19巻7号1777頁は，「債権者は，債務者の資力が当該債権を弁済するについて十分でない場合にかぎり，自己の金銭債権を保全するため，民法423条1項本文の規定により当該債務者に属する権利を行使しうると解すべきことは，同条の法意に照らし，明らかであり，右の場合に債務者の資力が十分でないことについては，債権者がこれを立証する責任を負うものと解するのが相当である。」と判示し，金銭債権を被保全債権として債権者代位権に基づき金銭債権である被代位権利を行使するためには，債務者が無資力であることが要件であり（無資力要件），債権者に立証責任があるとしている。

　しかし，本来の債権の実現手続である民事執行手続に則れば，債権者Aは債務者Bの第三債務者Cに対する500万円の売買代金債権を差し押さえ，裁判所によって取り立てて，これを債権者Aの被保全債権たる500万円の売買代金債権の弁済に充てることになる（Ⅰ①2⑷）。その際，債権者Aは債務者Bに対する債権について民事執行法22条が定める債務名義を有していなければならない。Aが債権者代位権の行使としてBのCに対する債権を行使できることに対しては，債務名義を得ないで債権回収を図られるということであって，民事執行制度を骨抜きにするものであるという指摘がなされていた。債権回収は本来，民事保全・民事執行制度によるべきであるとして，債権者代位権廃止論まで示されていた。これとは正反対に，債務名義が不要な

簡易な債権回収手段としての債権者代位権の活用を提案するものもあった。この考えでは，債権回収の側面で強制執行と同様と捉えられ，債務者Bの無資力は不要とされる（以上の議論については，平野・論点と解釈129頁，潮見Ⅰ647-648頁）。

改正法では，423条の3が，代位債権者Aが債権者代位権に基づき被代位権利の行使として自己への金銭の直接支払を請求することを認めている。また，改正法では，債権者Aが被代位権利を行使した結果，自己に直接支払われた金銭の債務者への不当利得返還債務と被保全債権を相殺することにより，債権者Aが事実上の優先弁済を受けることを禁止していない。しかし，改正法423条の5により，債権者Aが債権者代位権に基づき被代位権利を行使した場合であっても，債務者Bはなお被代位権利を取り立てたり，処分したりすることもできる。この場合，第三債務者Cはなお被代位権利について債務者Bに履行することができるようになった。このことから，改正法は，事実上，債権者代位権の債権回収としての運用を容認しただけであり，積極的に債権者代位権を債権回収手段に活用する考え方を支援することまでは意図しておらず，改正法423条の5のような後ろ向きの改正もあり，実務に対しては衝撃を与えるものであると指摘する見解もある（平野・論点と解釈131頁）。また，今回の債権者代位権の改正は，債権執行は民事執行法の制度・準則を通じて実現すべきものであるとの理解を基礎に据えている，と捉えるものもある（潮見Ⅰ650頁）。

さらに，改正法が423条の3により，代位債権者Aは債権者代位権に基づき被代位権利の行使として自己への金銭の直接の請求を認め，その行使の結果，自己に直接支払われた金銭の債務者Bへの返還債務と被保全債権を相殺することにより事実上の優先弁済を受けることを禁止していないことについても，相殺権の濫用法理により制約がかかる可能性が示唆されている。それに加え，改正法423条の5により，被代位権利について相手方（第三債務者）Cから債務者Bへの弁済があり，債務者Bがこれを受領すれば，有効な弁済となって被代位権利が消滅し，その場合には相殺による事実上の優先弁済は封じられると指摘されている（潮見Ⅰ651頁，潮見・概要79頁）。どれくらい被代位権利について債務者Bが取立てをし，相手方（第三債務者）Cから債務者

Bに履行がなされるかはわからないが，改正法では債権者代位権が以前より簡易な債権回収手段ではなくなっているとはいえる。

　無資力要件については，明文化の検討もあったが，無資力要件は当然に含意されているとの理解のもとに明文化は見送られている（中間試案補足説明150頁）。そのため，無資力要件の要否や位置付けについて議論が生じる余地が残されている（詳説79頁，87頁［石井教文］）。なお，立法担当者の解説では，債権者代位権を行使するには，債務者の責任財産が不十分となって，債権を保全する必要性が生じている場合に限られると解されていることをより明瞭にするため，423条1項において，「自己の債権を保全するため必要がある」ことを債権者代位権の要件としているとする（一問一答（債権）91頁）。私的自治の原則の例外として，債務者Bの被代位権利の管理処分権に第三者が介入することからすれば，やはり債権の保全の必要性として無資力要件は必要であると解する。また，債権者代位権の行使には債務名義が不要であることから，債務者に対して債権があるか否か公の確定を経ていない者に，債権者代位権の行使を安易に認めれば無駄な争いが懸念されることが指摘されている。第三債務者も改正法478条の表見受領権者（Ⅲ⑦）への弁済として救済が認められるかはわからないし，第三債務者が478条の救済を受ければ，今度は債務者が債権を失うという不利益を負うことになるとも指摘されている（平野・債権総論151頁）。今回の改正が，債権者代位権の簡易な債権回収手段という側面を弱め，債権執行について債務名義を必要とする民事執行手続を基本にする方向にあると考えれば，以上の指摘は妥当である。

2　代位行使の範囲

　改正法では，423条の2において，債権者代位権が行使できる範囲は被代位権利が可分のときは，自己の債権額の限度においてのみ行使することができるとしている。説例では，債権者Aは，自己の債権額500万円の範囲内で行使することができる。この規定は，改正前民法には存在しなかった。しかし，最判昭和44年6月24日民集23巻7号1079頁は，この債権者代位権が行使できる範囲について問題となった事件において，「債権者代位権は，債

権者の債権を保全するために認められた制度であるから，これを行使しうる範囲は，右債権の保全に必要な限度に限られるべきものであって，債権者が債務者に対する金銭債権に基づいて債務者の第三債務者に対する金銭債権を代位行使する場合においては，債権者は自己の債権額の範囲においてのみ債務者の債権を行使しうるものと解すべきである。」と判示していた。債権者代位権が被保全債権の保全のための規定であるから，その行使も保全すべき範囲に限られるとしたのである。改正法423条の2は，この判例を明文化したものである（一問一答（債権）93頁）。

　債権者Aによって債務者Bの財産の管理処分に介入することは私的自治の原則からできる限り抑制すべきである（潮見・概要78頁）。総債権者の利益のために（設例では，D，Eのためにも）債権者代位権を行使しているとすれば，債権者は無資力の状態にあるので，債権額による制限を考えずに，被代位権利の全債権額を行使して良いはずである。しかし，金銭を債権者Aに支払うように請求し，しかもその金銭を相殺により自己の債権の回収に充てることが認められているので，事実上代位債権者Aが他の債権者（D，E）に優先して弁済を受けることからすれば，このような制限は妥当である（中舎・債権法428頁）。

3　債権者への直接の支払いまたは引渡し

　改正法は，423条の3において，被代位権利が金銭の支払い，または動産の引渡しを目的とするときは，債権者Aに直接金銭の支払いまたは動産の引渡しをすることを認めている。このような規定は改正前民法では存在しなかった。

　しかし，大判昭和10年3月12日民集14巻482頁は，債権者代位権として金銭債権である被代位権利を行使した債権者に第三債務者（被代位権利の債務者）が支払うことができるか争われた事件で，「民法第四百二十三条第一項ノ規定ハ要スルニ債権者ヲシテ債務者ニ代リ間接ニ其ノ権利ヲ行使シテ債権者ノ共同担保タルヘキ債務者ノ財産減少ヲ防キ以テ自己ノ債権ヲ保全セシメントスルノ趣旨ニ外ナラサルカ故ニ債権者カ自己ノ債権ニ付第三債務者ヨ

リ直接弁済ヲ受クルコトヲ得サルハ勿論ナリト雖第三債務者ヲシテ其ノ債務者ニ対スル債務ノ履行トシテ自己ニ給付ヲ為サシメ債務者ノ債権ニ付取立ヲ為スカ如キハ右ノ規定カ認メタル権利ノ行使方法トシテ固ヨリ妨ケナキ所ナリト解セサルヘカラス蓋シ若シ然ラスシテ債権者ハ唯第三債務者ヨリ債務者ニ対シ給付ヲ為スコトヲ請求シ得ルニ過キストスルトキハ債務者ニ於テ第三債務者ノ給付ヲ受領セサル限リ債権者ハ到底其ノ債権ヲ保全スルコト能ハサル結果トナリ前示法条ノ精神ヲ没却スルニ至ルヘケレハナリ」と判示している。同判決は，423条1項の趣旨は，債権者代位権を行使するのは，総債権者の共同担保である債務者の総財産の減少を防ぐことによって，被保全債権を保全することにあるとまず示す。そして，債権者が被保全債権について第三債務者から直接弁済を受けることができないのは当然としても，第三債務者から債務者に対する債務の履行として債権者に給付をさせて，債務者が有する債権の取立てをすることは，423条1項が債権者代位権の行使方法として認められないものではないとする。その論拠は，もし，そのような方法を認めず債権者は第三債務者が債務者に給付することを請求できるにすぎないならば，債務者が第三債務者の給付を受領しない限り，債権者は被保全債権の保全をすることができなくなり，423条1項の趣旨を没却することになるからであるとする。すなわち債務者の第三債務者からの弁済の提供に対する受領拒絶のおそれがあることを示している。

また，不動産の判例もあり，大判昭和7年6月21日民集11巻1198頁は，土地賃借人が土地賃貸人である土地所有者に代位して不法占拠者に当該土地上の工作物収去，および当該土地明渡しを請求した事件で，「土地ノ賃借人カ賃借権ヲ保全スル為賃貸人タル土地所有者ニ代位シテ土地ノ不法占拠者ニ対シ地上工作物収去及土地明渡ヲ請求スル場合ニハ其ノ請求権ハ土地所有者ノ権利ニシテ其ノ行使ノ結果モ亦本土地所有者ニ帰属スヘキコト勿論ナリト雖土地賃借人ニ於テハ之カ行使ノ方法トシテ自己ニ対シ右工作物収去土地明渡ノ給付行為ヲ為スヘキ旨ヲ請求シ且自ラ其ノ給付ヲ受領スルコトヲ得ルモノト為ササルヘカラス蓋若シ然ラスシテ土地賃借人カ不法占拠者ヨリ土地所有者ニ対シ右給付行為ヲ為スヘキ旨ヲ請求シ得ルニ過キストセハ土地所有者ニ於テ給付ヲ受領セサル限リ権利行使ノ結果ハ実現スルニ由ナク土地賃借

人ハ遂ニ其ノ賃借権ヲ保全シ得サルニ至レハナリ此ノ趣旨ヲ判示シタル原判決ハ違法ニ非ス」と判示している。同判決では，土地不法占拠者に対して所有権に基づく妨害排除請求権および返還請求権は土地所有者にあり，その行使の結果も土地所有者に帰属するとされている。しかし，債権者代位権の行使方法として土地賃借人（債権者）が自己に対し明渡しを請求し，自らその明渡しを受けることができるものとする。その論拠は，もし，そのような方法でなく土地賃借人（債権者）は不法占拠者が土地所有者（土地賃貸人）に給付することを請求できるにすぎないならば，土地所有者（土地賃貸人）が不法占拠者の給付を受領しない限り，債権者は被保全債権（賃借権）の保全をすることができなくなるからであるとする。すなわち，ここでも土地所有者（土地賃貸人）の土地不法占拠者からの明渡しに対する受領拒絶のおそれがあることを示している。

さらに，最判昭和29年9月24日民集8巻9号1658頁は，建物賃借人が建物賃貸人である建物所有者に代位して不法占拠者に当該建物の明渡しを請求した事件で，金銭の支払いを請求している前記大判昭和10年3月12日民集14巻482頁および土地の明渡しを請求している前記大判昭和7年6月21日民集11巻1198頁を引用して，「建物の賃借人が，その賃借権を保全するため賃貸人たる建物所有者に代位して建物の不法占拠者に対しその明渡を請求する場合においては，直接自己に対してその明渡をなすべきことを請求することができるものと解するのを相当とする（大審院昭和7年6月21日言渡判決，民集11巻1198頁，同昭和10年3月12日言渡判決，民集14巻482頁各参照）。」と判示して，代位債権者への直接の引渡しを認めている。

動産についてもこれらの判例法理があてはまり，第三債務者から債務者の弁済の受領拒絶のおそれがあることは同様である。そこで，改正法はこれらの判例法理を明文化して423条の3を新設した（潮見Ⅰ684頁，一問一答（債権）93頁）。

代位債権者Aが債権者代位権の行使により，第三債務者Cから直接金銭を受領した場合，債権者Aに被保全債権と債務者Bが債権者Aに有する受領金返還請求権（不当利得返還請求権）の相殺を認めれば，代位債権者Aは他の債権者D，Eに優先して満足を得ることができる。このような相殺の可否につ

いて，改正前民法に条文はないが，前記大判昭和 10 年 3 月 12 日民集 14 巻 482 頁は相殺を認めていた。しかし，債権者代位権の行使場面では，債権者は債務名義がなくても債権者代位権を行使できてしまい，前述のように債権があるか否か公の確定を経ていない者にそこまで認めるのは問題がある。また，一般財産を保全するという本来の債権者代位権の趣旨からは，債権者に行き過ぎた権利を与えることにもなる。そこで，今回の改正で，中間試案は，「相手方が債権者に対して金銭その他の物を引き渡したときは，債権者は，その金銭その他の物を債務者に対して返還しなければならないものとする。この場合において，債権者は，その返還に係る債務を受働債権とする相殺をすることができないものとする。」という提案をして，相殺を禁止しようとした（中間試案補足説明 152 頁）。

　しかし，これに対しては，債権者代位権による事実上の債権回収は，債務名義を取得して強制執行制度を利用すると費用倒れになるような場面において，強制執行制度を補完する機能を果たしている。そのような実務上の機能を変更する内容の明文規定を設ける弊害は大きい，と指摘されていた。また，代位債権者による相殺を禁止し，債務者の代位債権者に対する返還債権を目的とする債権執行を要求したとしても，他の債権者が転付命令前に執行手続に参加することは実際上想定しにくく，代位債権者の手続的な負担が増えるだけとなる可能性も指摘されている。さらに，仮に相殺禁止に関する明文の規定を置かないとしても，相殺権濫用の法理などによって相殺が制限されることも考えられ，とりわけ個別の事案における債権者平等の観点からそのような判断がされることは十分にあり得る。以上のことから，相殺禁止の規律について明文の規定を置くことは見送ることとし，実務の運用や解釈等に委ねることとされた（部会資料 73 A・31 頁）。その他にも，債権者代位権の債権回収機能は労働債権の回収を図るうえで重要なものであるから，その機能が否定されると労働債権の回収に支障が生ずるおそれがあるとの指摘もある（Before/After 161 頁［片山直也］）。このように改正法では，相殺禁止の規定が置かれなかったことにより，改正前と同様に代位債権者の相殺による事実上の優先弁済となる余地が残った（潮見 I 691 頁，Before/After 161 頁［片山直也］）。

3　債権者への直接の支払いまたは引渡し　　23

4 債務者の取立てその他の処分の権限

　しかし，改正法では，423条の5前段で，債権者Aが債権者代位権を行使した場合であっても，債務者Bは，被代位権利について自ら取り立て，その他の処分をすることを認めている。また，相手方である第三債務者Cは，改正法423条の3後段の定めにより，債権者Aに支払って，被代位権利を消滅させることができるにもかかわらず，改正法423条の5後段により，債務者Bに支払うこともできるとしている。

　改正前においては，大判昭和14年5月16日民集18巻557頁は，「債権者カ民法第四百二十三条第一項ニ依リ適法ニ代位権ノ行使ニ著手シタルトキハ債務者ハ其ノ権利ヲ処分スルコトヲ得サルモノニシテ従テ債権者ノ代位後ハ債務者ニ於テ其ノ代位セラレタル権利ヲ消滅セシムヘキ一切ノ行為ヲ為スヲ得サルハ勿論自ラ其ノ権利ヲ行使スルコトヲ得サルモノト解スルヲ相当トス蓋裁判上ノ代位ニ関スル非訟事件手続法第七十六条第二項ニ依レハ債権ノ履行期到来前ニ於テ債権者カ代位ヲ為ス場合ニ於テモ債務者ハ其ノ権利ノ処分権ヲ失フモノナルヲ以テ履行期到来後ナルニ拘ラス其ノ到来前ノ場合ニ比シ代位ノ効力薄弱ナルヲ得サルハ当然ノコトナリト謂フヘク若シ然ラストセハ債権者ハ代位ノ目的ヲ達スルコト能ハサルニ至ルヘキノミナラス一旦代位権ヲ行使シタル債権者ノ行為ヲ徒労ニ帰セシムル虞アレハナリ」と判示していた。同判決は，債権者が423条1項により適法に代位行為を着手したときは，債務者はその権利を処分することができないとする。したがって，債権者の代位後は，債務者はその被代位権利を消滅させることができないことは当然として，その被代位権利を行使することも一切できないと解していた。その論拠は，（改正前）非訟事件手続法76条2項によれば，被保全債権が履行期前に債権者が代位をする場合であっても，債務者はその被代位権利の処分権を失うことにある。履行期到来後であるにもかかわらず，その到来前の場合に比べ，代位の効力を弱めることはできないことは当然であるというべきである。もしそうでないのであれば，債権者は代位の目的を達成することができないことになるだけでなく，代位権を行使した債権者の行為を徒労にさせてしまうおそれがあるからだとしている。

これに対し，前述のようにまったく正反対の立法が改正法ではなされた。その趣旨は，債権者代位権は，債務者の自己の財産である被代位権利の管理処分権に介入するものということにある。よって，債務者の責任財産を保全するため，債務者が自ら権利を行使しない場合に限って債権者に行使が認められる。そうであるならば，たとえ債権者が代位行使に着手した後であっても債務者自身が権利行使するのであれば，責任財産の保全という目的を達成することはできる。それにもかかわらず，債権者の代位着手後であるからとして，債務者自らの処分を制限することは，債務者の財産管理権に対する過剰な介入であり妥当でない，とする。また，債務者による取立てが制限された結果相手方が債務者に対して債務の履行をすることも禁止されるならば，相手方は債権者が債権者代位権の要件を充足しているのか否か債務の履行前に判断しなければならなくなる。しかし，相手方はその判断に必要な情報を有しているとは限らず，相手方に無用な負担を強いるからである，とされる（一問一答（債権）94頁）。

　私的自治の原則からすれば，債務者Bの被代位権利の管理処分権をできる限り保護すべきである。また，債権者代位権が債務者Bの被代位権利の管理処分権に介入してまで，代位債権者に被代位権利の行使を認めるのは，被保全債権を保全する必要があったからである。債務者Bが自ら被代位権利を行使するならば，債務者の責任財産の保全という目的が達成されているので問題ない，という論拠は適切なものであると考える。さらに，債権者代位権が行使される場合，その要件が充足されているか明確でないことがあり，第三債務者Cが誰に弁済すべきかその判断が明確とはいいきれない状況もある。第三債務者Cが保護されるべき立場にあることを考えれば，従前からの第三債務者Cの債権者である債務者Bに弁済することを認めるべきである。

　以上より，この規定の新設によって，債務者Bの私的自治への配慮がよりなされ，改正法423条の3の規定にもかかわらず，債権者代位権は責任財産の保全が一層主要な目的となり，債権者Aの優先的な債権回収手段の側面が後退したといえる。

（堀竹　学）

3 詐害行為取消権の法的性質と効力

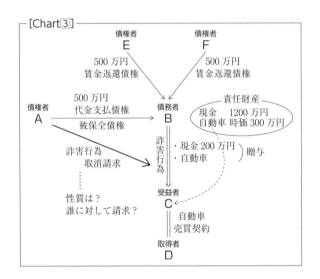

1 詐害行為取消権の構造

　詐害行為取消権とは，債権者が債務者に有する債権（被保全債権）の引当てとなる債務者の責任財産を保全するために，債務者が債権者を害すると知ってした行為（詐害行為）の取消しを債権者が裁判所に請求できる権利のことである。詐害行為取消権の成立要件は，改正法424条1項により，①債務者が債権者を害する行為をしたこと（詐害行為の存在），②債務者が債権者を害することを知っていたこと（債務者の詐害の意思の存在），③債権者が債権を害されたこと（被保全債権の存在），④その行為によって利益を受けた者が詐害行為時に債権者を害することを知っていること（受益者の悪意）である。さらには，行使するには，改正法426条により，詐害行為を債権者が知ってから2年間または詐害行為から10年間に提訴すること（出訴期間）が必要である。

　①の詐害行為については，財産権を目的とする行為でなければならない

（424 条 2 項）。③の被保全債権は，詐害行為よりも前の原因に基づいて生じたものでなければならない（424 条 3 項）。さらに改正法は 424 条の 5 により，⑤転得者に詐害行為取消請求するには，受益者に対して詐害行為取消請求をすることができる場合で，請求する相手方の転得者が転得の時に詐害行為であることを知っていたとき（同条 1 号），または請求する相手方の転得者が他の転得者から転得した者である場合にはその相手方転得者およびその前に転得したすべての者が転得の時に詐害行為であることを知っていたとき（同条 2 号）でなければならないとする。したがって，受益者とすべての転得者が詐害行為について悪意でなければならないとしている。

　これに対し，改正前民法は，424 条 1 項により，受益者に請求する場合も転得者に請求する場合も同じ要件としていた。改正前民法と改正法の相違は，改正法の要件である①については単に行為とするのではなく，改正前民法が法律行為に限定していたことくらいである。この改正は最判昭和 33 年 9 月 26 日民集 12 巻 13 号 3022 頁等の判例が弁済等の法律行為以外の行為も詐害行為取消権の対象としていたことを踏襲するものである（一問一答（債権）100 頁）。ただし，「行為」という言葉の用語法には疑問が呈され，改正前 424 条 1 項本文と同じく「法律行為」という概念を維持したうえで，これの類推という観点から対象となる行為の範囲を広げれば足りたはずであるとされる（潮見 I 761 頁）。行為すべてが含まれるわけではないので，わかりやすさからすれば，そのようにすべきであったと思われる。

　次に改正法の要件である③については，改正法 424 条 3 項のように改正前民法では明文はなかったが，最判昭和 33 年 2 月 21 日民集 12 巻 2 号 341 頁や最判昭和 46 年 9 月 21 日民集 25 巻 6 号 823 頁は，被保全債権が詐害行為時には既に成立していることが必要であった。しかし，詐害行為の前に発生原因があれば，詐害行為後に発生した債権であっても，債権者はその原因時点の責任財産を基礎としてその後に債権者を害する債務者行為がないことを期待したといえるので，そのような債権も被保全債権となる旨の提案があり，それが採用された（詳説 105-106 頁［中井康之］）。

　第三に，改正前民法における転得者についての悪意は，改正前 424 条 1 項ただし書は受益者の場合と同様にしていたので，改正法の要件④の「受益者

が詐害行為時に」というのを「転得者が転得の時に」というように置き換えればよいだけである。改正前民法では，改正法の要件⑤のように，転得者に請求するには受益者に請求できることや，登場した転得者すべての悪意であることを要求していない。

　詐害行為取消権は，債権者代位権と同様に，債権者が債務者の財産の管理処分権に介入して，その債務者の行為（詐害行為）を取り消すものである。そうすると，私的自治の原則を制限してまで債務者がした行為（詐害行為）を取り消すのであるから，債権者が債務者に対して有する債権（被保全債権）の引当てとなる債務者の責任財産を保全する必要がなければならない。詐害行為を取り消して責任財産の逸出を防がないと被保全債権が満足を受けられないような場合がそれに当たる。債務者の行為（詐害行為）によって責任財産が減少し，総債権者のすべての債権を弁済できないことを無資力と呼び，詐害行為とは，財産減少行為により無資力になることである。特定の財産が減少するだけでなく，責任財産全体の総額が減少する場合も含まれる。また，例外的に，債務者の責任財産の計数上の総額が減少しない場合であっても，詐害行為の態様や主観的要件との相関判断から，詐害行為にあたるとされるものもある（中舎・債権法448頁）。

　ここで簡単な設例を挙げてみる。債権者Aが債務者Bに対し売買代金支払債権500万円を有しているとする。また，債務者Bは他にEおよびFに対しそれぞれ無担保の貸金返還債務500万円を負っていたとする。そして，ここではすべての債権が弁済期にあるとしておく。一方，債務者Bは，現金1200万円と時価300万円の自動車を有するだけで他には何ら財産を有していないとする。このような状況では，債務者Bの財産状態としては，債務の総額が1500万円であるのに対して，債権者Aに対する債務の弁済の原資となる責任財産は総額1500万円である。この状況において，総債権者の債権を完全に弁済するのに同額しか財産がないにもかかわらず，債務者Bが受益者Cに対して現金200万円と自動車を贈与した。そして，受益者Cは転得者Dに対し自動車を売却した。ここでは，受益者Cは債務者Bから現金および自動車を贈与された時（詐害行為時）に債権者A，E，Fの被保全債権が全額弁済できないことを知っていたし，転得者Dは受益者Cから自動車を購入し

た時（転得時）に債務者Bは債権者A，E，Fの被保全債権を全額弁済できないにもかかわらず，受益者Cに現金および自動車を贈与したことを知っていたとする。この債務者Bの受益者Cへの贈与行為により，債務者Bの財産状態としては，債務の総額が1500万円であるのに対して，債権者Aに対する債務の弁済の原資となる責任財産は総額1000万円であり，無資力となってしまった。そこで，債権者Aは債務者Bに対する500万円の売買代金支払債権を被保全債権として債務者Bの受益者Cに対する現金200万円と自動車を贈与した行為（詐害行為）を取り消したいと考えていたとする。以下では，わかりやすくするために，この事例をベースとして考察を進めることとする。

2　改正前の詐害行為取消権の法的性質の議論状況

改正前424条1項では，債権者は詐害行為の取消しを裁判所に請求できるとするのみであって，誰に対して請求できるのか（誰を被告にするのか），詐害行為を取り消すだけなのか（取消権という形成権を行使するだけなのか）それとも債務者の詐害行為により逸出した財産を取り戻せるのか（逸出財産を取り戻す請求権を行使しているのか），詐害行為を取り消すことの効力は誰に及ぶのか（絶対効なのか相対効なのか）が明らかではなかった。これらの問題を解決するために，そもそも詐害行為取消権とはどのような権利なのかを考える必要があった。この法的性質については，以下のような見解が示されていた。

まず，424条の取消しは条文の文言通り取消しであって，詐害行為を取り消す形成権であるとする形成権説（前田・口述267頁など）があった。この見解では，行為を取り消すのであるから，逸出財産を受領している受益者Cまたは転得者Dに加え，債務者Bも共同被告になる。そして，取消しの効果は原告（債権者A）および被告全員（債務者B，受益者Cまたは転得者D）に及ぶ絶対効である。逸出財産を取り戻すためには，債務者Bが受益者Cまたは転得者Dに対して有する不当利得返還請求を債権者代位権により別訴で提起しなければならない。しかし，この手続は迂遠であるとの批判がある（内田Ⅲ320頁）。また，債務者Bと受益者Cの間の取引が無効となり，取引の安全を

害すると批判されていた（近江Ⅳ 153 頁，中舎・債権法 440 頁）。

　次に，詐害行為取消権とは，逸出した財産を取り戻すことを請求する請求権であるとする請求権説（川島 69 頁など）があった。この見解では，逸出した財産を保有する受益者Ｃまたは転得者Ｄを被告とする。そして，取消しの効果は原告（債権者Ａ）および被告（受益者Ｃまたは転得者Ｄ）にのみ及ぶ相対効である。債務者Ｂには効力が及ばず，債務者Ｂと受益者Ｃの間ではその取引は有効なままである。しかし，取消しという条文の文言には合致しないし，債務免除のように給付を要せず取消しだけで足りるものには当てはまらないと批判されている（髙橋 204 頁，近江Ⅳ 153 頁）。

　第三に，詐害行為取消権とは，詐害行為を取り消し，受益者または転得者に逸出した財産の債務者への取戻しを請求することであるとする折衷説がある。通説的立場といえるものである（新注民⑩-Ⅱ 795 頁［下森定］，我妻 175-176 頁など）。この見解では，逸出した財産を保持する受益者Ｃまたは転得者Ｄを被告とする。そして，取消しの効果は原告（債権者Ａ）および被告（受益者Ｃまたは転得者Ｄ）にのみ及ぶ相対効である。債務者Ｂには効力が及ばない結果，債権者Ａとの関係では債務者Ｂと受益者Ｃの間の取引は無効になるが，債務者Ｂと受益者Ｃの間ではその取引は有効となる（相対的取消しと呼ばれる）。取消しという条文の文言にも合致するし，詐害行為取消請求訴訟だけで逸出財産も取り戻せるし，取引をすべて無効にして取引の安全を害することもない。形成権説と請求権説の難点を克服しようとしたものである。ただし，逸出財産が債務者に戻ってしまい債務者Ｂに再び処分されてしまうおそれがあるという批判はある（新注民⑩-Ⅱ 801 頁［下森定］，中田・債権総論 274 頁，潮見Ⅰ 735 頁）。

　最後に，詐害行為取消権は，債務者の行為（詐害行為）の効力を有効としたまま，逸出した財産が受益者Ｃまたは転得者Ｄが保有したままで債権者Ａによる強制執行の対象となる責任財産となるとする責任説（新注民⑩-Ⅱ 803-804 頁［下森定］など）がある。その財産に対し強制執行するためには債務者Ｂに対する債務名義が必要となるが，それは詐害行為取消請求訴訟と同時または別に提起される責任訴訟（執行認容訴訟）の勝訴判決であるとされる。この見解では，逸出した財産を保持する受益者Ｃまたは転得者Ｄを被告とす

る。取消しの効果は債務者Bにも及ぶ（潮見Ⅰ738頁）。折衷説では受益者または転得者が保有していた逸出財産を債務者に戻してしまうという問題点を克服しようとしたものである。しかし，執行認容訴訟がわが国の民事訴訟法上認められていないことが欠点であるとする批判がある（近江Ⅳ154頁）。

責任説では，債務者の行為（詐害行為）の効力は有効なままであり，受益者Cまたは転得者Dが保有したままになるので他の説よりも取引の安全を図ることができる。また，債権者Aとしても被保全債権が満足を受ければよいので，強制執行の段階で強制執行の対象となる財産になっていればよく，強制執行ができるまで債務者の逸出財産を受益者または転得者が保有していてもそれほど不都合はないといえる。しかし，民事訴訟法上このような手続が認められていない点は最大の問題であると思われる。これに対し，折衷説では，債務者の逸出財産が詐害行為取消権を行使することにより，結局債務者に逸出財産が取り戻されるので責任説ほど取引の安全を図ることができないという懸念があった。しかし，受益者または転得者に対して詐害行為取消権が成立するには，当該受益者または転得者が詐害行為時または転得時に債権者を害することを知って（悪意で）取引をしているのであるから，取引の安全が後退しても仕方ないと考える。それでは，次に改正前の判例について見ていくこととする。

3 改正前の詐害行為取消権の法的性質の判例

詐害行為取消権の法的性質について，大連判明治44年3月24日民録17輯117頁は，「民法第四百二十四条ニ規定スル詐害行為廃罷訴権ハ債権者ヲ害スルコトヲ知リテ為シタル債務者ノ法律行為ヲ取消シ債務者ノ財産上ノ地位ヲ其法律行為ヲ為シタル以前ノ原状ニ復シ以テ債権者ヲシテ其債権ノ正当ナル弁済ヲ受クルコトヲ得セシメテ其担保ヲ確保スルヲ目的トスルハ此訴権ノ性質上明確一点ノ疑ヲ容レサル所ナリ」と判示する。民法424条に規定する詐害行為取消訴訟は，債権者を害することを知ってした債務者の法律行為を取り消して，債務者の財産上の地位をその法律行為以前の原状に回復させる（逸出財産を取り戻す）。それによって，債権者が当該債権の正当な弁済を受

けることができるようにして，被保全債権の弁済の原資となる責任財産を確保するという性質であるとしている。すなわち，詐害行為取消権の法的性質は，詐害行為の取消しと逸出財産の取戻しにあるとする折衷説を示したものである。

そして，続けて，「然レトモ債権者カ詐害行為廃罷訴権ヲ行使スルニ当タリ何人ヲ対手人トシテ訴訟ヲ提起スヘキヤノ点ニ付テハ我民法並ニ民事訴訟法中ニ何等ノ規定ヲ存セサルヲ以テ解釈上疑ヲ生スルヲ免カレス而シテ債務者ノ財産カ詐害行為ノ結果其行為ノ対手人タル受益者ノ有ニ帰シ更ニ転シテ第三者ノ有ニ帰シタル場合ニ於テ廃罷ノ目的トナルヘキ行為ハ第四百二十四条ノ明文ニ従ヒ債務者ノ行為ニシテ受益者ハ其行為ノ相手方トシテ直接之ニ干与シタルモノナレハ其廃罷ヲ請求スル訴訟ニ於テ債務者及ヒ受益者ヲ対手人ト為スコトヲ要スルハ勿論転得者ハ其法律行為ノ当事者ニアラサルモ廃罷ノ結果一旦其有ニ帰シタル債務者ノ財産ヲ回復セラルルノ地位ニ立チ直接ノ利害関係ヲ有スルモノナレハ転得者モ亦其訴訟ニ於テ対手人タルコトヲ要シ結局詐害行為廃罷ノ訴ハ此三者ノ間ニ於テ一ノ必要的共同訴訟ヲ成スモノナリトハ当院従来ノ判例ニ依リ確認セラレタル解釈ナリ然リト雖モ詐害行為ノ廃罷ハ民法カ「法律行為ノ取消」ナル語ヲ用ヒタルニ拘ラス一般法律行為ノ取消ト其性質ヲ異ニシ其効力ハ相対的ニシテ何人ニモ対抗スヘキ絶対的ノモノニアラス詳言スレハ裁判所カ債権者ノ請求ニ基ツキ債務者ノ法律行為ヲ取消シタルトキハ其法律行為ハ訴訟ノ相手方ニ対シテハ全然無効ニ帰スヘシト雖モ其訴訟ニ干与セサル債務者受益者又ハ転得者ニ対シテハ依然トシテ存立スルコトヲ妨ケサルト同時ニ債権者カ特定ノ対手人トノ関係ニ於テ法律行為ノ効力ヲ消滅セシメ因テ以テ直接又ハ間接ニ債務者ノ財産上ノ地位ヲ原状ニ復スルコトヲ得ルニ於テハ其他ノ関係人トノ関係ニ於テ其法律行為ヲ成立セシムルモ其利害ニ何等ノ影響ヲ及ホスコトナシ是ヲ以テ債権者カ債務者ノ財産ヲ譲受ケタル受益者又ハ転得者ニ対シテ訴ヲ提起シ之ニ対スル関係ニ於テ法律行為ヲ取消シタル以上ハ其財産ノ回復又ハ之ニ代ルヘキ賠償ヲ得ルコトニ因リテ其担保権ヲ確保スルニ足ルヲ以テ特ニ債務者ニ対シテ訴ヲ提起シ其法律行為ノ取消ヲ求ムルノ必要ナシ故ニ債務者ハ其訴訟ノ対手人タルヘキ適格ヲ有セサルヲ以テ必要的共同被告トシテ之ヲ相手取ルヘキモノトセル当院

ノ判例ハ之ヲ変更セサルヘカラス」と判示している。詐害行為取消権を行使するにあたって誰を相手方（被告）として提訴するかは民法および民事訴訟法に何ら定めがないので解釈問題となる。債務者の財産は，詐害行為の結果，その行為の相手方である受益者が保有し，さらに転得者が保有した場合には，取消しの目的となる行為は 424 条の明文により債務者の行為であり，受益者はその行為の相手方として直接に関与しているので，その取消請求訴訟において債務者および受益者を相手方（被告）とする必要があることは当然である。また転得者もその法律行為の当事者でないにしても取消しの結果，一旦取得した債務者の財産を回復させられる地位にあり，直接の利害関係を有しているので，転得者も当該訴訟の相手方（被告）とする必要がある。結局，詐害行為取消訴訟はこの三者を共同被告とする必要的共同訴訟であるとするのが，それまでの大審院判例である。しかし，詐害行為取消権は，民法は法律行為の取消しという文言を使用しているものの，一般の法律行為の取消し（121 条）と性質を異にしておりその効力は相対的なものであって，何人にも対抗できる絶対的なものではない。裁判所が債権者の請求に基づいて債務者の法律行為を取り消したときは，その法律行為は訴訟の相手方（被告）には無効となるが，その訴訟に関与していない債務者，受益者または転得者に対しては依然として有効なままである。また，債権者が特定の相手方（被告）との関係で当該法律行為の効力を消滅させて直接にまたは間接に債務者の財産上の地位を原状に回復させた場合に，その他の関係人との関係では法律行為は有効なままであるので何ら影響を及ぼさない。よって，債権者が債務者の財産を譲り受けた受益者または転得者に対して提訴する関係においては，法律行為を取り消したならば，その財産を回復し，または代替の賠償を得ることによって被保全債権の弁済の原資となる責任財産を確保することで足りる。特に債務者を被告にして提訴することにより当該法律行為の取消しを求める必要はない。したがって，債務者は当該訴訟の相手方（被告）の適格を有しないので必要的共同被告とする従前の大審院判例を変更するとしている。この部分ではまず，詐害行為取消権行使の効力は，被告相手方にのみ効力を有し，その他の利害関係人には効力を及ぼさない相対効であることを示している。そして，詐害行為取消訴訟の被告は，債務者の財産を譲り受け

た受益者または転得者のどちらかであって，債務者，受益者，および転得者を共同被告とする必要的共同訴訟であるとする大審院判例から判例変更するものであるとしている。

さらに，続けて「次キニ債務者ノ財産カ受益者ノ手ヲ経テ転得者ノ有ニ帰シタル場合ニ之ヲ共同被告トシテ廃罷訴権ヲ行使スルコトヲ要スルヤ否ヤノ問題ニ付テハ転得者カ善意ニシテ之ニ対スル関係ニ於テ法律行為ノ廃罷カ不可能トナリタル場合ハ勿論転得者ノ意思不明ナル場合並ニ転得者カ悪意ニシテ之ニ対スル法律行為ノ取消及ヒ債務者財産ノ直接回復カ可能ナル場合ニ於テモ債権者ハ尚ホ受益者ノミヲ相手取リテ法律行為ノ取消ヲ請求スルコトヲ妨ケス是レ他ナシ詐害行為廃罷ノ訴権ハ詐害行為ニ干与シタル者ニ対シテ其詐害ノ因テ生スル債務者ノ法律行為ヲ取消シ相手方カ尚債務者ノ財産ヲ所有スルトキハ直接ニ之ヲ回復シ相手方カ之ヲ所有セサルトキハ其財産ヲ回復スルニ代ヘテ之カ賠償ヲ為サシメ以テ其担保権ヲ確保スルコトヲ目的トスルモノニシテ其財産回復ノ義務タルヤ受益者又ハ転得者カ其財産ヲ所有スルカ為メニ負担スル依物義務ノ一種ニアラスシテ其行為ニ因リテ債務者ノ財産ヲ脱漏セシメタルカ為メニ生シタル責任ニ胚胎スルモノナレハ其財産ヲ他人ニ譲渡シタルニ因リテ之ヲ免脱スルコトヲ得ス却テ其財産ノ回復ニ代ヘテ之ヲ賠償スルコトヲ要スルハ詐害行為ノ性質上明白ナルヲ以テナリ故ニ債務者ノ財産カ転得者ノ有ニ帰シタル場合ニ債権者カ受益者ニ対シテ廃罷訴権ヲ行使シ法律行為ヲ取消シテ賠償ヲ求ムルト転得者ニ対シテ同一訴権ヲ行使シ直接ニ其財産ヲ回復スルトハ全ク其自由ノ権内ニ在リ要ハ債権者カ其本来享有セル担保権ヲ正当ニ実行スルコトヲ得ルノ点ニ存スルモノナリ故ニ当院従来ノ判例ハ此点ニ於テモ亦変更セラルヘキモノトス」と判示している。受益者を経由して転得者が債務者の財産を取得した場合に，両者を共同被告とすることを要するか否かの問題は，転得者が善意であって当該転得者に対し法律行為の取消しが不可能な場合は当然として，転得者の主観的要件が不明である場合，ならびに転得者が悪意であって当該転得者に対し法律行為の取消しおよび債務者の財産の直接回復が可能な場合であっても債権者はなお受益者だけを相手方（被告）として法律行為の取消しを請求することができる。詐害行為取消権は詐害行為に関与した者に対して債務者の詐害の法律行為を取り消

し，相手方（被告）がなお債務者の財産を所有するときはこれを取り戻し，相手方が当該財産を所有しないときは当該財産の回復に代えて賠償をさせて被保全債権の原資となる責任財産を確保することを目的とする。当該財産の回復義務は受益者または転得者が当該財産を所有することによる義務ではなく，当該行為によって債務者の財産を逸出させたために生じた責任に起因するものであって，当該財産を他人に譲渡したことによってその責任を免除することはできない。当該財産の回復に代えて賠償をすることを要求しているのは詐害行為の性質上明らかである。よって，債務者の財産を転得者が保有する場合に，受益者に対して詐害行為取消権を行使して法律行為を取消して賠償を請求するか，転得者に対して同一の詐害行為取消権を行使して直接に当該財産を回復するかは，債権者の自由な選択による。重要なことは，債権者が被保全債権の原資となる責任財産を回復して正当に弁済を受けることを得ることであり，従来の大審院判例は変更されなければならないとしている。この部分では，詐害行為取消請求訴訟の被告を受益者にするか転得者にするかは債権者の自由な選択により，両者を共同被告にしなければならないとした従来の大審院判例を変更している。

　最後に，続けて「詐害行為廃罷ノ訴権ハ詐害行為ノ廃罷ト共ニ其行為ニ因リテ債務者ノ資産ヲ脱シタル財産ノ回復又ハ之ニ代ルヘキ賠償ヲ求ムルコトヲ目的トスヘキヤ従テ単ニ法律行為ノ取消ノミヲ請求シ財産ノ回復又ハ其賠償ノ請求ノ伴ワサル訴ハ利益ナシトシテ之ヲ却下スヘキヤ蓋シ詐害行為廃罷ノ訴ハ債務者及ヒ第三者ノ詐害行為ニ因リテ債務者ノ資産ヨリ脱出シタル財産ヲ直接ニ回復シ又ハ其代償ヲ得ルヲ目的トスルモノナレハ其前提トシテ単ニ詐害行為ノ取消ノミヲ請求スルハ無益ノ訴トシテ許ス可カラサルニ似タリ然レトモ民法ハ法律行為ノ取消ヲ請求スルト同時ニ原状回復ヲ請求スルコトヲ以テ詐害行為廃罷訴権行使ノ必要条件ト為ササルノミナラス却テ訴権ノ目的トシテ単ニ法律行為ノ取消ノミヲ規定シ取消ノ結果直チニ原状回復ノ請求ヲ為スト否トヲ原告債権者適宜ノ処置ニ委ネタルヲ以テ此二者ハ相共ニ訴権ノ成立要件ヲ形成スルモノニアラス加之原告債権者ノ請求ニ基ツキ法律行為ノ取消ヲ命スル裁判ハ単ニ権利ノ成立不成立ヲ確定スル裁判ニアラスシテ法律行為ノ効カヲ消滅セシムルヲ以テ目的トシ被告タル受益者転得者ハ其裁判

ニ因リ法律行為ノ消滅ヲ認メサルヘカラサルノ羈絆ヲ受クルモノナレハ其訴訟ハ単純ナル確認訴訟ニアラス従テ後ニ提起スル原状回復ノ訴訟ノ前提タルニ拘ラス原告ノ為メニ利益アル訴訟タルヲ妨ケサルヲ以テ不適法ナリトシテ之ヲ却下スルコトヲ得ス」と判示している。詐害行為取消請求権は詐害行為の取消しとともに当該行為によって債務者の逸出財産の回復またはこれに代えて賠償を請求することを目的とするときで，単に法律行為の取消しを請求して財産の回復またはその賠償の請求を伴わない訴えは，訴えの利益なしとして却下しなければならないであろうか。詐害行為取消訴訟は債務者および第三者の債務者の詐害行為によって逸出した財産を直接に回復し，またはその代償を取得することを目的とするものであれば，その前提として単に詐害行為の取消しのみを請求するのは無益の訴えで許されないのと類似する。しかし，民法は法律行為の取消しを請求すると同時に原状回復を請求することまでを詐害行為取消請求権の行使の必要条件とはしていないだけでなく，請求権の目的として単に法律行為の取消しのみを規定し，取消しの結果直ちに原状回復の請求をするか否かは債権者（原告）の自由な処置に委ねている。この2つはともに詐害行為取消請求権の成立要件を形成するものではない。さらに，債権者（原告）の請求に基づいて法律行為の取消しを命ずる裁判は単に権利の成立，不成立を確定する裁判ではない。法律行為の効力を消滅させることを目的として被告である受益者，転得者はその裁判によって法律行為の消滅を認めないことはできないという拘束を受けるものであって，単純な確認訴訟ではない。したがって，後に提起される原状回復の訴訟の前提であるかどうかにかかわらず，原告のために利益のある訴訟であり不適法として訴えを却下することはできないとしている。この部分は，詐害行為取消請求訴訟が取り消した上で逸出財産の回復請求またはそれに代えて賠償請求をするだけでなく，単に詐害行為の取消しを請求する訴訟でも適法な訴えであるとする。

　以上より，同判例は，折衷説の考え方を採用し，最判昭和36年9月5日集民54号11頁，最判昭和38年4月2日集民65号393頁，最判昭和39年12月4日集民76号367頁でも引用されており，リーディングケースとなっていた。

4 改正法による詐害行為取消権の行使方法

改正法では，424条の6第1項前段により，債権者Aは，受益者Cに詐害行為取消請求において，詐害行為の取消しとともに，当該詐害行為によって受益者Cに移転した財産の返還を請求することができるとされた。また同条同項後段により，受益者Cがその財産を返還することが困難であるときは，債権者Aは，その価額の償還を請求することができるとされた。転得者Dに対しても，同条2項により，取消し，逸出財産の返還またはその財産の価額の償還という同一の請求が認められている。これは折衷説の内容を採用したものである。

そして，改正法は，424条の9第1項前段により，債権者Aは受益者Cに対して，財産の返還を請求する場合，その財産が金銭または動産であるときは，受益者Cに対してその支払または引渡しを自己に対してすることを求めることができる，とした。転得者Dに対しては，同項前段により，その財産が動産であるときは，転得者Dに対してその引渡しを自己に対してすることを求めることができる。その財産が金銭であるときも，同条2項により直接自己に対して支払いを求めることができる。これは転得者Dが取得した財産が金銭の場合には，価額償還のカテゴリーで捉えるものである（潮見・概要95頁）。また，債権者Aが詐害行為取消権の行使として価額償還を請求する場合には，同条2項により，受益者Cにであっても転得者Dにであっても直接自己に支払いを求めることができる。

5 認容判決の効力の拡張

改正前の判例・通説である折衷説では，詐害行為取消請求訴訟は，詐害行為を取り消し，受益者Cまたは転得者Dに逸出した財産の債務者Bへの取り戻しを請求するものであったので，被告は受益者Cまたは転得者Dにすればよく，債務者Bを被告にする必要はなかった。そうすると，詐害行為取消請求訴訟の判決効は被告である受益者Cまたは転得者Dとの間に生じ，債務者Bとの間には生じなかった。しかし，確定判決の効力が債務者に及ばない

結果，受益者または転得者は，債務者に財産を返還することになったとしても，債務者に支払っていた金銭等の返還を債務者に請求することができないこととなり，関係者間の統一的な利害調整を困難にしているとの批判があった（一問一答（債権）108頁）。

そこで，改正法は424条の7により，詐害行為取消請求訴訟における被告を受益者Ｃ（1号）または転得者Ｄ（2号）として，被告を条文上明らかにするとともに，同条2項により債権者Ａ（原告）が当該訴訟を提起したときは，遅滞なく債務者Ｂに訴訟告知しなければならないとして，債務者にも手続保障がなされることになった。その結果，425条において，詐害行為取消請求を認容する判決は，債務者Ｂおよびすべての債権者に対してもその効力が及ぶこととなった。また，改正前民法下での債務者に当該訴訟の認容判決の効力が及ばないことによる受益者，転得者の不利益についても，改正法では，債務者に当該訴訟の認容判決の効力が及ぶことになったため，425条の2から425条の4までの規定が新設されることとなり，受益者および転得者には以下の権利が認められて統一的な利害調整が可能となった。まず受益者については，425条の2により，債務者がした債務消滅行為を除く財産処分行為が取り消された場合には，受益者から債務者が受けた給付の返還請求またはその価額償還請求権，425条の3により，債務者がした債務の消滅行為が取り消された場合には，受益者の債務者に対する債権の回復が認められることとなった。次に，転得者については，425条の4により，425条の2に定める財産処分行為が取り消された場合には，受益者に対する取消請求によって取消しがされたとすれば受益者に認められる受益者の債務者に対する反対給付の返還請求権またはその価額償還請求権（1号），425条の3に定める債務消滅行為が取り消された場合には，受益者に対する取消請求によって取消しがされたとすれば受益者に認められる回復した受益者の債務者に対する債権（2号）を行使することが認められることになった。

以上より，認容判決は債務者に拡張されることになったが，債務者は被告にはなっておらず，また，転得者を被告とする場合，被告となった転得者以前の転得者と受益者には判決効が及ばないことから，詐害行為取消しを絶対的取消しとすることはできず，なお相対的取消しと捉えるということになっ

た。今回の改正に対しては，相対的取消しではあるが，認容判決の効力を債務者に及ぼすという範囲で見直されたものと解する評価もある（中田ほか・講義142頁［沖野眞巳］）。ただ，債務者Bには認容判決の効力が及ぶし，転得者Dが登場しないような場合には，絶対的取消しといえる状態である。いずれにせよ相対効の範囲が広がり，部分的には絶対効が生じているといえる。

（堀竹　学）

4 詐害行為取消権における対象行為

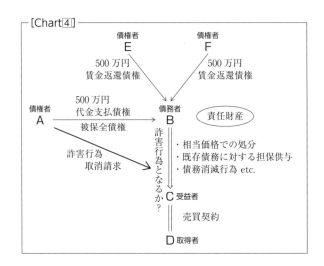

1 問題の所在

　前項目で示したように，詐害行為取消権の成立要件は改正法424条1項より①債務者が債権者を害する行為をしたこと（詐害行為の存在），②債務者が債権者を害することを知っていたこと（債務者の詐害の意思の存在），③債権者が債権を害されたこと（被保全債権の存在），④その行為によって利益を受けた者が詐害行為時に債権者を害することを知っていること（受益者の悪意）であった。ここで，①の詐害行為に注目してみる。詐害行為取消権は，債権者代位権と同様に，債権者が債務者の財産の管理処分権に介入して，その債務者の行為（詐害行為）を取り消すものである。そうすると，私的自治を制限してまで債務者がした行為（詐害行為）を取り消すのであるから，債権者が債務者に有する債権（被保全債権）の引当てとなる債務者の責任財産を保全する必要がなければならない。それは，詐害行為を取り消して責任財産の逸出

を防がないと被保全債権が満足を受けられないような場合を指す。債務者の行為（詐害行為）によって責任財産が減少し，総債権者のすべての債権を弁済できない（これを無資力という。）ことである。詐害行為とは，原則的には財産減少行為により無資力になることである。

　具体例で考えるため，本項目でも③の設例をそのまま採用し，以下では，わかりやすくするために，この事例を基本的にはベースとして用いることとする。この債務者Bの受益者Cへの贈与行為により，債務者Bの財産状態としては，債務の総額が1500万円（債権者A，E，Fが債務者Bに対し各500万の金銭債権を有する）であるのに対して，債権者Aに対する債務の弁済の原資となる責任財産は総額1000万円であり，無資力となってしまった。具体的には，債務者Bが受益者Cに対して現金200万円と自動車を贈与したことにより，債務者Bの責任財産が減少して無資力となり，債権者Aが債務者Bに対する500万円の売買代金支払債権の満足を受けられなくなるおそれが生じてしまった，とする。このように，債務者Bが受益者Cに対して現金200万円と自動車を贈与した行為は，消極財産は減少しないのに責任財産を減少させる行為であり，詐害行為にあたるというのは問題がない。問題となるのは，相当の価格でもって責任財産を債務者Bが処分した場合である。この場合，財産の形態は変更されているが責任財産は減少しておらず，計数上財産を減少させる行為とはなっていない。財産の形態によっては費消され易くなってしまうからである。また，特定の債権者だけに債務の弁済をする場合や，相当の価格で代物弁済をした場合も問題である。これらの場合，責任財産は減少しているが，消極財産も減少しており，計数上財産を減少させる行為とはなっていない。しかし，計数上の問題はなくても，一部の債務者を利することになってしまうことを考える必要がある。そこで，これらの行為が詐害行為になるのか，なるとしてそれはいかなる場合でいかなる範囲か等，どのように考えるのか問題となるのである。

1　問題の所在　　41

2 改正前の判例の状況

(1) 不動産の相当価格での売却

大判明治 39 年 2 月 5 日民録 12 輯 136 頁は，建物の売買の事件で，「民法第四百二十四条ノ規定ニ依リ有償行為例之ハ売買カ取消サルヽ場合ハ単ニ其代価カ格外ニ低廉ナル場合ノミニ限ラス相当ノ価格ナルトキト雖モ同シク適用セラルヽモノトス何トナレハ後ノ場合ニ於テ売渡サレタル物カ債務者ノ財産中ヨリ減スルト同時ニ其代金カ財産ノ対価トシテ債務者ノ財産ニ入ルヲ以テ債権者ノ担保ニ消長ヲ来タサヽルモノヽ如シト雖モ債務者ノ財産ノ対価トシテ新ニ其財産中ニ入リタルハ消費シ易キ金銭ナレハ債務者カ一朝之レヲ消費スルトキハ債権者ノ担保ヲ減少スルモノニシテ是全ク譲渡行為ノ結果ニ外ナラサレハナリ故ニ原院カ本件ノ譲渡ヲ有償行為ト認メナカラ民法第四百二十四条ヲ適用シタルハ相当」と判示している。民法 424 条の規定により取り消されるのは，単に売買の代価が著しく低価格の場合に限らず，相当の価格であってもである。なぜならば，売り渡された物が債務者の財産から消滅すると同時にその代金が対価として債務者の財産に入ることになる。しかし，債務者の財産の対価として債務者の財産に新たに入るのは消費しやすい金銭なので，短期間で消費するときは被保全債権の弁済の原資となる債務者の責任財産を減少することになるからである。したがって，有償での売買であっても民法 424 条を適用するのは相当であるとしている。

また，大判明治 44 年 10 月 3 日民録 17 輯 538 頁は，土地の売買の事件で，「債務者カ其有スル或不動産ノ外ニ債務ヲ弁済スヘキ資カヲ有セサル場合ニ其不動産ヲ売却シテ消費シ易キ金銭ニ代ウルハ債権担保ノ効カヲ削減スルモノナリ故ニ其代価ノ相当ナルト否トヲ問ワス其売買ハ債権者ヲ害スルノ行為ナリト謂ハサル可ラス若シ夫レ他ノ債権者ニ対スル弁済其他有用ノ資ヲ弁スル為メ相当ノ代価ニテ之ヲ売却シ以テ其資ニ充ツルカ如キハ固ヨリ債務者ノ正当ナル処分権行使トシテ他ヨリ容喙スルヲ許ササル所ナレハ」と判示している。債務者が自己所有の不動産以外に債務を弁済する資力を有しない場合に，その不動産を売却して消費しやすい金銭に代えるのは債権担保の効力を減少させることである。よって，売買の代価が相当か否かを問わずに，

その売買は債権者を害する行為であるといわなければならない。しかし，その代金を他の債権者に対して弁済したり，他の有用な資に充てたりするために相当の代価でこれを売却してその資金に充てることは債務者の正当な処分権の行使として他者が介入することは許されないところであるとしている。

　以上より，不動産の相当価格での処分については，代金弁済や有用な資に充てるものでない限り，費消しやすい金銭に変換することは債務者の責任財産を減少させることで許されないとしている。ここで有用な資に充てることを判断の要素としているのは，詐害行為の客観的要件（詐害行為性）と主観的要件（詐害の意思）の相関的判断によって詐害行為が捉えられているからである。相関的判断とは，詐害行為の客観的要件（詐害行為性）と主観的要件（詐害の意思）は，要件としては別ではあるが，他方の要件との相関で詐害行為にあたるか否かを判断するというものである。具体的には，責任財産の計数上の減少の有無を基本として，債務者の当該行為の目的・動機の妥当性，手段の相当性，通謀の有無などの主観的な要素も考慮して判断する（中舎・債権法451頁）。なお，相関的判断について，主観的要件の側から見れば，以下のような内容となる。設例の贈与のような場合，債務者の責任財産が計数上も明らかに減少しており，債務者の当該事態に対する単なる認識で主観的要件が充足する。これに対し，債務者が相応の対価を得て行為をしている場合，より積極的に債権者を害する意思が必要である（中田・債権総論248-249頁）。不動産の相当価格の処分の場合は，費消しやすい金銭とはいえ，相応の対価を得ている。よって，売却代金を他の債権者に対する弁済資金に充てることや他の有用な資に充てることは，当該売却行為の目的・動機の妥当性が認められるので，詐害行為とならないと判断される（中田・債権総論249頁）。

(2) 新規借入に伴う担保の供与

　最判昭和42年11月9日民集21巻9号2323頁は，金銭消費貸借契約を締結した債務者が当該契約に基づく金銭債務を担保するため自己所有の動産に譲渡担保を設定した事件で，「各譲渡担保による所有権移転行為は，当時訴外Ａは他に資産を有していなかったから，債権者の一般担保を減少せしめる行為であるけれども，前記のような原審の確定した事実の限度では，他に資

力のない債務者が，生計費及び子女の教育費にあてるため，その所有の家財衣料等を売却処分し或は新たに借金のためこれを担保に供する等生活を営むためになした財産処分行為は，たとい共同担保が減少したとしても，その売買価格が不当に廉価であったり，供与した担保物の価格が借入額を超過したり，または担保供与による借財が生活を営む以外の不必要な目的のためにする等特別の事情のない限り，詐害行為は成立しないと解するのが相当であり」と判示している。譲渡担保による所有権移転行為は，債権者の一般財産を減少させる行為ではあるが，相関的判断により当該譲渡担保設定行為の目的・動機（生計費・子女の教育に充てる目的）の妥当性が認められるので，詐害行為とならないとしている。ただし，供与した担保目的物の価格が借入額を超過したり，担保供与による借財が生計費以外の不必要な目的のためにされたりしたものである場合には，詐害行為となる。ただ，判旨は譲渡担保の設定を一般財産の減少行為とするが，担保目的物の価格相当の借入金が受領されていれば，責任財産の計数上の減少はない行為であるといえる。

(3) 既存債務に対する担保の供与

最判昭和 32 年 11 月 1 日民集 11 巻 12 号 1832 頁は，債務者が特定の債権者に根抵当権を設定した事件で，「債務者が或債権者のために根抵当権を設定するときは，当該債権者は，担保の目的物につき他の債権者に優先して，被担保債権の弁済を受け得られることになるので，それだけ他の債権者の共同担保は減少する。その結果債務者の残余の財産では，他の債権者に対し十分な弁済を為し得ないことになるときは，他の債権者は従前より不利益な地位に立つこととなり即ちその利益を害せられることになるので，債務者がこれを知りながら敢えて根抵当権を設定した場合は，他の債権者は民法 424 条の取消権を有するものと解するを相当とする。」と判示している。既存債務に担保を設定すると，当該債権者が担保目的物について他の債権者に先立って優先的に弁済を受けられることになり，他の債権者の共同担保は減少するので，詐害行為にあたると判断している。

次に，最判昭和 44 年 12 月 19 日民集 23 巻 12 号 2518 頁は，債務者が自己の財産一切（不動産，営業用動産，営業権）に譲渡担保を設定した事件で，「本

件建物その他の資産を被上告会社に対して譲渡担保に供した行為は，被上告会社に対する牛乳類の買掛代金 244 万円の支払遅滞を生じた訴外有限会社 A およびその代表取締役 B が，被上告会社からの取引の打切りや，本件建物の上の根抵当権の実行ないし代物弁済予約の完結を免れて，従前どおり牛乳類の供給を受け，その小売営業を継続して更生の道を見出すために，示談の結果，支払の猶予を得た既存の債務および将来の取引によって生ずべき債務の担保手段として，やむなくしたところであり，当時の諸般の事情のもとにおいては，前記の目的のための担保提供行為として合理的な限度を超えたものでもなく，かつ，かかる担保提供行為をしてでも被上告会社との間の取引の打切りを避け営業の継続をはかること以外には，右訴外会社の更生策として適切な方策は存しなかったものであるとするに難くない。債務者の右のような行為は，それによって債権者の一般担保を減少せしめる結果を生ずるにしても，詐害行為にはあたらないとして，これに対する他の債権者からの介入は許されないものと解するのが相当であり」と判示している。営業の継続をするためにやむなくした既存の買掛金債務を被担保債権として自己の財産に譲渡担保を設定することは，営業継続という目的のための担保設定行為として合理的な限度を超えるものではなく，それしか会社の更生策は存在しなかった。この譲渡担保設定行為が債務者の一般財産を減少させるとしても，当該行為は詐害行為にはあたらないとされている。なぜならば，相関的判断により当該譲渡担保設定行為の目的・動機（営業継続の目的）の妥当性が認められ，手段の相当性（継続中の取引の買掛金債務を被担保債権とする譲渡担保設定によって営業が継続できる）もあると判断されたからである。

(4) 特定の債権者への弁済

　特定の債権者だけに弁済した判例として，最判昭和 33 年 9 月 26 日民集 12 巻 13 号 3022 頁がある。同判例は，「債権者が，弁済期の到来した債務の弁済を求めることは，債権者の当然の権利行使であって，他に債権者あるの故でその権利行使を阻害されるいわれはない。また債務者も債務の本旨に従い履行を為すべき義務を負うものであるから，他に債権者あるの故で，弁済を拒絶することのできないのも，いうをまたないところである。そして債権

者平等分配の原則は，破産宣告をまって始めて生ずるものであるから，債務超過の状況にあって一債権者に弁済することが他の債権者の共同担保を減少する場合においても，右弁済は，原則として詐害行為とならず，唯，債務者が一債権者と通謀し，他の債権者を害する意思をもって弁済したような場合にのみ詐害行為となるにすぎないと解するを相当とする」と判示している。債権者の債権の行使は当然の権利行使であり，債務者の債務の履行は当然の義務であって，その行為を妨げたり拒絶したりすることはできないとする。そして，債権者平等の分配の原則は破産宣告（現破産法の破産手続開始決定）によって生じるもので，特定の債権者への弁済は，詐害行為にならないことを原則としている。ただし，例外的に債務者が特定の債権者と通謀して他の債権者を害する意思を有して弁済したような場合にだけ詐害行為になるとする。

3 改正法の規律

(1) 破産法の否認権との整合性

　破産手続においては，債権者に公平な清算を図る目的があり（破1条），債権者平等の原則が妥当する。強制執行の準備のために各債権者が個別に行使する詐害行為取消権より，総債権者への配当という清算段階の否認権の方が，債権者の公平の理念が強く働く。全破産債権者を害する行為を防ぐとともに，債権者間の公平を害する行為も防がなければならない。破産手続開始決定がなされると，破産手続開始時の破産者（債務者）の一切の財産は，破産財団に属し（破34条1項），破産財団に属する財産の管理処分権は破産管財人に専属し（破78条1項），破産者（債務者）は当該財産の管理処分権を喪失する（Ⅲ3(3)）。しかし，破産手続開始前には債務者は自己の財産の管理処分権を喪失していないので，債務者はその財産を隠匿したり，贈与したり，不当廉売したりすることがある。また，特定の債権者に弁済したり，担保提供したりすることがある。これらの行為は，破産手続開始後に一般債権者（破産債権者）の配当の原資となる破産財団帰属の財産を減少させたり，一般債権者（破産債権者）間の公平に反したりするおそれがある。そこで，破産法

46　　Ⅱ　債権の保全——4　詐害行為取消権における対象行為

は160条以下に，否認権制度を定め，破産手続開始決定前にされた破産債権者を害する一定の行為の効力を破産財団との関係では否認して，その行為によって債務者（破産者）から逸出していた財産を回復すること（破167条）とした（髙橋・債権総論178頁。[I][I]3(4)）。

このように，否認権と詐害行為取消権は非常に類似した制度である。ただ，否認権は破産者の詐害意思の有無を問わず認められる部分があり，また総債権者の公平の理念も加わり，詐害行為取消権よりも成立範囲が広いものと捉えられてきたが，2004年の破産法改正により逆転現象が生じていた。否認権の成立要件が類型ごとに精密に定められた結果，かえって詐害行為取消権の成立要件の方が緩やかになっていたのである（髙橋・債権総論178-179頁,）。そこで，この解消が今回の改正の課題とされていた（中田ほか・講義135頁［沖野眞巳］，平野・論点と解釈138頁）。特に，この詐害行為の個別類型は，否認権についての政策判断や規律を採用することとなった（中田ほか・講義128頁［沖野眞巳］）。そこで，破産法の規律と比較しながら改正法の内容を見てみる。

(2) 相当価格での財産の処分

改正破産法では，廉価売却行為等の財産減少行為の否認と，特定の弁済，担保供与等の偏頗行為の否認とに分けて規定することとされた。弁済等の偏頗行為の否認は，計数上の財産状態の悪化をもたらさないが，破産債権者間の平等を害する行為である（一問一答（破産法）217頁，219-220頁）。ここでの相当価格での財産の処分行為については，破産法161条1項で規定されており，財産減少行為に該当するものである。同項は，破産者が，自己の財産を相当の対価を得て処分する行為をした場合に，①当該行為が，不動産の金銭への換価その他の当該処分による財産の種類の変更により，破産者において隠匿，無償の供与その他の破産債権者を害する処分をするおそれを現に生じさせるものであること（1号），②破産者が，当該行為の当時，対価として取得した金銭その他の財産について隠匿，無償の供与その他の破産債権者を害する処分をする意思を有していたこと（2号），③相手方が，当該行為の当時，破産者が前号の隠匿，無償の供与その他の破産債権者を害する処分をす

る意思を有していたことを知っていたこと（3号）が認められるときには，破産手続開始後に否認することができるとしている。

　この条文は，相当価格での財産の処分について，否認の要件を明確にするとともに，その成立範囲を限定して定められている。その趣旨は，相当価格での財産の処分であっても否認の可能性がある点が取引の相手方に萎縮的効果を与える結果となっており，これを可及的に防ぐことにある。延いては経済的危機に瀕した債務者が財産を換価して経済的再生を図ることの妨げとなっているとの指摘があった。さらに，近時は，適正価格による売却等についての否認のリスクが，不動産の流動化のリスク要因となっており，不動産等の資産を利用した資金調達にも悪影響を及ぼしているとの指摘もあった。規定の趣旨は，それらの問題点を解消することに限定されている（一問一答（破産法）222-223頁）。また，2号では，破産者が，当該行為の当時，対価として取得した金銭その他の財産について隠匿，無償の供与その他の破産債権者を害する処分をする意思を有していたこと，という主観的要件を定めている。ここでは，当該行為の詐害の意思ではなく，当該行為の対価の使途についての詐害意思を要求しており，その対価の使途についての詐害意思とは，例示が隠匿，無償の供与であるので，共同担保の減少の程度が相当程度大きいものに限定されると考えられている。さらに，3号では破産者が対価として取得した金銭その他の財産について隠匿，無償の供与その他の破産債権者を害する処分をする意思を有していたことを受益者が知っていることという主観的要件を要求している。これは，破産法161条の趣旨が取引の相手方である受益者の萎縮的効果を除去し，債務者の再建の途を拓くことであるという点を踏まえて，主観的要件を限定したものである（一問一答（破産法）224頁）。これらの主観的要件により，破産法161条の否認権は対象範囲が相当に制限されているといえる。

　これに対し，改正前の詐害行為取消権について前記明治39年判決および明治44年判決が示した判例理論は，相当価格での財産の処分について，代金弁済や有用な資に充てる（生活費，子女の教育費）ものでない限り，費消しやすい金銭に変換することは債務者の責任財産を減少させ，詐害行為にあたるとするものであり，いわゆる相関的判断をするものであった。これは，計

数上の責任財産減少の有無を基本とはするが，それ以外の主観的なものも含めた要素（当該行為の目的・動機の妥当性，手段の相当性，通謀の有無など）も考慮して判断するという基準であった。このように当該行為の目的が妥当であったり，手段が相当であったりしたような場合でないと詐害行為として認められてしまう。改正前の詐害行為取消権が主観的要素を広く考慮しているので，破産法 161 条による否認権の対象範囲が制限されたのと逆転現象が生じている。

　そこで，改正法 424 条の 2 は，破産法 161 条の規律を導入して，①当該行為が，不動産の金銭への換価その他の当該処分による財産の種類の変更により，債務者において隠匿，無償の供与その他の債権者を害する処分をするおそれを現に生じさせるものであること（1 号），②債務者が，当該行為の当時，対価として取得した金銭その他の財産について隠匿，無償の供与その他の債権者を害する処分をする意思を有していたこと（2 号），③受益者が，当該行為の当時，債務者が前号の隠匿，無償の供与その他の債権者を害する処分をする意思を有していたことを知っていたこと（3 号）が認められるときには，詐害行為取消請求をすることができるとしている。

　強制執行の準備のために各債権者が個別に行う詐害行為取消権より，総債権者への配当という清算段階の否認権の方が，債権者の公平の理念が強くなり，逸出財産の回復を図るべきなのに，この逆転現象は妥当でない。また，破産法 161 条の趣旨である，取引の相手方である受益者の萎縮的効果を除去し，債務者の再建の途を拓く考慮については，詐害行為取消権にも同様に妥当する（潮見 I 778 頁）。詐害行為取消権の方がより早い時期に萎縮的効果を及ぼすので，取引の停滞を助長させるという点ではより懸念があるといえる。さらに，適正価格による売却等についての否認のリスクが，不動産の流動化のリスク要因となっており，不動産等の資産を利用した資金調達にも悪影響を及ぼすという危惧については，詐害行為取消権が行使される場合にも同様である。したがって，改正法 424 条の 2 が，相当価格での財産の処分について詐害行為取消請求の範囲を限定したことは妥当であると考える。

　債務者の新規借入に伴う担保供与行為（同時交換行為）についても，改正法 424 条の 2 が及ぶと想定されている。同時交換行為は，経済的には担保目

物を売却して資金調達したのと同様に，担保供与により借入金を調達しているからであるとされる（部会資料51・8頁）。同時交換行為の場合にも，取引の相手方に萎縮的効果を与えることにより，経済的危機に瀕した債務者が借入金を調達して経済的再生を図ることを妨げない考慮が働く。よって，改正前の行為の目的・動機が妥当である場合にのみ詐害行為とならないとした昭和42年の判決のように，詐害行為の対象を広く認める規律は妥当でない。したがって，同時交換行為にも改正法424条の2は及ぶと解する。

(3) 既存債務に対する担保供与または債務消滅の行為

　破産法162条1項1号イは，既存の債務についてされた担保の供与又は債務の消滅に関する行為については，破産者が支払不能になった後，支払不能であったことまたは支払の停止があったことを知っていながら当該行為がされていれば，当該行為を否認することができるとする。また，同号ロは，破産手続開始の申立てがあった後，破産手続開始の申立てがあったことを知っていながら既存の債務についてされた担保の供与又は債務の消滅に関する行為をしたとすれば，当該行為を否認することができるとする。さらに，破産法162条1項2号は，既存の債務についてされた担保の供与又は債務の消滅に関する行為が破産者の義務に属せず，またはその時期が破産者の義務に属しない行為であって，債権者がその行為の当時他の破産債権者を害する事実を知っていながら，支払不能になる前30日以内にされた場合，当該行為を否認することができるとしている。

　破産法162条1項1号において，支払不能になった後か破産手続開始後という時期的な限定がなされている。また，同項2号において，非義務行為（期限前弁済や代物弁済等）については，支払不能前30日以内の行為との限定がされている。このような時期的な限定をしないと，取引の安全および否認権の成否に関する予測可能性を奪うことになるとの指摘もあり，それを踏まえた改正がされている（一問一答（破産法）226-227頁）。

　これに対し，改正前の民法では，昭和32年判決で特定の既存債務の担保設定は，当該債権者に当該担保目的財産について優先的弁済効力を与えることになり詐害行為にあたるとしていた。また，昭和44年判決も相関的判断

により当該譲渡担保設定行為の目的・動機（営業継続の目的）の妥当性と，手段の相当性（継続中の取引の買掛金債務を被担保債権とする譲渡担保設定による営業の継続）が認められるので，詐害行為とならないとしている。しかし，この法理では，このような目的・動機の妥当性や手段の相当性がなければ詐害行為となる。ここでも詐害行為取消権と否認権の逆転現象が生じている。

弁済等の債務消滅行為について昭和33年判決は，債務の履行は債務者の当然の義務であり，債務者が特定の債権者と通謀して他の債権者を害する意思を有して弁済したような場合にだけ詐害行為になるとしている。ここでは，債務者が特定の債権者と通謀して他の債権者を害する意思を有していたような場合という限定があり，否認権にはそのような厳格な制限がなく，詐害行為取消権の方が狭い範囲となり問題ない。

以上を踏まえ，改正法424条の3第1項は，既存の債務についてされた担保の供与又は債務の消滅に関する行為については，債務者が支払不能の時に（1号）債務者と受益者とが通謀して他の債権者を害する意図をもって（2号）当該行為をすれば，当該行為について債権者は詐害行為取消請求できるとする。さらに，同条2項は，既存の債務についてされた担保の供与又は債務の消滅に関する行為が債務者の義務に属せず，またはその時期が債務者の義務に属しない行為であって，債務者と受益者が通謀して他の債権者を害する意図をもって，支払不能になる前30日以内に行われた場合，債権者は詐害行為取消請求ができるとする。破産法162条と同様の規律を導入した上で，さらに債務者と受益者が通謀して他の債権者を害する意図（通謀害意）という要件を加えている。この通謀害意の要件は昭和33年判決を明文化したものである。

昭和33年判決で示されたように，債務の履行は債務者の当然の義務であり，その効力が否定されるとすれば，取引に萎縮的効果を及ぼし，取引の停滞を助長させることになる。したがって，破産法162条より要件を厳格にし，通謀害意の要件を加えていることは妥当である。さらに既存債務の担保供与については，ここでも詐害行為取消権と否認権の逆転現象を解消することは妥当である。既存債務の担保供与行為についても，債務消滅行為と同様に通謀害意まで要求しているが，既存債務の担保供与行為は，昭和44年判

3　改正法の規律　51

決のように取引先と引き続き取引を継続するために行われるのであれば，債務者として正当な営業活動であるといえる。このような行為をすることにより，営業を継続でき，経営が立て直されれば，債権者にとっても債権の回収を図りやすくなる。よって問題ない。反対に，営業継続のため等の正当な目的がなければ，通謀害意が認められやすくなり，債権者の被保全債権の保全は図られるべきと考えられる。したがって，既存債務の担保供与行為にも通謀害意の要件を加えたことは妥当であると考える。

(4) 過大な代物弁済

過大な代物弁済が行われた場合，代物弁済自体は債務消滅行為であるが，過大な部分の代物弁済は財産減少行為である。そこで，改正法は424条の4により，債務消滅行為であって，受益者の受けた給付の価額がその行為によって消滅した債務の額より過大なものであるものについて，その過大な部分については，424条が定める要件に該当するときは，詐害行為取消請求をすることができるとしている。破産法160条2項は，偏頗行為の否認を定める同法162条のように支払不能後の行為に限らず，他の財産減少行為と同様に，それ以前にされた行為についても否認の対象としている。そして，支払不能後の行為については，破産法160条2項と162条1項1号の両方に該当することもあるが，その場合のいずれの方法によって否認するかは破産管財人の選択に委ねられている（一問一答（破産法）233頁）。改正法はここでも破産法と平仄を合わせて規定している。詐害行為取消請求においても，改正法424条の3に該当すれば，同条で当該代物弁済のすべてを取り消すことができる（部会資料83-2・13頁）。

(5) 転得者に対する詐害行為取消権の要件

改正前の民法は，転得者に対して詐害行為取消権を行使するには，当該転得者が悪意であればよく，受益者やその前に転得していた者が善意であってもよいとしていた。最判昭和49年12月12日判民113号523頁は，「民法424条所定の詐害行為の受益者又は転得者の善意，悪意は，その者の認識したところによって決すべきであって，その前者の善意，悪意を承継するも

のではないと解すべきであり，また，受益者又は転得者から転得した者が悪意であるときは，たとえその前者が善意であっても同条に基づく債権者の追及を免れることができないというべきである。」と判示している。このように解していた趣旨としては，悪意の転得者は保護に値しないことが挙げられる。また，改正前の民法が詐害行為取消権を相対的取消しと解していたからである。すなわち，逸出した財産を保持する転得者Dを被告とする。そして，取消しの効果は原告（債権者A）および被告（転得者D）にのみ及ぶ相対効である。債務者Bおよび受益者Cには効力が及ばない結果，債権者Aと被告との関係では債務者Bと受益者Cの間の取引は無効になるが，当の債務者Bと受益者Cの間ではその取引は有効となる。また受益者Cと転得者Dとの間での取引も有効のままであり，このように解せば善意の受益者は何ら不利益を被ることはないからである（潮見I 801頁）。

これに対し，今回の改正までの破産法170条1項1号は，①受益者およびすべての中間転得者（転得者に至るまでの前の転得者）に否認の原因があることと，②相手方である転得者が①について悪意であったことを要求していた。後者②の要件は，当該転得者が債務者の行為が詐害行為であることを知っているだけでなく，受益者およびすべての中間転得者が悪意であることを知っていること（二重の悪意）までも要件とされていた。しかし，厳格すぎて相当でないと強く批判されてきたことから，改正法では二重の悪意の要件は外されることになった（部会資料35・89頁）。また，破産法170条1項1号も，調整法によりこの要件を外している。

転得者に対する詐害行為取消権の行使についても，改正法424条の5は，破産法と平仄を合わせ，受益者およびすべての中間転得者の悪意を要求している。そうすることで，一旦善意者が出現した場合には，詐害行為取消権は行使できない結果，法律関係の画一的処理をすることができ，取引の安全が保護される。（中舎・債権法449頁，潮見I・802頁）。

（堀竹　学）

債権の消滅事由

⑤ 債権の消滅，相殺
⑥ 差押えと相殺
⑦ 弁済の表見受領権者

5 債権の消滅, 相殺

1 債権の消滅

民法は, 債権総則第6節「債権の消滅」で弁済, 相殺, 更改, 免除, 混同を規定している。相殺は解釈を要する事項が多いので後回しにし, ここではそれ以外を見ておこう。なお, 債権の消滅事由には消滅時効 (民法総則) や解除 (契約総則) など債権総則以外にも規定があることに注意が必要である。

(1) 弁済

弁済により債権は消滅する (473条)。弁済の内容は債権の内容に応じ, 契約から発生する債権であれば契約の解釈で決まるが, 民法は不明確なときに備えて弁済の方法を規定している (任意規定)。弁済として物を引き渡す場合に当該物が他人物だった場合に関する475条, 476条, 預貯金口座を介した金銭の支払に関する477条, 品質に関する483条, 場所・時間に関する484条, 弁済費用に関する485条, 証書に関する486条, 487条がある。486条の受取証書は弁済を証明する文書 (領収書など), 487条の債権証書は債権の成立を証明する文書 (借用書など) である。

債務者が同種の複数の債務を負っていて, 弁済として提供した給付が全ての債務を消滅させるのに足りない場合, 給付をどの債務に順に充当するかという「弁済の充当」の問題が生じる。これも当事者間に順序の合意があればそれに従えばよい (490条。合意充当)。合意がない場合, 補充規定である488条以下が次の順を定める。488条1項は弁済者が充当債権を指定できるとし, 2項は弁済者が指定しなければ指定権が弁済受領者に移るとする (指定充当)。指定もされない場合, 4項が, 弁済期の到来していた順 (1号), 債務者にとっての弁済の利益の多い順 (2号。利率や担保の有無で判断する), 弁済期の早い順 (3号) を定め, これらでも決まらないときには按分 (4号) となる (法定充当)。以上の充当ルールに優先して, 489条は別段の合意がない限り債

56　Ⅲ　債権の消滅事由──5　債権の消滅, 相殺

務の総弁済費用，総利息，最後に元本の順に充当すると定める。弁済費用は本来債務者が負担すべきもの（485条）であり，利息は信用供与の対価であって，いずれも早期の回収が図られるべきだからである（我妻290-292頁，柚木449-451頁，星野253-254頁）。総費用，総利息の充当にも不足する場合，それぞれのグループずつ489条4項の順序が適用される。以上は債務が複数の場合だが，1個の債務に数個の給付を行う場合も同様である（491条）。

債務は弁済されれば消滅し，不履行責任も発生しない。しかし，弁済には受領行為など債権者の協力が必要なことがあり，受領がされないと弁済が完了しない。その場合にも債務者が不履行責任を負うとすると不公平であるので，492条は「弁済の提供」があれば不履行責任は発生しないと定め，493条がその方法を規定している。ただし，弁済の提供があっても債務が消滅するわけではないので，目的物の保管費用が嵩むなど不都合があれば，供託所に「供託」することで債務を消滅させる必要がある（494条以下）。

弁済の当事者は通常は債権者と債務者であるが，第三者が関与することがある。これに関する規定は$\boxed{\text{V}}\boxed{14}$で扱う。

(2) 更改・代物弁済・免除・混同

更改は，更改契約によって，新たな債務を発生させる代わりに既存の債務を消滅させる方法である。513条1号は更改の内容として給付内容の重要な変更を，2号・3号は当事者の交替を挙げる。当事者の交替による更改は債権譲渡・債務引受と実質が共通し，514条，515条で一部の規律内容が揃えられている。更改契約をする際に注意すべき点は，旧債務の担保の帰趨である。新旧債務は別であるので原則として引き継がれないが，518条1項は，旧債務の限度では債務者の意思を考慮する必要がないので債権者は一方的意思表示によって担保を移すことができるとする（一問一答（債権）209頁）。それでも，担保を提供したのが第三者であればその承諾を要する（但書）。

代物弁済は，債務内容とは異なる給付で弁済する旨の当事者間の代物弁済契約に基づく弁済方法であって（482条），更改に似ている。しかし，更改の効果は債務者が新債務を負うことにとどまるのに対し，代物弁済の効果は代物給付によって債務を消滅させることである。したがって，代物弁済の場

合，元の債務を消滅させるには，目的物の引渡しと対抗要件具備まで行われ，代物が完全に給付される必要がある。ただし，代物弁済契約によって債務者が代物給付債務を負い，所有権が移転する（176条）までの効果は生じる。

519条は，債権者が一方的に免除の意思表示をすることにより債務を消滅させる方法を定めるが，双方の意思表示の合致によって行う免除契約も有効である。混同は，債権と債務が同一人に帰した場合に債権が消滅することである（520条）。

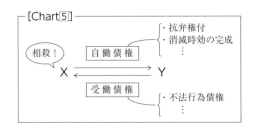

2 相殺とその制限

(1) 基本事項——相殺の制度趣旨・要件・効果

相殺は，同一人の負う債権と債務を対当額で消滅させる方法である。相殺制度を認めることには，①XがYに支払い，同額をYがXに支払うという無駄な手間を省く「簡易決済機能」と，②Xが支払った後にYが無資力になって片方だけが支払を強要される不公平を回避する「公平機能」の利点があるとされる。これらに加えて③「担保的機能」を認めるか否かの争いがあるが，これについては6「差押えと相殺」で検討する。

相殺の要件は，505条1項の文言から，①相互性（「二人が互いに」），②同種性（「同種の目的を有する債務を負担する場合において」），③弁済期の到来（「双方の債務が弁済期にあるときは」），④債務の性質（「ただし，債務の性質がこれを許さないときは，この限りでない」）の4つに整理される。4要件を満たした状態を「相殺適状」と呼ぶが，相殺適状となっただけでは相殺の効力は生じない。相殺適状の下で相殺権者が「相殺の意思表示」をすることで相殺の効力が発生す

る（506条1項）。相殺権を行使する者の債権を自働債権，相手方が相殺主張者に対してもつ反対債権を受働債権と呼ぶ。相殺の効力は，自働債権と受働債権が対当額で，相殺適状の成立時に遡及して消滅することである（506条2項）。遡及効がある結果，対当額分の利息・遅延損害金は発生しなかったことになる。以上は民法の規定に基づき一方的意思表示で行う「法定相殺」の方法であって，双方の合意に基づく「合意相殺」も可能である。合意相殺についてはその限界が問題となるが，6「差押えと相殺」で説明する。

　債権が複数ある場合に「弁済の充当」が問題となったように（1(1)），相殺でも同一当事者間に複数の債権・債務があって相殺がされた場合に「相殺の充当」の問題が発生する。512条が弁済の充当に似た規律を置いており，充当順序の合意があればそれに従う点（合意充当）は共通する。しかし，違いとして，相殺では相殺適状になった時点で当事者に相殺による債権消滅の期待が成立しているので，相殺の指定充当は事後的にその期待を覆すものとして，規定されていない（一問一答（債権）206頁注2）。1項は相殺適状の成立した順に消滅させると定め，2項が相殺適状の成立時が同じ複数の債権について弁済の法定充当の規定を準用している。

(2) 相殺を制限する規定の所在

　民法は，相殺の禁止・制限（以下，「制限」で代表させる）として，性質上の相殺制限（505条1項但書），相殺制限の意思表示がある場合（505条2項），受働債権が損害賠償債務である場合（509条），受働債権が差押禁止債権である場合（510条），受働債権が差押えを受けた債権である場合（511条）を規定している。また反対に，消滅時効にかかった債権を自働債権とする相殺が制限されない旨（508条）も規定する。以下，規定の順番に見ていくが，511条の差押えを受けた債権については議論の層が厚く，6で独立に取り上げる。

　なお，本書では扱わないが，民法以外の個別法でも相殺制限の規定がある。倒産法上の相殺制限（破71条，72条など）は差押えと相殺の問題と連続的である。労働法上は，労基24条1項が使用者の労働者に対する債権による賃金債務の相殺を制限する規定と解釈されていることが重要である。

⑶ 性質上の相殺制限（505条1項但書）——自働債権に抗弁がある場合

性質上の相殺制限は，互いに競業しない旨の不作為債務や互いに仕事を手伝う労務給付債務など，現実に履行しないと意味のない債務について相殺を禁じるものである。自働債権に抗弁権の付着する場面もこれに含まれ，相手方の抗弁権行使の機会を保障するために性質上相殺が制限される。

自働債権に抗弁権が付着している場合，常に相殺が制限されるわけではない。請負契約上の報酬請求権に同時履行の抗弁権が付着している事例について判例に揺らぎがあり，木目の細かい考察が必要となる。問題となったのは，請負人が仕事完成により注文者に対して報酬を請求したのに対して（633条），注文者は仕事の不備を理由とする損害賠償請求権を主張し（559条，564条，415条，416条），さらに報酬請求に対する同時履行の抗弁権（533条括弧書）を提出して争ったという事案の類型である。通常は報酬額が反対債務額より大きいので，請負人は相殺により注文者の損害賠償債権を対当額で消滅させて報酬（残額）の支払を強制させたいと考える。それに対し，注文者が主張するように損害賠償債権と報酬債権は同時履行関係に立つと形式的には言える。しかし，注文者がそれに藉口して些細な仕事の不備を理由に報酬の支払を拒めるとすると請負人への報酬支払が著しく滞り，それでは請負業者の経営が立ち行かなくなる。その一方，注文者としては，実際にいくらで報酬を減額するか当事者間の交渉がまとまらない間は，同時履行の抗弁権によって報酬債務を支払わないでおきたいと考える。したがって，一定の限度で同時履行の抗弁権を注文者に保障する必要もある。

まず，最判昭和51年3月4日民集30巻2号48頁は，「請負契約における注文者の請負代金支払義務と請負人の仕事の目的物引渡義務とは対価的牽連関係に立つものであり，目的物に瑕疵がある場合における注文者の瑕疵修補に代わる損害賠償請求権は，実質的，経済的には，請負代金を減額し，請負契約の当事者が相互に負う義務につきその間に等価関係をもたらす機能をも有するものである」として，上記の報酬と損害賠償の関係を明らかにした。ただし，この判例は改正前637条1項の除斥期間にかかった損害賠償債権を自働債権として注文者から相殺の主張をすることは，時効消滅に関する508条（後記⑹）の類推適用により制限されないとしたものであって，請負人の

相殺主張そのものについて性質上の相殺制限が問題となった事案ではない。次の最判昭和53年9月21日判時907号54頁が上記判示を引用しつつ「右両債権は同時履行の関係にある（〔改正前〕民法634条2項）とはいえ，相互に現実の履行をさせなければならない特別の利益があるものとは認められず，両債権のあいだで相殺を認めても，相手方に対し抗弁権の喪失による不利益を与えることにはならないものと解される。むしろ，このような場合には，相殺により清算的調整を図ることが当事者双方の便宜と公平にかない，法律関係を簡明ならしめるゆえんでもある。この理は，相殺に供される自働債権と受働債権の金額に差異があることにより異なるものではない。したがって，本件工事代金債権と瑕疵修補に代る損害賠償債権とは，その対当額による相殺を認めるのが相当」として，性質上の相殺制限の例外とする請負人の主張を認めた。

　ただし，判例は請負人の相殺主張をあらゆる点で貫徹させているわけではない。仮に請負人による相殺主張が貫徹されると，相殺の遡及効によって注文者は遡って相殺適状成立時から報酬残債務の履行遅滞に陥っていたことになる。しかし，注文者は同時履行の抗弁権によって報酬債務の不履行とならない地位が保障されていたのであり，遡って遅滞となるのは不当である。最判平成9年2月14日民集51巻2号337頁【百選Ⅱ70事件】は請負人の相殺主張を認めつつ，「契約当事者の一方は，相手方から債務の履行を受けるまでは，自己の債務の履行を拒むことができ，履行遅滞による責任も負わないものと解するのが相当」として，注文者の地位は遡及効により害されないとした。ただし，「しかしながら，瑕疵の程度や各契約当事者の交渉態度等に鑑み，右瑕疵の修補に代わる損害賠償債権をもって報酬残債権全額の支払を拒むことが信義則に反すると認められるときは，この限りではない。〔…〕けだし，右のように解さなければ，注文者が同条1項に基づいて瑕疵の修補の請求を行った場合と均衡を失し，瑕疵ある目的物しか得られなかった注文者の保護に欠ける一方，瑕疵が軽微な場合においても報酬残債権全額について支払が受けられないとすると請負人に不公平な結果となるからである」として，一定の留保を付けている。以上は，注文者から相殺主張がされた事案である最判平成9年7月15日民集51巻6号2581頁でも同様とされた。

すなわち,「注文者は,請負人に対する相殺後の報酬残債務について,相殺の意思表示をした日の翌日から履行遅滞による責任を負う」。「もっとも,瑕疵の程度や各契約当事者の交渉態度等にかんがみ,右瑕疵の修補に代わる損害賠償債権をもって報酬債権全額との同時履行を主張することが信義則に反するとして否定されることもあり得ることは,前掲第三小法廷判決〔2月判決〕の説示するところ」という。つまり,相殺の意思表示がいずれの当事者からされようと,それによって遡及的に履行遅滞責任が生じないのが原則となる。

改正法563条は,売買契約の不履行の効果として代金減額請求権を認めた。したがって,請負契約では,今後はこれを準用(559条)した報酬減額請求権が使えることになる。そうすると,わざわざ不適合部分について損害賠償請求権との相殺をする法律構成は不要になるようにも思われるが,減額請求では契約不適合部分に比例的に減額がされるだけであるのに対し,損害賠償であれば注文者の逸失利益が賠償範囲に入り報酬減額請求権よりも大幅な減額が認められる可能性がある。したがって,損害賠償との相殺の構成の意義は失われない。なお,報酬減額請求権が行使される場合,行使時点までは報酬請求権と追完請求権・損害賠償請求権が同時履行関係に立つので,注文者は報酬債務の遅滞責任を負わないと解される。

(4) 相殺制限の意思表示 (505条2項)

相殺制限の意思表示は有効である。ただし,相殺はできることが原則であり,相殺の制限された債権・債務を譲り受けた者にまで当該制限の効力が及ぶとその者が不測の不利益を被る。そこで,相殺制限は悪意・重過失の第三者のみに対抗できるとされている。当事者が債権に付した特約の効力が善意・無重過失の第三者に対抗できないのは,譲渡制限の意思表示が付された債権の譲渡(466条3項)と同様である(Ⅳ⑧参照)。

(5) 消滅時効にかかった債権を自働債権とする場合 (508条)

消滅時効が完成した債権が時効完成前に相殺適状となっていた場合は,相殺は制限されない。相殺適状の成立によって相殺への期待は保護に値するも

のとなり，時の経過のみによってこの期待を奪わないとしたものである。この趣旨は除斥期間にかかった債権でも変わらない（前出・昭和 51 年判決）。

(6) 損害賠償債務を受働債権とする場合（509 条）

　不法行為の加害者がたまたま被害者に貸金債権をもっていたとして，加害者が損害賠償債務を受働債権としてこれと相殺することは禁じられる。その趣旨は，①不法行為の被害者に現実に賠償金が交付されることで被害の回復に資するようにし（「薬代は現金で」），②加害者を相殺制度で保護する必要はそもそもなく，③債権者が無資力者に債権額分の損害を与えて相殺する事態を防止する（腹いせの防止），という 3 つが挙げられる。以上の趣旨から，被害者の方から不法行為債権を自働債権として相殺することは制限されない。

　しかし，上記 3 つが趣旨ならば，あらゆる場面で不法行為加害者の相殺を禁じる必要はない。過失しかない加害者には③の腹いせ防止の趣旨は妥当せず，生命・身体に被害がなく財産のみが侵害された場合に①の薬代の趣旨は妥当しない。改正前は不法行為債務の相殺を無限定に禁止していたが，改正法は，「悪意による不法行為」（1 号）と「人の生命又は身体の侵害による損害賠償の債務」（2 号）の場合に相殺制限を限定した。なお，2 号が「不法行為」としていないのは，安全配慮義務違反や診療過誤の場合など契約上の債務不履行責任を含むためである。同一の事象から契約違反と不法行為の 2 種の根拠で損害賠償請求権が生じる事態を「請求権競合」と呼ぶが，被侵害法益の実質は変わらないので同じ扱いとされた（一問一答（債権）202 頁注 2）。

　本条で判断に困るのは，当事者双方とも過失不法行為が認められる場合である。「交叉的不法行為」と呼ばれ，自動車事故の場面などでしばしば起こる。最判昭和 49 年 6 月 28 日民集 28 巻 5 号 666 頁は，「民法 509 条の趣旨は，不法行為の被害者に現実の弁済によって損害の填補を受けさせること等にあるから，およそ不法行為による損害賠償債務を負担している者は，被害者に対する不法行為による損害賠償債権を有している場合であつても，被害者に対しその債権をもって対当額につき相殺により右債務を免れることは許されない」とし，最判昭和 54 年 9 月 7 日判時 954 号 29 頁でもこの判断が踏襲されている。すなわち，判例は一貫して改正前 509 条をそのまま適用する

態度であった。しかし，2件の判決はいずれも物損をめぐる事案であった。改正前は被侵害法益の種類に限定がなかったが，改正法509条2号は物損を含まない。すなわち，物損の事案では判例法理は条文の前提を失ったことになる（潮見ほか・詳解363-364頁［深川裕佳］）。既に昭和54年判決の大塚喜一郎裁判官の反対意見が，「私は，当事者双方の過失に起因する同一の交通事故によって生じた物的損害に基づく損害賠償債権相互間においては，相殺が許されると解すべきものと考える。」としていた。その理由として，①「多数意見によるとすれば，双方的不法行為者のうち先に損害賠償請求権を行使した原告は，現実の弁済を受けることができるのに対して，同一事故に基づく損害賠償請求権を有する被告は，原告の右請求に対抗する手段を封ぜられたまま，現実弁済の履行を強制される不合理な結果を生じ，更に，右原告が被告から現実弁済を受けた後に支払能力を喪失した場合には事実上の不公平な結果を生ずることとなる」として相殺の公平機能を重視している。さらに，②「現在多発しつつある自動車事故による不法行為は，一般に，過失によるものとされているが，本件の如く双方的不法行為による反射的な作動による運転ミスの場合，未熟な機械的運転ミスの場合など，伝統的な過失概念ではまかないきれないものがあり，これらの事故は，性質上，損害賠償債権の相殺を許さないことによって誘発を防止することを期待できないものである。したがって，民法509条による新たな不法行為の誘発を防止しようとする法意は，故意または伝統的な概念での過失による不法行為の再発を防止する意味で是認せられるとしても，本件のような双方的不法行為による事故発生を防止する現代的意義を喪失している」という。その上で，「もっとも双方的不法行為の場合であっても，それによって生じた損害のうち治療費，逸失利益等による人的損害については，人の生存にかかわるものであるから現実の弁済を受けさせる必要があるとすべきであるが，物的損害にあっては，右のように解すべき合理的理由を見出しえないから，本件のような双方的不法行為によるもので，受働債権が物的損害賠償債権の場合は，民法509条は適用されないと解するのが相当であり，当裁判所の判例は，この限度において変更されるべきである。」として物損の範囲での判例変更を主張した。これを参考にすると，改正法の下では，物損にはそもそも509条が適用されないの

で相殺制限がかからず，人損についてだけ509条2号に基づく相殺制限がかかるとの解釈が成り立つ。従来，判例法理を支持する見解は，損害賠償請求権を相殺によって減額させないことで，自動車責任保険に基づく保険金額がなるべく多額に見積もられるようにすることが被害者に「現実の弁済」を得させる趣旨に適う，としていた。しかし，保険への考慮は民法509条が直接に考慮すべき事柄ではなく，さらに保険金額の見積もりは相殺と必ずしも連動しないことが指摘されている（部会資料69B・4-5頁）。物損に関する判例法理は法改正により前提を失い，変更を余儀なくされると解する。

(7) 差押禁止債権を受働債権とする場合（510条）

　差押えを禁じられている債権は，債権者に現実に満足を得させる趣旨を貫徹させるために相殺が禁じられる。差押禁止債権は民執152条に規定されており，1項1号は生活保護給付，2号は賃金をイメージすればわかりよい。賃金については労基24条でも労働者に現実に得させる旨が規定されている。

　一見して明快な規律であるが，どこまでその趣旨を貫徹できるか問題となる状況がある。それは，生活保護給付や賃金が受給者・労働者に預金口座への振込みによって支払われた場合に，当該口座開設銀行が当該預金債務を受働債権としてその者への反対債権と相殺すると主張した場面である。最判平成10年2月10日金法1535号64頁は，原審（札幌高判平成9年5月25日金法1535号67頁）の「控訴人に支払われる国民年金及び労災保険金が本件預金口座に振り込まれて，控訴人の被控訴人金庫に対する預金債権に転化し，控訴人の一般財産になったこと，右債権は差押等禁止債権としての属性を承継しているものではないこと，したがって，同被控訴人がした本件の相殺が禁止されるものではない」とした判断を簡単に「原審の判断は，正当として是認することができ，その過程に所論の違法はない」とした。

　生活保護受給者や労働者が給付金や賃金を預金口座で管理することを社会生活上通常のことと考えるならば，510条の趣旨をここでも貫徹させる必要がある。すなわち，差押禁止債権の給付が口座振込みによりされた場合には，それによって成立した預金債権は少なくとも相殺制限がかからねばならない。しかし，判例を一概に非難することはできない。預金口座には様々な

由来の資金が流入することが予定され，預金債権は額面だけで表示される高度に流動的な債権として成立する。預金債権の無因性は振込決済の基盤であり（477条参照），振り込まれた給付の性質を承継すると預金債権の安定性が崩れ，決済制度全体が滞るおそれがある。

　学説では，預金口座の内容・出所は銀行には明らかなのだから相殺制限の性質が承継されると考えてもよいのではないか，との意見もある（深谷格『相殺の構造と機能』(成文堂，2013年) 323頁）。しかし，成立した預金債権は差押可能でなければならない。差押えをする一般債権者に預金債権の内実を判別した上で差押えをするよう求めることはできないからである。そして，預金債権が差押可能債権であると解する限りは，相殺制限の性質を承継させる根拠は欠くと言わなければならない。そもそも差押えを禁じるのは債権者に現実の満足を得させることを趣旨としていたが，差押えを禁じないならば同様に相殺も禁じる必要がないからである。学説が懸念する，受給者・労働者の唯一の生活財産が銀行の相殺により奪われる事態は，本来は，社会保障や賃金の給付方法を法整備して対処すべき問題であり，民法の解釈で背負いこむべき問題ではない。銀行の相殺があまりにも受給者・労働者の生存権を制約するものであった場合には，権利濫用法理（1条3項）を相殺権にも及ぼし，相殺権の濫用法理として対処する他なかろう（潮見Ⅱ 294-295頁）。

（吉原　知志）

6 差押えと相殺

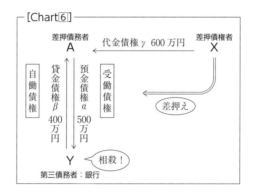

1 問題の所在——相殺の担保的機能

(1)「差押えと相殺」

「差押えと相殺」とは，次のような問題状況である。製造・販売業者Aが銀行Yに対して500万円の預金債権αを有していた。反対に，YはAに対して400万円の貸金債権βを有していた。ところで，部品業者XがAに部品を継続的に販売していたが，Aが600万円の代金債務γを弁済しないまま資金難となった。そこでXは，代金γに充てるためAの債権αを差し押さえた。XがAのα債権の取立てとしてYに履行を請求したのに対して，Yが相殺の抗弁で対抗してきた。

I 2(4)で説明したように，「差押え」とは金銭債権の実現方法としての金銭執行の方法である。XはAの債権者として，Aがγ債務を履行しない場合に，Aの責任財産に属する債権αを差し押さえて第三債務者Yから金銭を取り立て，自らの債権γの弁済に充てる（債権執行）。しかし，差押えをするXはAの一般債権者であって他の債権者に対する優先権をもたない。債権αはXのためのみの財産となるのではない。Xが始めた強制執行手続であって

1 問題の所在 67

も債権者平等原則が働くので，X以外の債権者が配当加入をすれば，それらの者との間で取立金は按分される。

　実際，上記の例では既にX以外の債権者としてYがいる。YもAに対して400万円の債権βを有していたのであり，XとYの他に債権者がいなければYが配当加入してくる限りαの取立金500万円を600万円：400万円＝3：2の比率で分け合い，Xは300万円，Yは200万円の配当を受け，それぞれγ，βの全額の弁済を受けられないことになる。X，YともあらかじめAから担保を取っていない一般債権者であり互いに優位に立たない以上，この結果が本来予定される分配である。

　しかし，上記の例でYがXと異なるのは，Yがα債権の債務者だという点である。α債権とβ債権が相殺適状にあれば，Yは相殺の意思表示をすることで，αとβの対当額400万円を差引で決済できる（⑤）。そうすると，α債権のうち400万円分は消滅するので，Xが取り立てても空振りに終わる。結果，YはXに先んじて自らのβ債権400万円全額を回収したのと同様となり，Xのγ債権はα債権の残額100万円からの回収に甘んじることになる。このように，Yの相殺権はXY間の債権者平等原則に基づく回収比率を書き換え，Yが実質的に優先弁済権を得たのと同一の状態をもたらす。言わば，受働債権αが自働債権βのための「担保」となる。債権者平等を破るこのような相殺権の強力な債権回収機能を「相殺の担保的機能」と呼ぶ。

(2) 相殺の担保的機能に対する評価

　相殺の担保的機能を無制限に認めてしまうと，ただの一般債権者であるはずのYに不相当に強力な優先的地位を与えることになる。差押債権者の取立ては，差押えの送達（民執155条1項）という裁判所の授権に基づき，債権者平等原則を実現するための一種の取立機関として行われるものと解されているから（最判昭和40年7月9日民集19巻5号1178頁参照），一部の債権者が差押えを潜脱して優先弁済を受ける可能性を広範に認めると債権回収秩序が乱れることとなる。債権者平等原則が徹底されないと，Aに貸し付けようとする者が債権回収の予想を立てられない不確実性が高まり金融が縮小する。例えば，AがY銀行に対してもつ預金債権αの内実が，Aが製造・営業で得た

代金を口座で管理すべく預けていたものだったとすれば，YがAの営業収益に常に最優先の担保権をもつことになってAの信用実態は極めて貧弱なものとなってしまう。

　他方で，銀行は広く小口の預金を集めて企業に資金を融通する「間接金融」を主務とする金融機関である。我々が企業の株式を購入して行う「直接金融」は，当該企業の不調・倒産のリスクを全面的に投資家自身が負うことになりリスクの高い投資手段である。それに対し，銀行にお金を預けておけば，銀行は投資の専門家であるので預金は安全に有益な投資に回ることになる。銀行自身も民間企業ではあるが，戦後日本経済の比類なき成長は間接金融の充実に由来するとされ，銀行に法制度上の便宜を図ることには一定の政策的根拠を見出し得るところではある。以上の経済的背景の下で，「差押えと相殺」について規定する511条をどう解釈すべきかを考える必要がある。

2　判例法理の展開

⑴　2つの大法廷判決——制限説から無制限説へ

　戦後しばらくまでの判例は，511条を受働債権の差押え時までに相殺適状となっていた場合にのみ相殺を認めるものと解釈していた（相殺適状説）。差押え時点で相殺適状となっていれば，差押え後に相殺の意思表示をしてもその効力を認める条文と解したのである。しかし，差押え時に相殺適状であることを必要とするということは，差押え「前」に自働債権を取得しただけでは，たとえその債権が差押え「後」に相殺適状となっても相殺を認めないことを意味する。これは，差押え後に取得した自働債権による相殺を禁じるだけの改正前511条の文言に比してあまりに厳格である。問題となる相殺適状の要件は，双方の債権の弁済期到来であるが，相殺適状説ではせいぜい，自働債権の弁済期が既に到来している場合に，受働債権の弁済期について期限の利益を放棄（136条2項）することによる要件充足の緩和が認められたにすぎない。次の昭和39年大法廷判決は511条の相殺制限を大幅に緩和した（以上の経緯は，講座373頁以下［伊藤進］を参照）。

　最大判昭和39年12月23日民集18巻10号2217頁の事案は，冒頭の当事

者関係の下で，ピアノの製造・販売業者Aが銀行Yに対してもつ定期預金債権a（定期預金については⑦参照）の満期が昭和28年10月21日，反対にYがAに対してもつ貸金債権βの弁済期は同年10月9日，国XがAに対して租税債権γをもち，その徴収としてaを差し押さえてYに送達し差押えの効力が生じたのが同年9月29日という時系列関係にあった。Xが一般債権者から租税債権者に代わっているが，私法上は違いを無視してよい。ただ，事象としては，企業Aの定期預金をめぐって国Xと銀行Yという国家の金融政策を担う2つの機関が争ったことになる。

　大法廷は「〔改正前〕民法511条は『支払ノ差止ヲ受ケタル第三債務者ハ其後ニ取得シタル債権ニ依リ相殺ヲ以テ差押債権者ニ対抗スルコトヲ得ス』と規定するが故に，その反対解釈として，差押前に第三債務者〔Y〕が取得した債権〔自働債権β〕による相殺は例外として差押債権者〔X〕に対抗し得るものとしていると解せられる。そして，その理由は，第三債務者が差押前に取得した債権を有するときは，差押前既にこれを以って被差押債権〔受働債権a〕と相殺することにより，自己の債務を免れ得る期待を有していたのであって，かかる期待利益をその後の差押により剥奪することは第三債務者に酷であるからである。」として，差押え前に自働債権を取得していれば相殺適状は必要としない立場を明示した。しかし，続く判示では相殺を無制限とはしない。「かかる立法趣旨に徴するときは，第三債務者が差押前に取得した債権であるからといって，その弁済期の如何に拘らず，すべて差押債権者に相殺を対抗し得るものと解することは正当ではない。すなわち，差押当時両債権が既に相殺適状にあるときは勿論，反対債権が差押当時未だ弁済期に達していない場合でも，被差押債権である受働債権の弁済期より先にその弁済期が到来するものであるときは，前記民法511条の反対解釈により，相殺を以って差押債権者に対抗し得るものと解すべきである。けだし，かかる場合に，被差押債権の弁済期が到来して差押債権者がその履行を請求し得る状態に達した時は，それ以前に自働債権の弁済期は既に到来しておるのであるから，第三債務者は自働債権により被差押債権と相殺することができる関係にあり，かかる第三債務者の自己の反対債権を以ってする将来の相殺に関する期待は正当に保護さるべきであるからである。これに反し反

対債権の弁済期が被差押債権の弁済期より後に到来する場合は，相殺を以って差押債権者に対抗できないものと解するのが相当である。けだし，かかる場合に被差押債権の弁済期が到来して第三債務者に対し履行の請求をすることができるに至ったときには，第三債務者は自己の反対債権の弁済期が到来していないから，相殺を主張し得ないのであり，従って差押当時自己の反対債権を以って被差押債権と相殺し自己の債務を免れ得るという正当な期待を有していたものとはいえないのみならず，既に弁済期の到来した被差押債権の弁済を拒否しつつ，自己の自働債権の弁済期の到来をまって相殺を主張するが如きは誠実な債務者とはいいがたく，かかる第三債務者を特に保護すべき必要がないからである。」。すなわち，Yが差押債権者Xに対し相殺を対抗するためには，自働債権βの弁済期が差押え前に「到来している」必要はないが，将来的には受働債権αより「先に到来する」こととなっている必要があるという。なぜなら，そうでなければ，受働債権αの弁済期が到来した時に相殺しようと思っても，自働債権βの弁済期は到来しておらず，相殺適状を満たさず，Xよりγの請求をされれば支払わなければならないのだから，そもそもYには相殺に対する合理的な期待がないから，と説明されている。この立場は，弁済期の先後によって相殺に制限を課すものとして「制限説」と呼ばれる（ただし，本件の最終的な解決については(2)を参照）。

　しかし，昭和39年大法廷判決の示した制限説の立場は，わずか6年後の昭和45年大法廷判決で覆された。最大判昭和45年6月24日民集24巻6号587頁は，「民法511条は，一方において，債権を差し押えた債権者の利益をも考慮し，第三債務者が差押後に取得した債権による相殺は差押債権者に対抗しえない旨を規定している。しかしながら，同条の文言および前示相殺制度の本質に鑑みれば，同条は，第三債務者が債務者に対して有する債権をもって差押債権者に対し相殺をなしうることを当然の前提としたうえ，差押後に発生した債権または差押後に他から取得した債権を自働債権とする相殺のみを例外的に禁止することによつて，その限度において，差押債権者と第三債務者の間の利益の調節を図ったものと解するのが相当である。したがって，第三債務者は，その債権が差押後に取得されたものでないかぎり，自働債権および受働債権の弁済期の前後を問わず，相殺適状に達しさえすれば，

差押後においても，これを自働債権として相殺をなしうるものと解すべきであり，これと異なる論旨は採用することができない。」として，差押え前に自働債権を取得している限り511条による相殺制限は一切かからないとした。511条の相殺制限を最小限にとどめるものとして「無制限説」と呼ばれ，この立場が現在に至るまで判例法理として通用している。

(2) 合意相殺に対する影響

　以上に見た判示はあくまで法定相殺についてのものである。したがって，受働債権の差押え前に自働債権を取得していたとして，仮に無制限説の立場に立つとしても，法定相殺である限り相殺の要件として「相殺適状」は通常通り求められる。すなわち，差押え後も両債権の弁済期が実際に到来するまで相殺自体はできない。自働債権の弁済期到来前にXから受働債権の取立てがされれば，相殺適状になくYは相殺を「まだ」主張できないのだから，Xの請求に応じなければならない。

　しかし，銀行Yは相殺による回収を貸付け当初から予定しているので，そのように悠長に構えてはいられない。銀行YはAとの間であらかじめ，①Aが差押えを受けることがあれば，その時点で α・β の両債権の期限の利益は放棄される旨を合意しておく。この合意は定期預金取引の開始時に銀行側が用意した定型約款により行われるので，「期限の利益喪失約款」と呼ばれる。そして，②期限の利益喪失により相殺適状となれば直ちに相殺の効力を発生させることも約款で定められている。この効力発生をYの予約完結権行使の意思表示によらしめるものを「相殺予約」，相殺適状の現出を条件に自動で効力を発生させるものを「停止条件付相殺契約」と呼ぶ。いずれも契約当事者である AY 間では契約自由の原則から許容される。そして，昭和39年判決，昭和45年判決ともこの合意相殺の事案であり，法定相殺に関する511条の解釈は，この約款の効力が第三者 X にも及ぶか否かを判断する前提問題にすぎない。したがって，両判決の解決を正しく理解するためには，511条の上記解釈を前提に合意相殺の判示を見ていく必要がある。

　511条の解釈で制限説に立つのであれば，期限の利益喪失約款の効力を無制限に認めてしまうとせっかく弁済期の先後によってYの相殺権の成立範囲

に限定をかけた法の趣旨が貫徹されないことになる。そこで，昭和39年判決は，「かかる特約は前示民法511条の反対解釈上相殺の対抗を許される場合に該当するものに限ってその効力を認むべきである。すなわち，差押前第三債務者が取得した反対債権につき，その弁済期が受働債権である被差押債権の弁済期より先に到来する関係にある自働債権と受働債権との間においては，前記の如き相殺予約は，第三債務者の将来の相殺に関する期待を正当に保護するものであるから，かかる場合に限り，前記相殺予約は有効に差押債権者に対抗し得るものと解するのが相当であるが，然らざる場合，すなわち，民法511条の反対解釈を以ってしても相殺の対抗が許されない場合に該当する相殺予約は，差押債権者に対抗し得ないものといわなければならない。けだし，後者の場合にも右相殺予約の効力を認めることは，私人間の特約のみによって差押の効力を排除するものであって，契約自由の原則を以ってしても許されないといわねばならない。従って，自働債権の弁済期が受働債権のそれと同じであるかまたはその以前に到来する関係にある債権相互についての右相殺予約は差押債権者に対抗し得るものであるが，然らざる債権相互についての右相殺予約に基づく相殺は差押債権者に対抗し得ないものといわなければならない。」として，法定相殺について差押債権者に相殺主張が対抗できない状況ならば合意相殺によっても相殺の主張は対抗できないとした。自働債権の弁済期到来が受働債権より遅い場合，差押債権者Xは相殺権による対抗を受けない地位にあったのだから，AY間の特約によって第三者Xの地位が不利益に変更されてしまうのは不当との考慮である。

　これに対し，無制限説に立つのであれば，合意相殺との軋轢は最小限におさえられる。というのは，差押えの前に自働債権を取得してさえいれば相殺は制限されないのだから，相殺をするタイミングを差押え時点まで早めたとしても，いずれ成立する相殺適状を時期的に早めただけのこととなるからである。無制限説に立つ昭和45年判決は，「かかる合意が契約自由の原則上有効であることは論をまたないから，本件各債権は，遅くとも，差押の時に全部相殺適状が生じたものといわなければならない。」と簡単に期限の利益喪失約款の効力を認めている。

(3) 期限の利益喪失約款の周知性——大隅補足意見の意義

　議論の核心は，相殺適状に至る前のYの相殺への期待が合理的で保護に値するものか否か，である。そのような観点で見ると，無制限説が，受働債権に対する弁済期が本来は先に来る場合であってもYは相殺を期待してよいとすることには，どうしても説得力が欠ける。無制限説では，受働債権の弁済期が到来しても履行をのらりくらりと交わして相殺適状を待つ不誠実なYを想定せざるを得ないからである。

　その一方で，2つの大法廷判決で問題となったのがどちらも合意相殺だった点にも注意を要する。法定相殺の解釈は，傍論とは言わないまでも，合意相殺を判断する前提として，Yの相殺期待の合理性を検討するものにすぎない。昭和45年判決の大隅健一郎裁判官の補足意見は，合意相殺における合意の意義について以下のように直截的な論じ方をしている。「銀行とその取引先との間においては，銀行の取引先に対する貸付金などの債権と取引先の銀行に対する預金債権とは，相互に密接な牽連関係に立ち，預金債権は貸付金債権などの担保としての機能を営んでいるのが実情である。そして，銀行取引約定書における前記のような相殺予約は，この預金債権の担保的機能を確保するための手段としてなされるものにほかならなく，銀行はかかる特約を活用することの期待のもとに貸付をしているのである。しかも，銀行取引における上述のごとき事情や，一般に銀行とその取引先との間の取引約定書中にこの種の相殺予約に関する定めがとり入れられていることは，取引界においてはほぼ公知の事実となっているものと認められるのであって，その定めをもって差押債権者に対抗しうるものとしても，あながち不当とはいえないと考える。それゆえ，相殺予約一般の効力の問題はしばらく措いて，少なくとも本件の被上告銀行と訴外会社との間の取引約定書における相殺予約のごときについては，それが有効であり，かつ，これをもって上告人に対抗しうるものと解するのが相当である。」。大隅補足意見は，銀行のする金融取引が相殺を前提に構築されたものであり，また金融取引の参加者にはそのことが周知され，受け入れられた上で取引が行われていることを重視している。期限の利益喪失約款の存在が周知されていることで，言わば，銀行の預金債権上の担保権が公示されているとも見られる。このような考慮から，法定相

74　　Ⅲ　債権の消滅事由 —— 6　差押えと相殺

殺の場合には昭和 39 年判決の制限説が妥当であるが，特約の公示がある合意相殺の場面では昭和 45 年判決の無制限説が妥当するとの見解も有力化した（柚木 512 頁，星野 347 頁）。

しかし，銀行取引の約款は公示されているから銀行を保護しても構わないというのは，あくまで銀行のする取引にのみ妥当し得る論理であって，そのままの形では相殺一般の解釈には採用できない。また，昭和 39 年判決は特約の第三者効を認める前提としてそもそも相殺権者の法的地位が第三者に対抗可能なものでなければならないとしていたのだから，これに反駁するためには，相殺権者の実体的な地位を明らかにする必要があるが，そのような作業が十分にされているとは言い難い。

昭和 45 年判決は判例法理として確立したものの，以上のように無制限説は異論の余地のない考え方ではない。この留保は，4 で債権譲渡と相殺の解釈を考える中で重要となる。

3 改正法 511 条

改正法は，昭和 45 年判決以来 40 年以上の長きにわたって無制限説を前提に金融取引が積み重ねられてきた経緯を踏まえ，無制限説の立場を明文化することとした。ここでいきなり立場を転換することは，あまりにも金融取引への負荷が大きいと判断されたのである。改正法 511 条 1 項の前段は改正前と同様の規律を定めるのに対し，後段は無制限説の立場を明示する。

問題となるのは，新設の 2 項である。2 項本文は，差押え「後」に取得した債権であっても「差押え前の原因」から発生したものであれば相殺は制限されないとしている。これは，相殺権の成立を従来の無制限説よりもさらに拡張するものである。従来の無制限説では，差押え前に自働債権が取得されていることが前提とされていたからである。ただし，改正前でも「差押え前の原因」に由来する相殺として想定されていたケースがある。

建設会社 A が，平成 30 年 10 月 1 日，Y の注文を受けて請負契約を締結し，Y に対して 1500 万円の報酬債権 a を取得した。ところで，X は A に 2000 万円の貸金債権 γ を有していたが，A の資力が悪化し支払えなくなっ

たので，まだ仕事作業中の同年 11 月 1 日に α 債権を差し押さえた。12 月 1 日に仕事が完成し，12 月 15 日に X は Y に報酬を請求したが，Y は引渡し後に見つかった A の仕事の不適合に基づく損害賠償請求権 β と相殺する意思表示をした。この状況では，β 債権は α 差押え（11/1）前に発生しているかはわからず，差押え後に取得した債権に当たり得る。とはいえ，①損害賠償債権 β は請負契約を「原因」として発生しており，α と β の相殺は双務契約上の給付を均衡させるものと言いうる（⑤ 2 ⑶参照）。また，②差押債権者 X も，差し押さえたのが請負契約に基づく報酬債権である以上，そのような双務契約上の調整があり得ることは覚悟しておくべきと言える。したがって，β が差押え時に発生していなかったとしても相殺は正当化される。

　ただし，511 条 2 項但書は，自働債権 β が差押え後に「他人」から取得されたものであるときは相殺できないとしている。2 項を形式的に読むと，上の例で資力が悪化した A に損害賠償を支払いたくない Y が，第三者 B から安く買い受けた自働債権も「差押え前の原因に基づいて生じたもの」となるので，相殺できることになってしまう。しかし，差押えを受けた A に対する債権を安く買い集めて相殺をできるとすれば債権者平等原則の潜脱である。このような場合には相殺の合理的期待がない，として但書が置かれた（一問一答（債権）205 頁）。

4　債権譲渡と相殺

(1) 昭和 50 年判決以来の「無制限説」

「差押えと相殺」と類似する論点が「債権譲渡と相殺」である。A が Y に対してもつ債権 α を X に譲渡したが，Y は A に対して反対債権 β をもっていたので，X の請求に対し相殺の抗弁で対抗できるか，という問題である。

　改正前 468 条 2 項は，債権譲渡の対債務者対抗要件（Ⅳ 10 1 参照）である通知（467 条 1 項）が債務者 Y に到達する以前に，Y が譲渡人 A に対して抗弁を有していれば，譲受人 X に対してもそれを対抗できると規定し，相殺の抗弁も基本的に同様とされていた。そこで，「差押えと相殺」における議論と同様に，通知の到達時に Y が自働債権 β をもってさえいれば弁済期の先後に

関係なくXに相殺権は対抗できるのか（無制限説），自働債権βの方が早く弁済期が到来する必要があるのか（制限説），が議論されたのである。

最判昭和50年12月8日民集29巻11号1864頁【百選Ⅱ28事件】は，「債権譲渡と相殺」においても無制限説に立つとした。事案は，債権譲渡の通知後に，受働債権αの方が早く弁済期が到来することとなるものだった。判決は特段の理論的説明をしないまま相殺権の対抗を認めている（したがって判決理由の引用はしない）。ただし，債権譲受人Xが譲渡人A社の「取締役兼従業員」である旨がわざわざ判決理由中に事案をたどる中で示されており，この事情が結論に影響を与えた可能性が否定できない。というのは，従前，A社とY社の間では互いに継続的に約束手形を振り出して相殺による決済が続けられてきたが，本件で譲渡された債権αはA社のY社に対する手形債権の一部である。なぜそのように継続決済に充てられるはずの債権が「取締役兼従業員」であるXに譲渡されたかといえば，A社の経営者であるXが当該約束手形の一部を紛失し，A社に金銭で弁償したその代償として手形を譲り受けたからである。Xは従前譲渡人A社の内部でA社とY社の間の継続的な決済取引を主導していた者であり，そのXが，代償として譲り受けた債権の方がY社の反対債権よりもたまたま弁済期が先であることに藉口して相殺による決済を否定できてしまうのでは，手形紛失の不手際を犯したXの利益を保護してまでY社の差引決済に対する期待を犠牲にすることになり著しく不当な結論となる。すなわち，Y社の相殺を認める本判決の結論は，わざわざ無制限説を大上段に振りかざすまでもなくXが敗北すべき筋のものだったのである（柴田保幸「判解」最判解昭和50年度658頁）。

そこで改めて「債権譲渡と相殺」を考える必要がある。昭和50年判決の藤林益三裁判官の反対意見は，「差押えと相殺」の昭和45年判決と本件との事案の違いを強調している。①「右〔昭和45年〕大法廷事件は旧国税徴収法（昭和34年法律第147号による改正前のもの。）による債権の差押，取立事案であったが，本件は債権譲渡事案であるから，債権の帰属主体の変動の有無についての差異があるばかりでなく，一方は差押という強制手段によるものであるのに対し，他方は通常の取引によるものであるという違いがあり，判断の拠るべき法律の規定も，民法511条と468条2項というように，異なる」。

さらに，②「大法廷事件は銀行と取引先との間に生じた債権債務に関する事案であつたが，本件は通常の取引から生じた債権債務に関するものであるゆえに，継続的商取引から生じた一方の債権が他方の債権の担保的機能を営まなければならないというような要請もなく，また，相殺に対するいわゆる正当な期待利益というようなものも存しない」。藤林裁判官は昭和45年判決の無制限説自体にも批判的であるが，仮に同判決を是としても，①「差押えと相殺」の差押債権者Xは差押債務者Aの債権aを差し押さえただけであるのでAY間の債権関係をできる限りそのまま受け入れるべき地位にあるが，「債権譲渡と相殺」の譲受人Xは譲渡を受けた者であるので債権aの内容をめぐってYと対抗関係に立つと解され，②昭和45年判決の事案ではYが銀行であり期限の利益喪失約款が公知であるなど相殺権の保障を導きやすかったが，本件ではYは単なる取引先であり，債権の譲受人に比して常に強力な相殺権で保護を与える必要は認められない，と論じる。「債権譲渡と相殺」で制限説の立場に立つことは十分に説得力があったと評価できる。

(2) 改正法の立場

改正法は「債権譲渡と相殺」について469条を新設した。1項は，対抗要件具備時にYが自働債権を取得してさえいれば相殺権を譲受人Xに対抗できるとして，無制限説の立場を明示するものである。2項は，Yが自働債権を取得したのが債権譲渡の対抗要件具備後だとしても，一定の場合になお相殺権の対抗を認めるものである（柱書）。その1号は，自働債権が「対抗要件具備時より前の原因に基づいて生じた債権」の場合であって改正法511条2項と同様の状況を規定している。すなわち，請負報酬債権の譲渡に対する損害賠償請求権による相殺が一つの典型となろう。これに対し，2号は基準時後に取得した自働債権が受働債権の「発生原因である契約に基づいて生じた債権」である場合を挙げている。この文言だけでは1号の状況との違いがいまいち不明確だが，体系的解釈としては2号は1号で包摂しきれない場面を規定していることになる。すなわち，2号が規定するのは，自働債権の発生原因でさえも基準時後に発生した状況である。その場合でも，自働債権の根拠が受働債権と同一の契約であるときには相殺権の対抗を認めるというのであ

る。具体的には，将来債権譲渡の状況がこれに当たるとされる（部会資料74A・14-15頁）。AY間に継続的供給取引の関係がある状況で，Aが現在有し，かつ将来有することになる代金債権を包括的にXに譲渡して対抗要件が具備された場合，毎期の個別契約による代金債権の発生は基準時「前の原因」に基づくとは言い得なくなる。しかし，AY間でAの供給品の一部に不適合があった場合にその分の代金を当期または次期の代金から差し引く簡易な決済を継続的に行なう取引は一般的にされており，Yからすると，たまたまAからXに債権者が交替しただけでこの差引決済が認められなくなるというのでは不都合が大きい。また，Yは債権譲渡制限特約（Ⅳ⑨）で対処しようにも，譲渡後に結ばれる契約では譲受人に対抗できない（466条の6第3項。重要論点実務190頁［末廣裕亮］）。延いてはAY間で互いの都合を慮って将来債権譲渡が躊躇されてしまうかもしれない。469条2項2号は，継続的な中小企業間の取引関係を尊重しつつ将来債権譲渡を活性化する考慮に基づく規定とされる（部会資料74A・14-15頁参照）。

　改正前後の議論を振り返り，改正法469条の趣旨を確認する。改正前の議論では無制限説は異論の余地のないものとはされていなかったが，改正法は無制限説の立場を明示するとともに相殺の対抗可能性を広げている。だが，改正法の規律を改正前の議論と断絶したものと解する必要は必ずしもないだろう。昭和50年判決の事案は，債権譲渡のされた経緯は特殊であるとはいえ，元のAY間での，差引決済を前提とした継続的取引関係自体は極めて一般的な類型だったと言える。だからこそ，たまたま当該関係に介入し，それも当該経緯を知悉し自ら運用してきた債権譲受人Xに対しては相殺権を対抗し得るとされたものであった。その意味では，特殊な事案ではあったが継続的取引関係の要保護性を示すためには適切な事案だったとも言える。必ずしも一般的な支持を得ていたわけではない昭和50年判決をそうした側面から見れば，改正法469条の規律は同判決を支持しつつ，継続的取引関係における差引決済の保護の限界を明確化するものと評価できる。

（吉原　知志）

7 弁済の表見受領権者

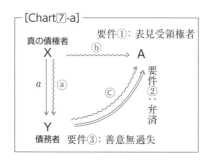

1 表見受領権者（478条）

(1) 規定の趣旨

　XがYに対して100万円の金銭債権aを有している状況で，Xとは別人のAがYの下に現れ，「Xから受領権を得た」と言うので100万円を支払った。しかし，後になってXはそんなことは聞いていないと主張し，改めてYに100万円の支払を請求してきたとする。このような状況でも，一定の要件の下でYに弁済の効力を認めるのが478条である。

　478条が置かれたのは，弁済者Yの信頼を保護するためである。①債権の弁済は日常頻繁に起こるので，その都度，受領権限の綿密な審査を必要とすると取引が停滞する。そこで，弁済の受領権を有すると信頼しても仕方ないと客観的に認められる者を信用して弁済した場合には，この信頼を保護する必要がある。さらに，②弁済は義務を履行する場面であって，弁済者に弁済期と抵触する過重な調査は期待できない。

　民法総則には，虚偽表示の第三者を保護する94条2項，表見代理の相手方を保護する109条，110条，112条などの信頼保護規定がある。弁済についてもそれらの規定を適用，または類推適用すれば十分のようにも見える。しかし，これらの規定の対象は法律行為によってこれから任意に法律関係を

形成する場面である。これに対し，弁済は既に負った義務の履行の場面である。そこで，弁済の信頼保護については特別に緩和した要件を設定する必要があり，本条が定められている。

(2) 要件・効果の整理

要件は，条文の文言から，①Aが「表見受領権者」であること，②Yが弁済をしたこと，③Yが弁済時に善意・無過失であったこと，である。民法総則の信頼保護規定とでは，「真の権利者Xの帰責性」に当たる要件がない点が相違する。Xの事情を問わないことで，信頼保護が拡張されている。

効果は，YがAにした弁済が有効とみなされることである。具体的には，ⓐXがYに100万円を請求してもYは弁済の抗弁で対抗できる。そこで，ⓑXはAに対して不当利得返還請求（703条，704条）をする。478条はあくまで弁済者Yを保護する規定にすぎないから，Aの受領に給付保持力を与えるものではない。したがって，XのAに対する請求は認められる。さらにⓒY自身が自らのした弁済の効力を否定し，Aに対して，支払った額を不当利得返還請求・不法行為損害賠償請求することも可能と解すべきである（我妻281頁，前田・口述450頁，中田・債権総論337頁）。478条は表見受領権者Aを保護する規定ではないからである。

以上の要件・効果の基本的整理を前提に，次に要件の詳細を見ていく。

(3) 要件①——表見受領権者

478条は，弁済の「受領権者」を「債権者及び法令の規定又は当事者の意思表示によって弁済を受領する権限を付与された第三者をいう」と定義し，表見受領権者を「受領権者〔…〕以外の者であって取引上の社会通念に照らして受領権者としての外観を有するもの」と定義した。改正前民法下で争いなく表見受領権者に当たるとされてきた偽造証書の持参人や，無効な債権譲渡の譲受人は問題なくこの文言に包摂される。さらに，最判昭和37年8月21日民集16巻9号1809頁で478条の適用を認められた詐称代理人も，代理人が「受領権者」に当たり得るから表見受領権者となる。

改正前には，詐称代理人に478条の適用があるか否かは一つの解釈問題で

あった。というのは，改正前478条は「受領権者としての外観を有するもの」と規定せず，「債権の準占有者」と規定していたからである（改正前は478条は「準占有者に対する弁済」として解説されてきた）。「準占有」とは，占有が有体物に対する事実的支配を指すのに対して，観念的な権利に対する事実的支配を指す概念である（205条）。占有ないし準占有が成立するためには「自己のためにする意思」（180条）が必要であるが，あくまで他人の権利であることを前提とする代理人は定義上は「準占有者」と言えないことになる。しかし，判例はこのような概念論から直ちに詐称代理人への478条の適用を否定することはせず，広くこの要件を解してきた。改正法478条の文言はそのような運用を正面から是認するものである（潮見ほか・詳解329頁［難波譲治］）。

(4) 要件③——弁済者の善意・無過失

「善意」「過失」とも，本来は行為者の主観的事情を問う概念である。ただし，「善意」は相手方に受領権がない事情を認識していないことに尽きるのに対し，「過失」は弁済に至る経緯を考慮した規範的判断を要する。過失の判断は弁済者が弁済にあたって必要な注意を尽くしたか否かを評価するもので，具体的には，受領権の有無を疑わせる徴表はあったか，弁済者が徴表に気づけたとして受領権限を調査・確認して注意を尽くしたか，などを事案に即して判断する。例えば，最判昭和42年12月21日民集21巻10号2613頁は，「右事実関係の下においては，Aにおいて本件普通預金通帳は呈示しなかったけれども，被上告銀行Y係員が届出の上告会社X代表者印とAが提出した払戻請求書の押印とを照合してその同一であることを確認し，かつAは得意先である訴外Bタクシー株式会社において副社長Cの下で経理主任をしており，しばしば被上告銀行Yに出入りし面識の間柄であること，また被上告銀行Yは上告会社Xの株式払込取扱を委託されていた関係でAがCを補助して上告会社Xの設立事務にも従事し，その設立後は取締役の一員となっていたことなどの諸事情を知っていたので，Aには本件預金払戻請求の代理権限があるものと信じ同人の請求にしたがい本件普通預金の払戻をしたものと認められ，従って，Aに対する弁済について被上告銀行Yの係員は善意かつ無過失であったとした原審の判断は正当」と判示している。

過失の判断は以上のように弁済の経緯についての様々な事情を勘案して行われるので，技術の進展による新たな弁済方法が登場してもある程度柔軟な対応が可能となった。現金自動預払機（ATM; automatic teller machine）による預金債権の払戻しは，銀行Yの弁済時に係員とAが対面しない弁済方法であり，一見，「過失」という弁済者Yの主観面に着目する要件は適合しない。しかし，判例はATM取引も478条の問題として判断している。他方で，規律の不明確さを案じた銀行Yはいち早くATM取引に免責約款を用いており，この点にも留意が必要である。機械が誤作動せずキャッシュカードまたは通帳を持参した者に現金を払い戻す限り，常にそれは弁済の効力を有するとの約款が，預金取引では契約に組み入れられている。

最判平成5年7月19日判時1489号111頁の事案は，真の債権者XがキャッシュカードをAに盗まれた上，キャッシュカードのスキミングにより暗証番号も抜き取られ，Y銀行のATMに真正のキャッシュカードと正しい暗証番号を入力することで現金が払い出されたものである。最高裁は「銀行が預金者に交付していた真正なキャッシュカードが使用され，正しい暗証番号が入力されていた場合には，銀行による暗証番号の管理が不十分であったなど特段の事情がない限り，銀行は，現金自動支払機によりキャッシュカードと暗証番号を確認して預金の払戻しをした場合には責任を負わない旨の免責約款により免責される」とした。ただし，最高裁はこの判断の射程を一見するほど広くは解していなかったようで，「なお」として留保を付している。「なお，本訴請求に係る金員は，昭和56年4月23日，被上告人Y及びその提携銀行の設置した現金自動支払機から支払われたものであること，当時被上告人Yが上告人Xを含む預金者に交付していたキャッシュカードの磁気ストライプ上には，預金者が被上告人Yに届け出た暗証番号がコード化されて記録されていたことは，原審の適法に確定したところであるが，所論中には，このようなキャッシュカードについては，市販のカードリーダーをパーソナルコンピューターに接続することにより，暗証番号を解読することができるから，支払システムとしての安全性を欠き，免責約款は無効であるとする部分がある。しかし，所論の方法で暗証番号を解読するためにはコンピューターに関する相応の知識と技術が必要であることは明らかである（な

お，記録によれば，本件支払がされた当時，このような解読技術はそれほど知られていなかったことがうかがえる。）から，被上告人Ｙが当時採用していた現金自動支払機による支払システムが免責約款の効力を否定しなければならないほど安全性を欠くものということはできず，右の点に関する論旨は採用することができない。」。すなわち，キャッシュカードが盗難されただけではなお暗証番号によって不正な払出しが防止されるとＸは期待できるところ，キャッシュカードから暗証番号が読み出されてしまうのではＡＴＭシステムとして不備があったとも言い得る。しかし，最高裁はそのような読み出し技術は事件当時まだ一般的でなかったとして，当時のＹのシステム構築に不備があったと評価するには酷だと判断したのである。ここでは，過失判断の中でＹのＡＴＭ払戻しシステムの構築が適切なものだったかが評価されていることに注意を要する。

　次の最判平成15年4月8日民集57巻4号337頁【百選Ⅱ35事件】は，Ｘが通帳・キャッシュカードとも自動車のダッシュボードに入れていたところ，駐車場から車両ごと盗まれた事案である。真正の書類と暗証番号が不正利用された点は平成5年判決の事案と同様であるが，本件では通帳が利用され，盗難通帳による払戻しについては免責約款に定めがなかった。Ｘは暗証番号を自動車登録番号の4桁としており，現在の防犯意識から見るとＸの側に大きな過誤がある。さらに，Ｘは車両盗難の翌日に通帳・キャッシュカードの盗難に気づき，盗難の届出にタイムラグがある点もＸの不利に見える。しかし，最高裁は本件ではＹの免責を認めなかった。最高裁は「無権限者のした機械払の方法による預金の払戻しについても，民法478条の適用があるものと解すべきであり，これが非対面のものであることをもって同条の適用を否定すべきではない。」として機械払にも478条を適用することを正面から認めるとともに，「銀行が無過失であるというためには，払戻しの際に機械が正しく作動したことだけでなく，銀行において，預金者による暗証番号等の管理に遺漏がないようにさせるため当該機械払の方法により預金の払戻しが受けられる旨を預金者に明示すること等を含め，機械払システムの設置管理の全体について，可能な限度で無権限者による払戻しを排除し得るよう注意義務を尽くしていたことを要するというべきである。」との準則を示

した。その根拠として，「機械払の方法による払戻しは，窓口における払戻しの場合と異なり，銀行の係員が預金の払戻請求をする者の挙措，応答等を観察してその者の権限の有無を判断したり，必要に応じて確認措置を加えたりするということがなく，専ら使用された通帳等が真正なものであり，入力された暗証番号が届出暗証番号と一致するものであることを機械的に確認することをもって払戻請求をする者が正当な権限を有するものと判定するものであって，真正な通帳等が使用され，正しい暗証番号が入力されさえすれば，当該行為をする者が誰であるのかは全く問われないものである。このように機械払においては弁済受領者の権限の判定が銀行側の組み立てたシステムにより機械的，形式的にされるものであることに照らすと，無権限者に払戻しがされたことについて銀行が無過失であるというためには，払戻しの時点において通帳等と暗証番号の確認が機械的に正しく行われたというだけでなく，機械払システムの利用者の過誤を減らし，預金者に暗証番号等の重要性を認識させることを含め，同システムが全体として，可能な限度で無権限者による払戻しを排除し得るよう組み立てられ，運営されるものであることを要するというべきである。」と述べる。その上で，「被上告人Yは，通帳機械払のシステムを採用していたにもかかわらず，その旨をカード規定等に規定せず，預金者に対する明示を怠り」と示し，「無権限者による払戻しを排除するためには，預金者に対し暗証番号，通帳等が機械払に用いられるものであることを認識させ，その管理を十分に行わせる必要があることにかんがみると，通帳機械払のシステムを採用する銀行がシステムの設置管理について注意義務を尽くしたというためには，通帳機械払の方法により払戻しが受けられる旨を預金規定等に規定して預金者に明示することを要するというべきであるから，被上告人Yは，通帳機械払のシステムについて無権限者による払戻しを排除し得るよう注意義務を尽くしていたということはできず，本件払戻しについて過失があったというべきである。」と認定する。この判断は，続く「もっとも」とする文で上記Xの落ち度に当たる事情を挙げながらも，「本件払戻しがされたことについては上告人Xにも帰責事由が存するというべきであるが，この程度の帰責事由をもって被上告人Yに過失があるとの前記判断を覆すには足りない。」とする点から，最高裁の過失認定への積

1　表見受領権者（478条）　85

極性を窺うことができる。最高裁は、「過失」の判断を単にシステム系統の技術的な適切さの問題に限定することとせず、預金者であるXに周知し、X自身が不正な払出被害に遭わないよう注意を払い、あるいはそのような危険な取引に身を置くか否かを判断する機会を保障することまでをYの注意義務の内容とした。このような解釈は「過失」の用語からは相当に離れるものとも言い得るが、YがXの帰責性を要件としない緩和された信頼保護の利益を享受するためには、応分に厳格な善意無過失の判断を受ける、とすることでバランスが保たれるものと解する。

上記のXの不適切な防犯管理を見ると、Xの帰責性も考慮すべきとの主張にも、頷ける側面がある。しかし、Xの帰責性を要件としてしまうと、Yが適切なシステムを構築し、Xも十分な防犯管理をしていた両者無帰責の事案では、Yが不正な払出しのリスクを引き受けることになる。政策的に銀行に責任を負わせる余地はあるとしても、478条が弁済に強力な保護を与える規定として置かれた趣旨とは矛盾してしまう。したがって、ここではXの帰責性は問わないことを貫かざるを得ない。今回の改正では、「Yの善意無過失」とする改正前よりの要件を、110条の権限外の表見代理を参照して「正当な理由」に置き換える提案がされていたが、その趣旨はXの帰責性を考慮に入れることである。109条の代理権授与表示の表見代理は、本人の帰責性が表示行為で考慮され、第三者の信頼は善意無過失要件で考慮される構造となっているが、110条は正当な理由の中で本人の帰責性と第三者の信頼を総合考慮するとの解釈が有力であり、この枠組みを478条の真の権利者と債務者の間にも採用するものである（部会資料39・13頁）。しかし、478条の上記趣旨からこの提案は否定された（詳説294-296頁［日比野俊介］）。

なお、2005年には偽造カード等及び盗難カード等を用いて行われる不正な機械式預貯金払戻し等からの預貯金者の保護等に関する法律（預貯金者保護法）が制定されており、偽造・盗難カードによる「機械式預貯金払戻し」には478条ではなく本法が適用されることになる（3条）。同法では一定の場合に盗難被害に遭った預金者に金融機関が「金額の補てん」を行うとしており（5条）、上記の政策的な預金者保護の要素を兼ね備えている。

2 478条の類推適用

(1) 類推適用とは

478条の適用される前提は，債務の本旨に従った弁済がされることである。しかし，取引類型の多様化に従い，弁済に類するものの，弁済そのものではない給付をＹが行う機会が増加した。そうした事例では，②「弁済」の要件を満たさないことになるが，それでも利益の移動面だけを見れば弁済と同様のことをしているので，478条の類推適用の可能性が問題となる。

本題に入る前に，「類推適用」の方法を確認しておこう。類推適用とは，ある条文が当該事案に適用できないことを前提に，当該条文の基礎にある利益衡量と当該事案の利益状況に共通点があることを論証し，あえて当該条文のルールを適用することである。要件を満たさない条文をあえて適用するためには，当該条文の利益衡量が当該場面に妥当することを説得的に論証する必要がある。そのような観点で以下の諸事例を見ていこう（全体として，佐久間毅「民法478条による取引保護」論叢154巻4=5=6号377頁（2004年）参照）。

(2) 判例①──定期預金の期限前払戻し・預金担保貸付

まず問題となったのは，「定期預金の期限前払戻し」である。定期預金とは，満期日まで引き出せない代わりに高率の利息が合意されるタイプの預金取引である。満期日が設定されている点で，通帳やキャッシュカードを用いていつでも引き出せる普通預金とは異なる。ただし，預金者に急な資金需要が発生した場合，高率の利息を諦めるのなら定期預金契約を解約して満期日前に引き出すことは可能である。満期日に払い戻すのが本旨に従った弁済と目されるところ，期限前払戻しは解約という任意の行為に基づいており必ずしもＹの義務に属する弁済行為とは見られないため，478条を適用してよいか否かが問題となった。最判昭和41年10月4日民集20巻8号1565頁は，当該事案では「契約当事者において，右預金を期限前に払い戻す場合には利息を日歩7厘（普通預金の利息と同率）とする商慣習による意思を有していた」と認定した上，「本件においては，期限前払戻の場合における弁済の具体的内容が契約成立時にすでに合意により確定されているのであるから，被上告

銀行のなした前記の期限前払戻は，民法 478 条にいう弁済に該当し，同条の適用をうけるものと解するのが相当」とした。注意すべきは，続けて，「したがって，原審が，前記期限前払戻について，本件定期預金契約の解約を前提とするかのごとき判示をしたのは，措辞必ずしも妥当ではないが，右払戻について同条の適用を肯定したのは，結論において正当」と判示していることである。すなわち，解約自体は契約の解消行為ではあるが，本件では解約による期限前払戻しがその場合の利率まで含めて契約内容として合意されていたため，期限前払戻しが Y の契約で予定された給付行為と判断されたものと理解できる。つまり，定期預金の払戻しについて無制限に 478 条が適用されるわけではなく，あくまで契約上の義務として予定された給付である限り 478 条を適用するという姿勢が窺われる。

次に，「預金担保貸付」と呼ばれる取引が問題となった。預金担保貸付とは，預金者 X が定期預金を預けつつこれを担保にして銀行 Y から貸付けを受ける取引である。「担保にして」というのは，預金者 X が貸付金を返済できないときは，Y は定期預金債務と相殺することで貸付債権の優先弁済を図る趣旨である。したがって，貸付額は定期預金に見合った額に抑えられ，預金債権に債権質権（362 条）が設定されることで満期日前の払戻

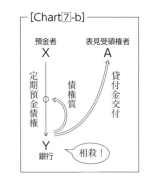

しは制約される。裁判になったのは，Y が X にではなく A に貸付金を交付し，その後 X から無記名定期預金（「無記名」の意義は後記）の払戻しが請求されるに及んで貸付金との相殺が主張された事案である。相殺を認めれば，Y が A に定期預金相当額の金銭を交付した結果として X が Y に預金債権の請求ができなくなるという一連の経過になり，預金債権の払戻しに 478 条が適用されるのと同様の帰結となる。そこで，相殺の形式を経由しながらも 478 条の場合と扱いを同じにすることが考えられる。最判昭和 48 年 3 月 27 日民集 27 巻 2 号 376 頁は「銀行が，無記名定期預金債権に担保の設定をうけ，または，右債権を受働債権として相殺をする予定のもとに，新たに貸付をする場合においては，預金者を定め，その者に対し貸付をし，これによって生じ

た貸金債権を自働債権として無記名定期預金債務と相殺がされるに至ったとき等は，実質的には，無記名定期預金の期限前払戻と同視することができるから，銀行は，銀行が預金者と定めた者（以下，表見預金者という。）が真実の預金者と異なるとしても，銀行として尽くすべき相当な注意を用いた以上，民法478条の類推適用，あるいは，無記名定期預金契約上存する免責規定によって，表見預金者に対する貸金債権と無記名定期預金債務との相殺等をもって真実の預金者に対抗しうるものと解するのが相当であり，かく解することによって，真実の預金者と銀行との利害の調整がはかられうるからである。」とした。しかし，この判示のみでは類推適用の全容が明らかでない。預金担保貸付で銀行Yがしているのは「相殺の意思表示」であり，478条の要件である「弁済」からは大きく離れる。そもそも預金担保「貸付」は新規の契約であって，弁済の義務的性格から大きく離れる。新規の契約であることからすれば，表見代理規定の類推適用が本則とも考えられ（真の債権者Xの帰責性も問題となる），預金担保貸付の準則は慎重に考える必要がある。預金契約の基本事項を確認しながら見ていこう。

(3) 預金者の認定

昭和48年判決の事案は，YがAに貸付金の交付を行う前段として，Yが預金者をAと認識した経緯がある。というのも，本件ではXの妻BがAと結託してXの資金1000万円を着服してAの資金であるような体裁でY銀行に預け，Y銀行もAを預金者と考えて定期預金の証書を作成するとともに1000万円の貸付金を交付したのである。つまり，金銭の交付にかかる消費貸借契約はAY間で締結されて金銭が交付されている。ここから次の2つの問題を検討する必要が生じる。①預金債権はAのものか，Xのものか，②もしXだとしたら，Yに対して受働債権をもつのはXであるのに対して自働債権の債務者はAとなるが，これでは相殺の相互性要件（⑤2(1)）を満たさず不適法ではないのか。原審は①をAと解したので，そもそもXは請求の基礎となる定期預金債権を有しないとして簡単に請求が棄却されていた。

最高裁は①をXと解しつつ，②が適法であることを前述の478条類推適用の構成から導いた。まず，①の預金者の認定につき，最高裁は「無記名定期

預金契約において，当該預金の出捐者が，自ら預入行為をした場合はもとより，他の者に金銭を交付し無記名定期預金をすることを依頼し，この者が預入行為をした場合であっても，預入行為者が右金銭を横領し自己の預金とする意図で無記名定期預金をしたなどの特段の事情の認められないかぎり，出捐者をもって無記名定期預金の預金者と解すべきであることは，当裁判所の確定した判例であり（昭和29年（オ）第485号同32年12月19日第一小法廷判決・民集11巻13号2278頁，昭和31年（オ）第37号同35年3月8日第三小法廷判決・裁判集民事40号177頁），いまこれを変更する要はない。けだし，無記名定期預金契約が締結されたにすぎない段階においては，銀行は預金者が何人であるかにつき格別利害関係を有するものではないから，出捐者の利益保護の観点から，右のような特段の事情のないかぎり，出捐者を預金者と認めるのが相当」とする。本件で資金の出所は着服被害を受けたXであるから，預金者はXである。このように資金の客観的な出所によって預金者を判断する立場を「客観説」と呼ぶ。これに対し，原審のように預入行為者として振る舞った者を預金者とする立場を「主観説」と呼ぶ。契約の解釈については表示内容の客観的意味から契約内容を確定する伝統的立場と，表示者の主観的意思の合致を重視する近時の有力説の対立があるが（四宮＝能見208頁以下，佐久間66頁以下など民法総則の教科書を確認のこと），いずれに立とうとも預入行為者と銀行の間で預金契約が成立するとの理解が素直ではある。しかし，預金契約の特殊性として，昭和48年判決が示すとおり，一方で「銀行は預金者が何人であるかにつき格別利害関係を有するものではな」く，他方で出捐者からしてみると，本件のように資金を着服されて勝手に預け入れられてしまった場合に，預入行為者に預金債権が成立するとしてしまうと，わざわざ当該行為者に対して資金の返還請求訴訟を起こさなければならなくなり手間である。それに対し，出捐者には事情を問わず預金債権が成立すると解しておけば，勝手に預入れがされてもなお自ら銀行に「払戻し」を請求でき資金の取戻しが簡便である。最高裁が客観説の立場を明確にした背後にはこのような利益衡量があると解される（柴田保幸「判解」最判解昭和48年度177頁参照）。ただし，上記のとおり契約の解釈の一般則からすると主観説が素直であるという事情はあり，「預入行為者が右金銭を横領し自己の預金とする意

図で無記名定期預金をしたなどの特段の事情」がある場合に預入行為者を預金債権者とする留保は見られる。この場合，預金債権は預入行為者Aに帰属する一方，Aには刑法252条の横領罪の構成要件である領得行為が認められ，刑事法による対応が主眼となろう。昭和48年判決は以上の構成を示しつつ，当該事案でXがAの預入行為を黙認していなかったか，Aには「自己の預金とする意図」はなかったのか，さらに478条を類推適用した場合に要件となるYの善意無過失は満たされるのか，審理を尽くす必要があるとして原審を破棄して事件を差し戻した。

　昭和48年判決では預金担保貸付について2つの課題が残された。1つは，同判決で問題となったのは，銀行に預金者の氏名・住所を届け出なくてもよく預金証書と届出印鑑だけ持参すれば払戻しが可能な「無記名預金」と呼ばれる取引類型であり，預金者認定において窓口に現れた者を重視しない客観説は適合的だった。銀行が預金者の氏名・住所を把握する「記名式預金」の場合にどうなるかはなお問題であった。もう1つは，預金担保貸付にも478条を類推適用できるとすると，善意無過失の基準時はいつかということである。というのも，通常の弁済の場合，善意無過失は弁済時に求められるところ，「相殺」を用いる預金担保貸付の場合，善意無過失の基準時は自明でない。預金担保貸付において「弁済」に相当しそうな行為は，①資金を貸し付ける契約の締結時と，②その後Xの預金払戻請求に対抗して相殺の意思表示をした時点の少なくとも2つが考えられる。債務消滅行為という点で弁済に相当するのは②相殺の意思表示の方であるが，Yの給付行為という点では①の契約して貸し付ける行為の方とも見られる。最判昭和59年2月23日民集38巻3号445頁は，記名式定期預金が問題となった事案につき，「金融機関が，自行の記名式定期預金の預金者名義人であると称する第三者から，その定期預金を担保とする金銭貸付の申込みを受け，右定期預金についての預金通帳及び届出印と同一の印影の呈示を受けたため同人を右預金者本人と誤信してこれに応じ，右定期預金に担保権の設定を受けてその第三者に金銭を貸し付け，その後，担保権実行の趣旨で右貸付債権を自働債権とし右預金債権を受働債権として相殺をした場合には，少なくともその相殺の効力に関する限りは，これを実質的に定期預金の期限前解約による払戻と同視することが

でき，また，そうするのが相当であるから，右金融機関が，当該貸付等の契約締結にあたり，右第三者を預金者本人と認定するにつき，かかる場合に金融機関として負担すべき相当の注意義務を尽くしたと認められるときには，民法478条の規定を類推適用し，右第三者に対する貸金債権と担保に供された定期預金債権との相殺をもって真実の預金者に対抗することができるものと解するのが相当である（なお，この場合，当該金融機関が相殺の意思表示をする時点においては右第三者が真実の預金者と同一人でないことを知っていたとしても，これによって上記結論に影響はない。）。」として，記名式定期預金であっても昭和48年判決の枠組みが妥当するとし，さらに主観的事情の基準時は①契約締結時とした。仮に善意無過失が必要な時点を②相殺時としてしまうと，Xの請求時にはYは悪意となっているから給付を行なったYの保護にはならない。結果として，最高裁は478条をYの給付行為についての信頼を保護する規定と解釈し，給付行為である契約締結時の信頼の要保護性を要件としたことになる。預金が記名式か無記名かはその際に信頼の要保護性を判断する一事情にすぎないこととなる。

(4) 判例②——総合口座取引・保険契約者貸付

　次の2つの判例は預金担保貸付事例の応用である。最判昭和63年10月13日判時1295号57頁は，「普通預金，定期預金及び定期預金を担保とする当座貸越の各取引を組み合わせ，一定額までは定期預金の払戻請求債権と当然に相殺する予定のもとに普通預金の払戻しの方法により貸越しをすることを内容とするいわゆる総合口座取引において，銀行〔Y〕が権限を有すると称する者〔A〕からの普通預金の払戻しの請求に応じて貸越しをし，これによって生じた貸金債権を自働債権として定期預金の払戻請求債権と相殺した場合において，銀行が右普通預金の払戻しの方法により貸越しをするにつき，銀行として尽くすべき相当の注意を用いたときは，民法478条の類推適用によって，右相殺の効力をもって真実の預金者〔X〕に対抗することができると解するのが相当である」とした。当座貸越取引とは，銀行が預金残高を超過して支払や払戻し（「貸越し」という）に応じる取引である。貸越額は銀行の契約者に対する金銭債権となるが，本件で問題となった「総合口座

取引」では，その担保として定期預金取引が組み合わされている（鈴木正和「各種の貸付形態と返済の時期」鈴木禄弥ほか編『金融取引法大系　第6巻』（有斐閣，1984年）49，52頁）。したがって，総合口座取引による貸越額の払戻しは，預金担保貸付と同様，相殺を前提にした預金者への給付行為の性質をもつ。そこで，判例は総合口座取引の貸越処理にも478条を類推適用できるとした。

　最判平成9年4月24日民集51巻4号1991頁は，「原審の適法に確定したところによれば，本件生命保険契約の約款には，保険契約者〔X〕は被上告人〔Y〕から解約返戻金の9割の範囲内の金額の貸付けを受けることができ，保険金又は解約返戻金の支払の際に右貸付金の元利金が差し引かれる旨の定めがあり，本件貸付けは，このようないわゆる契約者貸付制度に基づいて行われたものである。右のような貸付けは，約款上の義務の履行として行われる上，貸付金額が解約返戻金の範囲内に限定され，保険金等の支払の際に元利金が差引計算されることにかんがみれば，その経済的実質において，保険金又は解約返戻金の前払と同視することができる。そうすると，保険会社が，右のような制度に基づいて保険契約者の代理人と称する者〔A〕の申込みによる貸付けを実行した場合において，右の者を保険契約者の代理人と認定するにつき相当の注意義務を尽くしたときは，保険会社は，民法478条の類推適用により，保険契約者に対し，右貸付けの効力を主張することができるものと解するのが相当である。」として，積立型の生命保険契約者に解約返戻金の範囲内で貸付けを行う「保険契約者貸付」にも類推適用を認めた。生命保険契約では保険事故が生じるか解約されるまで保険金も解約返戻金も支払われず，保険料は積み立てられたままとなるので，これを有効活用したい保険契約者に貸付けのサービスが行われる。保険者は保険金か解約返戻金の支払債務が発生した際に貸付金を相殺により回収することを前提としており，このようなスキームが上に見た預金担保貸付や総合口座取引に類似することは一見して明らかである。ただし，相殺を前提としていても貸付け自体はあくまで新規の契約であり，このような貸付けがあくまで「約款上の義務の履行として行われる」点に類推の基礎があると見るべきである。

（吉原　知志）

Ⅳ 債権債務関係の移転

8 譲渡制限特約の効力
9 将来債権の譲渡可能性
10 債権譲渡における対抗要件制度

8 譲渡制限特約の効力

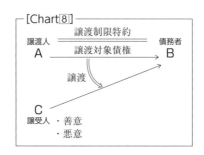

1 債権の自由譲渡性とその例外

　改正前466条1項本文は，「債権は，譲り渡すことができる。」として債権の自由譲渡性の原則を定めていた。この債権の自由譲渡性の原則は，改正法466条1項本文においてもまったく同一の文言で定められている。

　債権譲渡の場面としては，①純粋に債権を売買する場面，②債務の履行として，代物弁済をする場面，③担保として債権を譲渡担保に供する場面，④取立委任のために債権を譲渡する場面が考えられる。①は債権を売却してまで資金を確保しなければならない経営状態であるとして否定的に捉えられてきたが，近時は資金調達手段として積極的に捉えられる場面が増えてきている。さらに③は不動産等，高価値の担保資産を保有しない債務者が融資を受ける手段として注目されているところである。特にABL（Asset Based Lending）としてアメリカで活用されている融資手段をわが国でも積極的に導入しようとされているところである。

　このように債権譲渡制度は経済活動において極めて重要な制度であり，債権の譲渡性を尊重すべきところではあるが，その例外がある。例外の一つは，改正前466条1項ただし書に，「その性質がこれを許さないときは，この限りでない。」と定めているように債権の性質による制限である。これも

改正法466条1項においてまったく同一の文言で定められている。また，法律が明文で制限しているものもある。881条に定める扶養請求権や恩給法11条1項本文に定める恩給請求権がこれに該当する。

　そして，例外の二つ目が，債権の譲渡禁止特約をはじめ債権の譲渡制限の意思表示によるものである。なお，改正法では単独行為によって発生する債権については，債務者の単独の意思表示によってすることができるので，「特約」という名称が適当ではない場合があることを考慮して，「譲渡制限特約」という名称とはしなかったとされる（部会資料83-2・23頁）。以上の場合の規定として，改正前466条2項本文は，「前項の規定は，当事者が反対の意思を表示した場合には，適用しない。」として，債権の譲渡性を制限している。しかし，同項ただし書において，「その意思表示は，善意の第三者に対抗することができない。」として，債権の譲渡性の制限を第三者に対抗できない場合があるとしている。すなわち，第三者保護規定を置いている。この規定ぶりから，同項本文による債権譲渡禁止特約の効力は絶対効であり，同項ただし書より，例外として善意の第三者にはその債権譲渡禁止特約の効力は対抗できないと解するのが素直な解釈となる。これに対し，債権の譲渡自由を重視するならば，債権者と債務者の間で締結された債権譲渡禁止特約は，当事者間でのみ効力を有する相対効であり，第三者には債権譲渡禁止特約は効力を及ぼさないのが原則となる。もし，譲渡禁止特約に反して債権が譲渡された場合には，当該特約に反して債権を譲渡した譲渡人が債務者に対して債務不履行責任を負うことになる。そして，同項ただし書の規定は，悪意の第三者に対しては，例外的にその特約の効力として悪意の抗弁権が生じると解する。債務者は，悪意の譲受人に対して悪意の抗弁で対抗し得るのである。

　このように，改正前民法下では，譲渡禁止特約の効力について解釈に委ねられていた。そこで，まず改正前民法下での譲渡禁止特約の効力に関する判例・学説について見ていくことにする。

1　債権の自由譲渡性とその例外　　97

2 改正前の判例の状況

　この債権譲渡禁止特約の効力について，最高裁は物権的効力であると解している。例えば，最判昭和48年7月19日民集27巻7号823頁が挙げられる。この判決の事案の概要は以下のものである。A株式会社（譲渡人）はY銀行（債務者）に対し定期預金債権，定期積金債権，当座預金債権および普通預金債権を有していたが，これらの預金債権をX株式会社（譲受人）に譲渡し，その旨の通知をY銀行（債務者）にした。ただし，これらの預金債権にはY銀行（債務者）の承諾がなければ譲渡し得ない旨の特約があったが，当時A株式会社（譲渡人）が倒産したため，これと取引関係にあった債権者らの代表としてのX株式会社（譲受人）は，その取引代金の代物弁済としてこれらの預金債権の譲渡を受けることとした。A株式会社（譲渡人）にも異存がなく，また当時これらの預金債権の預金証書等はY銀行（債務者）の手中にあったなどの事情により，X株式会社（譲受人）らはこれらの預金債権に譲渡禁止の特約のあることを知らずにこれらの預金債権を譲り受けた，というのである。

　そして，同判決は，「民法466条2項は債権の譲渡を禁止する特約は善意の第三者に対抗することができない旨規定し，その文言上は第三者の過失の有無を問わないかのようであるが，重大な過失は悪意と同様に取り扱うべきものであるから，譲渡禁止の特約の存在を知らずに債権を譲り受けた場合であっても，これにつき譲受人に重大な過失があるときは，悪意の譲受人と同様，譲渡によってその債権を取得しえないものと解するのを相当とする。そして，銀行を債務者とする各種の預金債権については一般に譲渡禁止の特約が付されて預金証書等にその旨が記載されており，また預金の種類によっては，明示の特約がなくとも，その性質上黙示の特約があるものと解されていることは，ひろく知られているところであって，このことは少なくとも銀行取引につき経験のある者にとっては周知の事柄に属するというべきである。」と判示した。すなわち，譲渡禁止特約が付された譲渡対象債権については，譲受人がその特約の存在について悪意・重過失で当該債権を譲り受けた場合には，466条2項ただし書の適用がなく，原則通り466条2項本文が

適用されて，当該債権を取得することができない。すなわち，譲渡禁止特約の効力は当該特約の第三者たる譲受人にも効力が及ぶ物権的効力であると解しているのである。なお，466条2項ただし書は，「善意の第三者」との文言で譲渡禁止特約の存在につき過失の有無は問うていないが，この判決では重過失は悪意と同様に扱うべきであるから，同条同項ただし書の第三者の主観的要件は単純善意ではなく，善意・無重過失であると解している。また，預金債権については，一般に譲渡禁止特約が付されていることが預金証書等に記載されていたり，またその旨の明示の特約がなくとも預金債権の性質上黙示の譲渡禁止特約が付されていることは広く知られていたりするとしている。よって，預金債権の譲受人には当該債権に譲渡禁止特約が付されていることにつき重過失が認定されやすいことも判示している。

　次に，最判昭和52年3月17日民集31巻2号308頁が挙げられる。この判決の事案の概要は以下のものである。Y（債務者）は，訴外A株式会社（譲渡人）に対しビルの一室を賃貸し，保証金の預託を受けたが，この保証金返還請求権には譲渡禁止の特約が付されていた。A（譲渡人）は，その後，訴外B（譲受人）にこの保証金返還請求権を譲渡すると共に，同日にY（債務者）に対し確定日付のある証書をもって債権譲渡の通知（🔟）をしたが，B（譲受人）はこの債権に譲渡禁止の特約が付されていることを知っていた。しかし，Y（債務者）は，A（譲渡人）およびB（譲受人）に対しこの債権の譲渡を承諾する旨の通知をした。他方，Xは，A（譲渡人）に対し金銭を貸し与えていたが，A（譲渡人）が弁済を怠ったため，Xは，本件の保証金返還請求権を差し押えて転付命令を得た，というものである。

　同判決は，「譲渡禁止の特約のある指名債権をその譲受人が右特約の存在を知って譲り受けた場合でも，その後，債務者が右債権の譲渡について承諾を与えたときは，右債権譲渡は譲渡の時にさかのぼって有効となり，譲渡に際し債権者から債務者に対して確定日付のある譲渡通知がされている限り，債務者は，右承諾以後において債権を差し押え転付命令を受けた第三者に対しても，右債権譲渡が有効であることをもって対抗することができるものと解するのが相当であり，右承諾に際し改めて確定日付のある証書をもってする債権者からの譲渡通知又は債務者の承諾を要しないというべきである。」

と判示している。すなわち，譲渡禁止特約が付された債権の譲受人がその特約の存在につき悪意であっても，債務者が譲渡後に当該債権の譲渡について承諾をした場合には，当該債権の譲渡は譲渡時に遡って有効となるとしている。債務者が譲渡後に当該債権の譲渡について承諾をしない場合には，当該債権の譲渡は無効であるということである。ここでも，譲渡禁止特約の効力は当該特約の第三者たる譲受人にも効力が及ぶ物権的効力であると解されているのである。

　また，この2つの判例を引用したものとして，最判平成9年6月5日民集51巻5号2053頁がある。この判決の事案の概要は以下のものである。A有限会社（譲渡人）はB株式会社（債務者）に対し売掛代金債権を有していたが，当該債権には譲渡禁止特約が付されており，X株式会社（譲受人）は，その特約の存在について悪意か少なくとも重過失ではあった。このような状況で，A有限会社（譲渡人）は，当該売掛代金債権をXに譲渡し，その旨の債権譲渡の通知をB株式会社（債務者）にした。その後，Yは，当該売掛代金債権に対して滞納処分による差押えをした。さらに訴外C株式会社の申立てにより，当該売掛代金債権に対する仮差押えの執行もされた。他方，これらの差押え，仮差押えの後に，X株式会社（譲受人）の申立てにより，A有限会社（譲渡人）を債務者として当該売掛代金債権に対する差押えがされた。そこで，B株式会社（債務者）は，当該売掛代金債権につき，真の債権者を確知することができず，かつ，滞納処分による差押えと強制執行による差押え等が競合したことを理由として，民法494条および滞納処分と強制執行等との手続の調整に関する法律20条の6第1項を根拠条文とする混合供託をした。B株式会社（債務者）は，その際，A有限会社（譲渡人）からX株式会社（譲受人）への当該売掛代金債権の譲渡を承諾した，というものである。

　同判決は，「譲渡禁止の特約のある指名債権について，譲受人が右特約の存在を知り，又は重大な過失により右特約の存在を知らないでこれを譲り受けた場合でも，その後，債務者が右債権の譲渡について承諾を与えたときは，右債権譲渡は譲渡の時にさかのぼって有効となるが，民法116条の法意に照らし，第三者の権利を害することはできないと解するのが相当である」と判示している。すなわち，譲渡禁止特約が付された債権を譲渡した場

合に，譲受人が当該特約について悪意・重過失であったとしても，債務者が当該債権譲渡を承諾した場合には，その債権譲渡は遡って有効になるとしている。ここでは，無権代理行為の本人による追認によってその代理行為が本人に効果帰属するとしている民法116条本文の法意が援用されている。そして，同条ただし書により，その遡及効によって第三者を害することはできないとしている。同条ただし書に該当する譲受人の承諾前に利害関係に入っている第三者に対しては，当該債権譲渡の効力を主張することができないことになる。同判決では，譲渡禁止特約が付されている債権が当該特約に反して譲渡された場合に，譲受人が当該特約の存在について悪意・重過失であれば，当該債権譲渡は無効であることを前提としている。ここでも物権的効力説が妥当している。

　このように，最高裁は一貫して譲渡禁止特約の効力を物権的効力であると捉えてきていた。しかし，最判平成21年3月27日民集63巻3号449頁については，物権的効力説では説明がつかない（平野・論点と解釈199頁）。同判決の事案は以下の通りである。X（譲渡人）がA（債務者）に対して工事代金債権を有していたが，当該債権には譲渡禁止特約が付されていた。それにもかかわらず，X（譲渡人）はY（譲受人）に対して，Y（譲受人）がX（譲渡人）に対して現在および将来有する貸付金債権等を担保するために，X（譲渡人）がA（債務者）に対して有する当該工事代金債権を譲渡する旨の債権譲渡担保契約を締結した。A（債務者）は，債権者不確知を供託原因として，当該工事代金債権にかかる金員を供託した。そこで，X（譲渡人）は，A（債務者）の承諾なしにX（譲渡人）自身がY（譲受人）に対してした当該工事代金債権の譲渡は無効であると主張して提訴したものである。

　同判決は，「民法は，原則として債権の譲渡性を認め（466条1項），当事者が反対の意思を表示した場合にはこれを認めない旨定めている（同条2項本文）ところ，債権の譲渡性を否定する意思を表示した譲渡禁止の特約は，債務者の利益を保護するために付されるものと解される。そうすると，譲渡禁止の特約に反して債権を譲渡した債権者は，同特約の存在を理由に譲渡の無効を主張する独自の利益を有しないのであって，債務者に譲渡の無効を主張する意思があることが明らかであるなどの特段の事情がない限り，その無

効を主張することは許されないと解するのが相当である。」と判示する。そして，「Ｘは，自ら譲渡禁止の特約に反して本件債権を譲渡した債権者であり，債務者であるＡは，本件債権譲渡の無効を主張することなく債権者不確知を理由として本件債権の債権額に相当する金員を供託しているというのである。そうすると，Ｘには譲渡禁止の特約の存在を理由とする本件債権譲渡の無効を主張する独自の利益はなく，前記特段の事情の存在もうかがわれないから，Ｘが上記無効を主張することは許されないものというべきである。」と判示している。すなわち，同判決は，譲渡禁止特約はもっぱら債務者の利益を保護するために付されているものであって，債務者は当該特約違反による当該債権の譲渡の無効を主張できるとしている。これに対し，譲渡禁止特約が付されていた債権を当該特約に反して譲渡した譲渡人は，当該特約の存在を理由に当該債権の譲渡を無効であると主張することができないとしている。譲渡禁止特約の物権的効力は，誰でも当該特約に反してなされた債権譲渡は無効であると主張できる意味での絶対的無効であるとするのではなく，債務者のみが当該譲渡は無効であると主張できる意味での相対的無効であると解している，と読むことができる（髙橋譲〔調査官解説〕・曹時64巻7号246頁（2012年））。

　本件では，債務者は弁済供託をしているのであり，債務者は本件譲渡の無効を主張していないのであるから，当該譲渡は有効であると解している。また，無効を主張できる射程を債務者以外の第三者（例えば，譲渡人の破産管財人等）にも広げるために，譲渡禁止特約を締結した譲渡人が自ら当該特約に反してした債権譲渡の無効を主張することは信義則（禁反言の法理）に反してできないとするものもある（池田・研究(3) 255頁）。ただ，この判例が相対的無効という考えを示したことからすれば，譲渡禁止特約に反する債権譲渡の効力は，物権的効力説よりも債権的効力説により親和的なものであるとされている（池田・研究(3) 257頁，平野・論点と解釈199-200頁）。

3　改正前の学説と検討

　最高裁判例は，譲渡禁止特約に反する債権譲渡の効力について，主に物権

的効力説を採用してきたが，学説では，譲渡禁止特約に反する債権譲渡の効力について，改正前から債権的効力説を唱えるものも有力であった（前田・口述 400 頁，池田・研究(2) 304 頁以下など）。物権的効力説がその論拠とするところとして，まず条文の体裁が考えられる。466 条 2 項本文で，譲渡禁止特約が締結されたことにより，1 項本文の譲渡自由の原則が適用されないとする。この規定ぶりからは譲渡性がなくなると考えやすい。さらに，同条 2 項ただし書で同項本文の例外として善意の第三者には当該特約を主張できないとしている。これは，同項ただし書が譲渡禁止特約に反する債権譲渡の無効を第三者に主張できないという第三者保護規定を定めていると素直に読むことができる体裁となっている。これに対し，債権的効力説では，466 条 2 項本文の文言は，譲渡禁止特約を譲渡人と債務者間で締結することはできるとするが，その効力は当事者間でのみ有効であって，第三者にはその効力は及ばないものと解することになる。このように当事者間でのみ効力を有するのであれば，わざわざ明文で定める必要はなさそうである。また，債権的効力説では，同条 2 項ただし書の文言を裏から読み，債務者は善意者でない悪意者に対して悪意の抗弁権を有することになる。これも，わざわざ条文の文言を裏から読むというわかりにくい解釈をとっていることになる。このように，条文の体裁からすれば物権的効力説が説得的といえるが，あくまで条文の体裁という形式的理由による解釈である。どちらの考えを採用するかはやはり実質的理由によるべきであって，改正前の条文の解釈であってもこれらの形式的理由は決定的な論拠とはならない。

　次に，物権的効力説の実質的論拠としては，①誰かよくわからない者を債権者にしたくないという債務者の利益，②債権譲渡にかかる事務の煩雑化の回避，③過誤払いの危険の回避，④債務者の相殺に対する期待の保護が挙げられる。しかし，①については，物権的効力説であっても，466 条 2 項ただし書により，譲受人が善意・無重過失の場合，債務者は譲受人に弁済しなければならなくなる。譲受人が善意・無重過失であるか否かという微妙な判断によって債権者が変動するのは，債務者の債権者固定の利益を奪い徒らに不安定な地位に置くことになってしまう（平野・論点と解釈 199 頁）。②については，それほどの煩雑な事務手続きであるとも思えないと考えられている。③

については，債権譲渡の債務者対抗要件（債務者に対する権利行使要件）制度（⑩）がある以上，その要件具備が無効であったという稀な事態の危険よりも，債権の譲渡性の原則を重視した方が良いようにも思われる。また，③については，債権の準占有者に対する弁済（Ⅲ⑦）として有効とされることもある。④については，改正前においては，債権譲渡と相殺に関して判例は無制限説の結論を示している（Ⅲ⑥4）。学説では制限説も有力であるが，判例の下では債務者の相殺の期待に対する一定の保護はなされているといえる。そうであるならば，④の債務者の相殺に対する期待を過剰に保護することよりも，ここでも債権の譲渡性を重視した方が良いと思われる。

　第三に，物権的効力説からは，債権的効力説に対して，債権の譲渡性を根幹にすることにより，466条2項ただし書で有過失者でも保護される第三者となってしまうとの批判がある（近江Ⅳ 256 頁）。ここでも債権の譲渡性をどこまで重視するかの問題となっている。

　結局，譲渡禁止特約の効力の尊重と債権の自由譲渡性の尊重の対立といえる（中田・債権総論 527 頁）。譲渡禁止特約の効力を尊重する考え方の背後にあるのは，平成21年判決でも示されたように債務者の利益である。その利益とは，前述の物権的効力説の実質的論拠である債務者の債権者固定の利益である。それに対する債権の自由譲渡性の尊重は，債権の流動化，債権の担保化という資金調達のための経済政策的な考え方でもある。債権の担保は，主として譲渡担保によって設定される。譲渡担保の対象財産として重要であるのは，不動産であれば典型担保である抵当権で担保が設定されることが通常であるので，動産および債権の方である。特に不動産を所有しない中小企業等にとり，商品や設備という動産，事業収入の主たるものとなる売掛債権は担保目的財産として資金調達には有用である。商品（動産）・売掛債権を現在・将来のものまで含め包括的に担保目的財産として資金調達をすることはABLとして注目されている。その上，商品は，消耗や流行が過ぎる等の理由により，価値が低下しやすい特徴があるが，債権ならば，そのような心配はない。また，動産は換価して金銭化する必要があるが，売掛債権等，債権の多くは金銭債権であり，そのまま金銭化が実現し，債権回収という観点から担保目的財産としては非常に有用なものである。このように債権は現在の

金融市場では非常に重要なものであり，その価値を維持するためにも債権の譲渡性は非常に尊重すべきであると思われる。したがって，債権的効力説が解釈・立法において採用されるべきと考える。

　ただし，預貯金債権に関して，考慮すべき事情があり，その譲渡性に制限を加えるべきである。これについては，改正法で例外としての規定が定められているので，そこで見ていくことにする。

4　改正法による債務者の債権者固定の利益に対する配慮の規律

　改正法では，466条2項により，債権の譲渡を禁止したり，制限したりする意思表示がされたとしても，債権が譲渡されれば，この債権譲渡は有効であるとする。つまり，改正法では債権の譲渡制限の効力について，相対的効力であること，そして，債権的効力説を採用することが示された。これは，前述の債権の担保化による資金調達を図るという観点が大きい（一問一答（債権）161頁）。

　ただ，債権的効力説を採用すると，物権的効力説がその主な論拠とする債務者の債権者固定の利益に対する配慮が必要となってくる。この点，改正法では，466条3項により，譲渡制限の意思表示に反して債権が譲渡された場合，譲受人が当該譲渡制限の意思表示について悪意・重過失であれば，債務者は，①譲受人からの履行請求に対し履行を拒絶することができ，かつ②譲渡人に対する弁済その他債務を消滅させる事由を譲受人に対抗することができる。譲渡禁止特約の物権的効力は否定されたので，債権は移転しており譲渡人に弁済しても無効なはずであるが，法定の効果としてその弁済を有効にしたものである（平野・債権総論312-313頁）。ただし，この債務者の履行拒絶権があるがために，譲受人は履行請求ができずにいて，債務者も譲渡人に対し履行しないでいると閉塞状況になってしまう。いわゆるデッドロック状態が生じてしまうのである。そこで，改正法同条4項で，この場合に，悪意・重過失の譲受人が相当の期間を定めて譲渡人への履行を債務者に催告し，その期間内に債務者が履行をしないときは，その債務者は抗弁権を喪失するこ

ととしている（潮見・概要149-150頁，詳説223頁［小野傑］）。

　また，債務者の債権者固定の利益として，過誤払いの危険の回避があった。これに対しては，466条の2第1項は，譲渡制限の意思表示付き金銭債権が譲渡された場合に，弁済の相手方の判断に迷う債務者が，譲受人の善意・悪意にかかわらず，全額の金銭を債務の履行地で供託できるとした。

　なお，同項には括弧書きが付されている。その理由は以下の通りである。金銭債務は原則として持参債務となるため（484条），これについて弁済供託をするときは，債権者の現在の住所を管轄する供託所に供託をしなければならない（495条1項）。そこで，譲渡禁止特約付きの金銭債権が譲渡された場合に，債権者不確知を原因として供託するときは，被供託者である譲渡人と譲受人の住所のいずれを管轄する供託所に供託してもよいと解されている。このように解されている理由は，譲渡禁止特約付債権の譲渡が有効であるか否かが明らかではないため，譲渡人と譲受人の双方が「債権者」に該当する可能性があるからである。しかし，改正法では譲渡制限の意思表示が付された債権の譲渡は常に有効であるとしたため，「債権者」は譲受人となる。したがって，譲渡人の現住所を管轄する供託所に供託することができないことになりかねないということになるが，債務者保護の観点から，譲渡人の現住所を管轄する供託所における供託を可能とした。そこで，この点を明確化するために，466条の2第1項では括弧書きが付されたのである（部会資料83-2・24頁，潮見・概要151頁）。

　さらに，466条の3は，譲渡制限の意思表示付き金銭債権が譲渡された場合に，譲渡人に破産手続開始決定があったときは，第三者対抗要件を具備する譲受人が債務者に対して供託請求権を有することを定めた。この場合，譲受人の善意・悪意を問わず，悪意・重過失の譲受人であってもかまわない。これは，供託金をめぐる権利関係の複雑化を避けるためである（潮見・概要152頁）。

　以上のように，債務者の債権者固定の利益として，過誤払いの危険の回避を図るために改正法は債務者に供託権を付与している。

5 譲渡制限の意思表示が付された債権の差押え

466条の4第1項は，債権に譲渡制限の意思表示が付されていても，当該債権の強制執行をした差押債権者に対しては，その差押債権者が譲渡制限の意思表示の存在について悪意・重過失であっても，債務者は466条3項の履行拒絶権および譲渡人への弁済権を有しないとした。最判昭和45年4月10日民集24巻4号240頁が債権者債務者間の譲渡禁止特約により，差押禁止財産を作り出すことはできないとする法理を明文化したものである。単に差押債権者としただけでは，担保権者が差し押さえた場合にも，譲渡制限の意思表示を対抗することができないこととなってしまう。しかし，これでは，前記最判昭和45年4月10日の法理を明文化するものとはならず，内容としても適当ではないと考えられる。そこで，「債権に対して強制執行をした差押債権者」という限定をすることとされた（部会資料83-2・24頁）。

担保権の実行の場合には，解釈に委ねられており，法定担保物権である先取特権の実行として債権を差し押さえた者については，一般債権者による差押えの場合と同視して本条と同様に処理して良いとの見解がある（中田ほか・講義219-220頁［沖野眞已］，潮見・概要153頁）。これに対し，約定担保物権である質権の場合にはその設定自体が466条3項の「その他の第三者」に含まれ得るので，譲渡制限の意思表示の効力が及ばない差押債権者に入らないとされている（中田ほか・講義219頁［沖野眞已］）。法定担保物権である先取特権の実行としての差押えを禁止する財産を当事者間の特約によって作り出すことはできず，先取特権者は466条の4第1項の差押債権者に準じて同条を適用すべきであると解する。これに対し，約定担保物権の場合には，担保権設定契約締結の際に譲渡制限の意思表示の存在につき悪意・重過失で契約した担保権者は保護に値しないので，466条3項の「その他の第三者」に含まれ，466条3項をそのまま適用すべきであり，466条の4第1項の差押債権者に準ずるとして同項を適用すべきでないと解する。

6　預貯金債権に係る譲渡制限の意思表示の効力

　改正法466条の5第1項は，預貯金債権に係る譲渡制限の意思表示の効力について，その意思表示につき悪意・重過失の第三者がその債権を譲り受けたときは，466条2項の規定にかかわらず，債務者は譲渡制限の意思表示をもってその第三者に対抗することができるとした。ここで示されている債務者が第三者に対抗できる内容は，466条2項の例外である同条3項とは異なる。改正法466条の5第1項の規定は改正前466条2項の表現方法を引き継いだものであり，譲渡制限の意思表示が付された預貯金債権が悪意・重過失の第三者に譲渡された場合，その債権の債権者は譲渡人のままであって，譲受人とはならない。すなわち，改正前民法下で譲渡禁止特約のついた債権を譲渡した場合の効力について展開された物権的効力説の理論がそのままあてはまることになる（潮見・概要154-155頁，松尾・債権法改正を読む126頁）。

　預貯金債権について別扱いされているのは，下記の理由によるとされている（潮見・概要155頁）。①預金に譲渡制限特約が付されていることは周知のものとする判例法理（前記昭和48年判決）があり，その前提で銀行は預金に関するシステムを構築しているところ，譲渡制限特約に関する466条2項以下が採用する枠組みを預貯金債権についても妥当させたのでは，システム構築に要するコストや管理コストが増大すること，②譲渡制限特約に関する466条2項以下が採用する枠組みを預貯金債権についても妥当させると，頻繁に入出金が行われる膨大な預金口座を管理する銀行で円滑な払戻し業務に支障が生じ，市民にも利益とならないこと，③預貯金債権は簡便に出金でき，その性質上現金化されているも同然であり，債権流動化による資金化になじまないことが挙げられている。また，債権流動化によらなくても，普通預金であれば自由に口座振替すればよいと指摘されている（中舎・債権法393頁）。簡便に入出金でき，取引量が膨大な預貯金債権においては，その処理を迅速にすべきであって，債権譲渡という手間がかかる制度を安易に認めるのは妥当でない。また債権者は債権譲渡という形態で財産を移転しなくても，振込や口座振替，引き出した現金の払渡しをすることもでき，それらの行為も面倒なことではない。よって，預貯金債権を別に扱うことは妥当である。

また,「債権の譲渡は,その効力を有しない」という文言を「債務者は,譲渡制限の意思表示をもってその第三者に対抗することができる」と改めたのは,以下の理由に基づくものであるとされる(部会資料83-2・25頁)。特定の者に対する譲渡禁止特約や,一定の条件を成就しない限りでの譲渡禁止特約がされている場合があり得るが,「債権の譲渡は,その効力を有しない」という表現では,これらの特約によって譲渡が禁止されない場合であっても,文理上その譲渡が無効となるように読めてしまうという問題がある。これに対して,譲渡制限の意思表示を対抗することができるとすれば,その意思表示の内容通りの効果を譲受人に主張することができると解することができるため,上記の問題は生じないと考えられる。さらに,債務者の承諾を得ない譲渡を無効とする特約をしておけば,その特約違反の譲渡が無効であることを譲受人に対して対抗することができることになると考えられたためである。

466条の5第2項では,最判昭和45年4月10日民集24巻4号240頁の法理を受け,預貯金債権についても,当該債権の強制執行をした差押債権者には,譲渡制限の意思表示を対抗できないとしている(大村・道垣内・ポイント285頁[加毛明])。

(堀竹 学)

9 将来債権の譲渡可能性

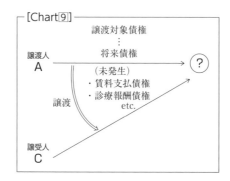

1 問題の所在

　将来債権とは，現時点でまだ発生していない債権であると考えられている。したがって，債権の発生原因は存在するが，未発生の債権（例えば，アパートの賃貸借契約は締結されているが，まだ時期が到来していない来年4月分のアパート賃料債権）や債権の発生原因すら現時点では存在しない債権（例えば，将来締結される病院の診療契約から発生する診療報酬債権）が将来債権として挙げられる（部会資料9-2・31頁，潮見Ⅱ361頁）。これに対し，既に発生しているものの，弁済期が未到来の債権（期限付債権）や停止条件が成就していない債権（停止条件付債権）は，債権が発生しているので将来債権でなく現在の債権となる。（池田・研究⑵239頁，潮見Ⅱ361頁）。

　このようにまだ発生していない将来債権を譲渡する意味は何であろうか。将来債権を取得する意味は，あらかじめ将来発生する債権を譲り受けておくことにより，当該将来債権が発生した時点で，譲受人が譲渡人に有する債権をその当該将来債権（譲渡対象債権）から回収を図ることができることにある。譲受人が譲渡人に有する債権の代物弁済としてや，純粋に譲渡人から譲受人への将来債権の売買として行われるということも考えられないわけでは

ないが，重要であるのは，将来債権の譲渡は実質的に担保の機能を果たすことである（内田Ⅲ 214 頁）。将来債権が担保の目的でされる場合，将来の収益源である売掛債権等をその目的債権とすることが主なものであり，企業（特には，資金力や不動産資産があまりない中小企業）の事業収益力に着目した資金調達手法として脚光を浴びてもいる（一問一答（債権法）174 頁）。債権を譲渡担保に供する場合，担保であるので譲受人が譲渡人に有する被担保債権が不履行に陥らないと担保権は実行されず，譲渡対象債権は履行期到来により履行遅滞を避けるため債務者から譲渡人に弁済がなされるので，当該債権は消滅する。ここでは，譲渡人と譲受人との債権譲渡担保契約において，被担保債権が不履行でない限り，譲渡対象債権の取立権を譲渡人に留保または付与している場合が通常である。そうすると，既存の譲渡対象債権はすぐに消滅することから，譲渡人が将来取得する債権に渡って担保を設定しないと，担保としての機能を十分に果たすことができない。よって，将来債権を譲渡する要請は，債権を担保化することによって資金調達したいという需要から，極めて大きいものといえる。

　それでは，将来債権はどのような要件を充足すれば，譲渡することが可能であろうか。債務者も特定していないような債権であったとしても譲渡することは可能なのであろうか。また，例えば，譲渡人が自身の事業において何らかの商品によって取得した売掛債権 100 万円というような抽象的な債権でも譲渡の対象といえるのであろうか。このような抽象的な債権だと，譲渡人が複数の 100 万円の売掛債権を有することになった場合，譲受人がどの債権を譲り受けたか明確でなく，債権譲渡担保を実行しようと思っても，実行できるかどうか疑わしいことになってしまう。さらに，将来の債権の発生する可能性はどれほど必要であろうか，ほぼ確実でなければ取引の対象とはならず譲渡はできないのであろうか。そこで，将来債権の譲渡可能性について，その要件について見てみることにする。

2　改正前の判例法理と学説

将来債権の譲渡契約が認められるための要件について判断したものとし

て，最判昭和 53 年 12 月 15 日判時 916 号 25 頁が挙げられる。同判決の事案の概要は以下の通りである。医師Ａは国民健康保険団体連合会 Y_1 から将来支払を受けるべき 14 ヶ月にわたる診療報酬債権を訴外Ｂ信用組合に譲渡し，Y_1 に債権譲渡の通知をし，かつ，Ａ医師が Y_2 社会保険診療報酬支払基金から将来支払を受けるべき 12 ヶ月の診療報酬債権をＢ信用組合に譲渡し，右被上告基金に債権譲渡の通知をした。そうしたところ，Ａ医師に対して債権を有する訴外亡Ｃ（原告Ｘの被相続人）は，Ａ医師の Y_1 連合会に対する診療報酬債権の差押・取立命令を受け，かつ，Ａ医師の Y_2 基金に対する診療報酬債権の一部の差押・取立命令を受けた，というものである。

　同判決は，「現行医療保険制度のもとでは，診療担当者である医師の被上告人ら支払担当機関に対する診療報酬債権は毎月一定期日に 1 か月分づつ一括してその支払がされるものであり，その月々の支払額は，医師が通常の診療業務を継続している限り，一定額以上の安定したものであることが確実に期待されるものである。したがって右債権は，将来生じるものであっても，それほど遠い将来のものでなければ，特段の事情のない限り，現在すでに債権発生の原因が確定し，その発生を確実に予測しうるものであるから，始期と終期を特定してその権利の範囲を確定することによって，これを有効に譲渡することができるというべきである。」と判示している。すなわち，まず，現在の段階で当該債権の発生原因が確定し，また当該債権の始期と終期を特定して範囲を確定していることとして，その特定性を要件としている。次に発生を確実に予測しうるものとして，当該債権の発生の確実性を要件としている。さらに，将来生じ得るものであっても，それほど遠い将来のものでないこととして，近未来に発生することを要件としていると読むことができる。しかし，同判決は，後記最判平成 11 年 1 月 29 日民集 53 巻 1 号 151 頁も示すように，事例判決であって，譲渡可能な将来債権の要件を示したものではないとも捉えられている。

　そして，最判平成 11 年 1 月 29 日民集 53 巻 1 号 151 頁においては，昭和 53 年判決の判示事項よりも譲渡可能な将来債権の要件を緩和している。同判決の事案の概要は以下の通りである。医師Ａは，Ｙとの間でＹの医師Ａに対する債権の回収を目的として，医師Ａは 9 年 3 ヶ月分に及ぶ社会保険診療

報酬支払基金から支払いを受けるべき診療報酬債権をYに対して譲渡する旨の契約を締結し，基金に対し，その譲渡契約について確定日付のある証書をもって通知をした。その後，医師Aについて，国税の納期限が到来した。国税局長Xは，この国税の滞納処分として，前記譲渡対象債権の一部を差し押さえ，基金に対してその旨の差押通知書が送達された。そこで，基金は，その差し押さえられた債権について，債権者不確知等を原因とし，被供託者を医師AまたはYとして，供託した。国税局長Xは，この各供託金についての医師Aの還付請求権を順次差し押さえ，供託官に対してその旨の各差押通知書が送達されたというものである。

　同判決は，「将来発生すべき債権を目的とする債権譲渡契約の有効性については，次のように解すべきものと考える。」「(一)　債権譲渡契約にあっては，譲渡の目的とされる債権がその発生原因や譲渡に係る額等をもって特定される必要があることはいうまでもなく，将来の一定期間内に発生し，又は弁済期が到来すべき幾つかの債権を譲渡の目的とする場合には，適宜の方法により右期間の始期と終期を明確にするなどして譲渡の目的とされる債権が特定されるべきである。」と判示している。これは前記昭和53年判決が示した，現在の段階で当該債権の発生原因が確定し，また当該債権の始期と終期を特定して範囲を確定していることとした特定性の要件に関するものである。前記昭和53年判決とは異なり，譲渡対象債権の債権額も特定性の例に挙げてはいるが，ほぼ同一の要件を示しているといえる。ここでは，その発生時期については，昭和53年判決のようにそう遠くない時期に発生することというような要件は付されていない。

　同判決は，続いて「ところで，原判決は，将来発生すべき診療報酬債権を目的とする債権譲渡契約について，一定額以上が安定して発生することが確実に期待されるそれほど遠い将来のものではないものを目的とする限りにおいて有効とすべきものとしている。しかしながら，将来発生すべき債権を目的とする債権譲渡契約にあっては，契約当事者は，譲渡の目的とされる債権の発生の基礎を成す事情をしんしゃくし，右事情の下における債権発生の可能性の程度を考慮した上，右債権が見込みどおり発生しなかった場合に譲受人に生ずる不利益については譲渡人の契約上の責任の追及により清算するこ

2　改正前の判例法理と学説　　113

ととして，契約を締結するものと見るべきであるから，右契約の締結時において右債権発生の可能性が低かったことは，右契約の効力を当然に左右するものではないと解するのが相当である。」と判示している。ここでは前記昭和53年判決が示した譲渡対象債権の発生の確実性があることという要件を否定している。そして当該債権が発生しない場合には，譲渡人と譲受人の間の契約上での責任追及の問題としている。

　さらに，同判決は，「（二）もっとも，契約締結時における譲渡人の資産状況，右当時における譲渡人の営業等の推移に関する見込み，契約内容，契約が締結された経緯等を総合的に考慮し，将来の一定期間内に発生すべき債権を目的とする債権譲渡契約について，右期間の長さ等の契約内容が譲渡人の営業活動等に対して社会通念に照らし相当とされる範囲を著しく逸脱する制限を加え，又は他の債権者に不当な不利益を与えるものであると見られるなどの特段の事情の認められる場合には，右契約は公序良俗に反するなどとして，その効力の全部又は一部が否定されることがあるものというべきである。」と判示している。同判決が示した要件は，基本的には譲渡対象債権の発生原因や債権額，および債権の弁済期等で特定されることだけである。しかし，譲渡人の営業活動等が不当に制限される場合や，譲受人が譲渡人に対する既存の債権者でもあって他の債権者よりも過剰に優先的な弁済を受けられるような場合には，公序良俗に反するとして，例外的に将来債権の譲渡の全部または一部が無効になるとしている。

　そして，同判決は，「（三）所論引用に係る最高裁昭和51年（オ）第435号同53年12月15日第二小法廷判決・裁判集民事125号839頁は，契約締結後1年の間に支払担当機関から医師に対して支払われるべき診療報酬債権を目的とする債権譲渡契約の有効性が問題とされた事案において，当該事案の事実関係の下においてはこれを肯定すべきものと判断したにとどまり，将来発生すべき債権を目的とする債権譲渡契約の有効性に関する一般的な基準を明らかにしたものとは解し難い。」と判示して，前記判決である最判昭和53年12月15日判時916号25頁は，譲渡可能な将来債権の要件として，一般的な基準を示したものではないとしている。昭和53年判決は事例判決であると捉えているのである。平成11年判決は，昭和53年判決

は事件の解決をするにあたって，譲渡可能な将来債権であることを認めるのにその事件の事実内容で十分に特定されていることを示したものであると捉えている。

　以上のように，平成11年判決は，譲渡可能な将来債権であるためには，譲渡対象債権の発生原因や債権額，および債権の弁済期等で特定されることだけという債権の特定性だけを要件としている。そして，譲渡人の営業活動等が不当に制限される場合や，譲受人が債権者でもあって他の債権者よりも過剰に優先的な弁済を受けられるような場合には，公序良俗違反として例外的に当該将来債権の譲渡を無効としている。

　これに対し，学説ではこの平成11年判決について，反対するものも特になく一般的に受け入れられている（平野・債権総論307頁，中田・債権総論557頁など）。譲渡対象債権発生の確実性については，譲受人がリスクを負担すれば良いなどの論拠が示されている（中舎・債権法407頁）。

3　将来債権譲渡担保の有効活用の観点

　前述したように将来債権は債権譲渡契約時には発生していないがゆえに，その債権の譲渡は，実質的に担保目的とするものが主であった。そして，債権に担保権を設定する場合，譲受人が譲渡人に対して有する被担保債権が不履行でなければ担保権は実行されない。その結果，当該債権の履行期が到来した場合，通常債務者から譲渡人に弁済がなされ，当該債権が消滅することになる。このようなことから，譲渡人と譲受人との債権譲渡担保契約において，被担保債権が不履行でない限り，譲渡対象債権の取立権を譲渡人に留保または付与していることが通常である。そうであるならば，それぞれの譲渡対象債権はすぐに消滅することから，譲渡人が将来取得する債権にある程度広範に担保権を設定しないと，担保としての機能を十分に果たすことができない。このように広範に将来債権に担保権を設定しておく必要があるのだから，譲渡対象債権がそう遠くない時期に発生することに制限すると，分割して長期に弁済期が設定されているような被担保債権の担保のためには将来債権を譲渡できなくなってしまう。

また，譲渡対象債権が発生しないリスクを譲受人は負う趣旨で債権譲渡（担保）契約をしているし，そのリスクも考えて譲渡対象債権の範囲を決定している。敢えて将来債権の発生の確実性があまりないものを譲渡対象債権から除外すれば，担保目的財産が減少して却って譲渡人にも不利益を被らせることになってしまう。さらに，将来債権の譲渡可能性を制限すれば，将来債権を担保として資金調達を図ろうとする譲渡人の金融手段が制限されてしまう。

　このようなことから，譲渡対象債権の発生原因や債権額，および債権の始期と終期を明確にする等で特定されること（特定性）のみを要件とすべきであると考える。

　ただし，平成 11 年判決が示したように公序良俗違反と認められるような場合には，将来債権の譲渡の効力を否定すべきであろう。平成 11 年判決が示した公序良俗違反となる場合は，①あまりにも長期間で包括的な債権譲渡は，譲渡人に対する社会的政策的配慮（譲渡人を奴隷状態に陥れることの防止。このことから譲渡人が自然人であることが想定されている。）および経済法的配慮（優越的地位の濫用の防止。このことから譲渡人が自然人だけでなく，法人をも含むことを想定している。）から保護する場合，②あまりにも包括的な債権譲渡は，責任財産の独占となり，他の債権者を害することになるので，譲渡人に対する譲受人以外の他の債権者を保護する必要のある場合が想定されていると捉えられている（中田・債権総論 558 頁）。ただ，後者の場合は，基本的には詐害行為取消権（424 条）・否認権（破 160 条以下）で解決されることが望ましく，長期間にわたる広範囲の債権の譲渡で，よほど酷いごく稀な場合にのみ公序良俗違反が想定されていると考えられている（中田・債権総論 558-559 頁）。譲渡対象債権が相当長期間で広範であって，譲渡人が将来取得する可能性のある債権のほとんどであるような場合には，譲渡人の他の債権者が，将来取得した財産（債権）で借入金の返済を受け，あるいは被用者に対する給与の支払，設備投資，商品また原料の仕入れ等を図るものとしている将来の営業活動に支障をもたらすといえる。

　以上のように，将来債権の複数に担保が設定され，被担保債権が不履行に陥らない限り，設定者（譲渡人）に譲渡対象債権（担保目的債権）の取立てを認

め，その弁済により当該債権が消滅する。そして，将来債権の複数に担保を設定することにより，また新たな債権も発生し，それが担保になる。いわゆる流動債権譲渡担保である。さらに，譲渡人への譲渡対象債権（担保目的債権）の弁済により，被担保債権の弁済の原資にしたり，営業活動の一部に当てたりすることができる。この営業活動のサイクルをスムーズに回転させることで設定者（譲渡人）の事業も良好に推移し，それがゆえに担保権者（譲受人）が有する被担保債権も滞りなく履行されるという，双方の利益に適うものとなる。しかし，相当広範な譲渡対象債権（担保目的債権）が譲受人の担保に供されることになってしまえば，譲渡人は資金調達のために譲受人にしか将来債権を担保設定できずに，他の第三者から資金調達をすることが困難になる。このことは，当該譲受人に他の債権者より過剰な優先的債権回収を認めることになり，他の債権者を害し，ひいては他の債権者の貸し渋りや商品取引の抑制，今後の債権者（取引相手方）の出現の減少などに陥るおそれも考えられる。また，譲受人（担保権者）によっては譲渡人（設定者）の担保目的財産（債権）の取立てに制約を課したり，譲受人（担保権者）のモニタリングが厳格すぎたりして，譲渡人（設定者）の営業活動の自由を奪うおそれもなくはない。

　以上の事態を勘案すれば，特に，資金力や不動産資産があまりない中小企業の事業収益力に着目した資金調達手法として脚光を浴びている将来（流動）債権譲渡担保を効果的なものにするために，公序良俗違反と認められるような場合には，将来債権の譲渡の効力を否定すべきであると考える。

4　将来債権譲渡の効力

　将来債権の譲渡が可能であるとして，その効力はいかなるものであろうか。まず，将来債権譲渡の効力は，債権譲渡契約時に債権または何らかの権能ないし地位の移転が生じるのか，それとも，将来債権は契約時には未発生なので，その発生時に譲渡人から譲受人に債権移転が生じるのかが問題となる。また，債権譲渡契約後の 467 条 2 項の第三者対抗力についても，第三者対抗要件具備時時に生じるのか，それとも，将来債権は契約時には未発生な

ので，その発生時に生じるのであろうか。あるいは，そもそも将来債権譲渡の対抗要件は将来債権が現に発生するまで具備できないのかも問題となる。判例は，最判平成 13 年 11 月 22 日民集 55 巻 6 号 1056 頁および最判平成 19 年 2 月 15 日民集 61 巻 1 号 243 頁において，その判断を示している。しかし，債権譲渡の効力が生じる時期については，平成 13 年判決では明確に示されておらず（小山泰史「判批」銀法 608 号 86 頁），それが争点となった平成 19 年判決で契約時であることが明確にされたと捉えることができる。反対に，債権譲渡の第三者対抗力については，平成 13 年判決で直接争点となっており，そこで第三者対抗要件具備時であると示され，平成 19 年判決でもその判断が踏襲されている。それでは，以下で具体的に見てみる。

　まず，最判平成 13 年 11 月 22 日民集 55 巻 6 号 1056 頁の事案の概要は以下の通りである。A 株式会社は，X 株式会社との間で，B 株式会社が X 株式会社に対して負担する一切の債務の担保として，A 株式会社が C 株式会社に現在有する商品売掛代金債権および商品販売受託手数料債権債権と今後 1 年間取得する商品売掛代金債権および商品販売受託手数料債権を X 株式会社に譲渡する旨の債権譲渡担保設定契約を締結した。当該契約においては，約定の担保権実行の事由が生じたことに基づき，X 株式会社が C 株式会社に対し譲渡担保権実行の通知をするまでは，A 株式会社が，その計算において C 株式会社から譲渡対象債権の弁済を受けることができるものとされている。A 株式会社は，C 株式会社に対し，確定日付のある内容証明郵便をもって，債権譲渡担保設定通知をし，当該通知は C 株式会社に到達した。当該通知には，「A 株式会社は，同社が C 株式会社に対して有する本件目的債権につき，X 株式会社を権利者とする譲渡担保権を設定したので，民法 467 条に基づいて通知する。X 株式会社から C 株式会社に対して譲渡担保権実行通知（書面又は口頭による。）がされた場合には，この債権に対する弁済を X 株式会社にされたい。」旨の記載がされていた。その後，A 株式会社が手形不渡りを出したことにより，B 株式会社は X 株式会社に対する債務の期限の利益を喪失し，本件契約において定める担保権実行の事由が発生した。X 株式会社は，C 株式会社に対し，書面をもって本件譲渡担保設定契約について譲渡担保権実行の通知をしたが，その書面に確定日付はなかった。国 Y_1 は，その

後，差押通知書をC株式会社に送達して，譲渡対象債権である商品売掛代金債権及び商品販売受託手数料債権の一部について，A株式会社に対する滞納処分による差押えをした。C株式会社は，譲渡対象債権について，債権者を確知することができないことを理由に，被供託者をA株式会社またはX株式会社とする供託をした。A株式会社は，その後，破産宣告を受け，Y_2が破産管財人に選任された。本件は，X株式会社が，Y_1，Y_2に対し，譲渡対象債権の債権者であると主張して，X株式会社が弁済供託金の還付請求権を有することの確認を求めているというものである。

　同判決は，「甲が乙に対する金銭債務の担保として，発生原因となる取引の種類，発生期間等で特定される甲の丙に対する既に生じ，又は将来生ずべき債権を一括して乙に譲渡することとし，乙が丙に対し担保権実行として取立ての通知をするまでは，譲渡債権の取立てを甲に許諾し，甲が取り立てた金銭について乙への引渡しを要しないこととした甲，乙間の債権譲渡契約は，いわゆる集合債権を対象とした譲渡担保契約といわれるものの１つと解される。この場合は，既に生じ，又は将来生ずべき債権は，甲から乙に確定的に譲渡されており，ただ，甲，乙間において，乙に帰属した債権の一部について，甲に取立権限を付与し，取り立てた金銭の乙への引渡しを要しないとの合意が付加されているものと解すべきである。したがって，上記債権譲渡について第三者対抗要件を具備するためには，指名債権譲渡の対抗要件（民法467条2項）の方法によることができるのであり，その際に，丙に対し，甲に付与された取立権限の行使への協力を依頼したとしても，第三者対抗要件の効果を妨げるものではない。」と判示している。債権譲渡契約の譲渡対象債権となっている将来債権は，譲渡人から譲受人に確定的に譲渡されており，ただ，譲渡人・譲受人間において，譲受人に帰属した債権の一部について，譲渡人に取立権限を付与し，取り立てた金銭の譲受人への引渡しを要しないとの合意が付されているものと解すべきであるとしている。この判示からは，将来債権の債権譲渡の効力は契約時に生じていると読むことができる。しかし，平成19年判決のように将来債権が現に発生した時には，当然にその権利を取得するとまでは示されてはいない。次に，将来債権譲渡の第三者対抗力について，467条2項の指名債権譲渡の対抗要件の方法による

ことができるのであり，その際に，債務者に対し，譲渡人に付与された取立権限の行使への協力を依頼したとしても，第三者対抗要件の効果を妨げられないとしている。これは第三者対抗要件の具備時にその効力を認めていると読むことができる。特に，同判決は担保設定通知というべきものを譲渡通知と示していることからも対抗要件は権利の移転・帰属を示す対抗要件であって，順位保全的対抗要件の考え方は否定すべきであるとするものもある（池田・研究(3) 188頁）。

　次に，最判平成19年2月15日民集61巻1号243頁の事案の概要は以下の通りである。A社は，X社との間で，B社がXに対して負担する一切の債務の担保として，C社との間の継続的取引契約に基づきA社がC社に対して現在有する商品売掛代金債権および商品販売受託手数料債権と今後1年間A社がC社に対して取得する商品売掛代金債権および商品販売受託手数料債権をX社に譲渡する旨の債権譲渡担保契約を締結した。なお，当該契約においては，約定の担保権実行の事由が生じたことに基づき，X社がC社に対して担保権実行の通知をするまでは，A社がその計算においてC社から譲渡対象債権につき弁済を受けることができるものとされていた。そして，A社は，C社に対し，確定日付のある内容証明郵便をもって，本件契約に係る債権譲渡担保の設定を通知していた。その後，A社が国税を滞納したため，A社に対する国税の滞納処分として，債権差押通知書がC社に送達され，譲渡対象債権のうちの一部が差し押さえられた。国Yは，A社が同日現在滞納していた国税のうち譲渡対象債権の発生前に法定納期限等を徒過していた国税について，国税徴収法24条1項の規定により譲渡対象債権から徴収するため，X社に対し，同条2項所定の告知をした。そこで，C社は，その譲渡対象債権の一部について，債権者を確知することができないことを理由に，被供託者をA社またはX社として金銭を供託した。X社は，国Yに対し，X社が当該譲渡対象債権の一部を譲渡担保財産としたのは当該国税の法定納期限等以前である旨を述べた書面を提出し，その提出に当たっては内容証明郵便の原本を呈示するとともにその写しを提出した。その後，国Yは，国税徴収法24条3項の規定に基づき，譲渡担保権者であるX社を第二次納税義務者とみなし，法務局供託官に債権差押通知書を送達して，当該供託金に係る還付

請求権を差し押さえた。国税徴収法24条6項は，「譲渡担保権者が国税の法定納期限等以前に譲渡担保財産となっている事実を，その財産の売却決定の前日までに，証明した場合」等には，譲渡担保権者の物的納税責任について定めた同条1項の規定は適用しない旨規定している。X社は，当該譲渡対象債権は本件国税の法定納期限等以前に譲渡担保財産となっていたものであり，上告人は同条6項所定の証明をしたから，本件につき同条1項の規定を適用することはできず，本件差押えは違法であるとして，その取消しを求めている事案である。

　同判決は，「将来発生すべき債権を目的とする債権譲渡契約は，譲渡の目的とされる債権が特定されている限り，原則として有効なものである（最高裁平成9年（オ）第219号同11年1月29日第三小法廷判決・民集53巻1号151頁参照）。また，将来発生すべき債権を目的とする譲渡担保契約が締結された場合には，債権譲渡の効果の発生を留保する特段の付款のない限り，譲渡担保の目的とされた債権は譲渡担保契約によって譲渡担保設定者から譲渡担保権者に確定的に譲渡されているのであり，この場合において，譲渡担保の目的とされた債権が将来発生したときには，譲渡担保権者は，譲渡担保設定者の特段の行為を要することなく当然に，当該債権を担保の目的で取得することができるものである。そして，前記の場合において，譲渡担保契約に係る債権の譲渡については，指名債権譲渡の対抗要件（民法467条2項）の方法により第三者に対する対抗要件を具備することができるのである（最高裁平成12年（受）第194号同13年11月22日第一小法廷判決・民集55巻6号1056頁参照）。」「以上のような将来発生すべき債権に係る譲渡担保権者の法的地位にかんがみれば，国税徴収法24条6項の解釈においては，国税の法定納期限等以前に，将来発生すべき債権を目的として，債権譲渡の効果の発生を留保する特段の付款のない譲渡担保契約が締結され，その債権譲渡につき第三者に対する対抗要件が具備されていた場合には，譲渡担保の目的とされた債権が国税の法定納期限等の到来後に発生したとしても，当該債権は「国税の法定納期限等以前に譲渡担保財産となっている」ものに該当すると解するのが相当である。」「(2) 前記事実関係によれば，本件契約においては，約定の担保権実行の事由が生じたことに基づき，上告人がC社に対して担保権実

行の通知をするまでは，Ａ社がその計算においてＣ社から本件目的債権につき弁済を受けることができるものとされていたというのであるが，これをもって，本件契約による債権譲渡の効果の発生を留保する付款であると解することはできない（前掲平成13年11月22日小法廷判決参照）。そして，前記事実関係によれば，上告人は，前記1(6)のとおり，本件差押えに先立ち，本件債権が本件国税の法定納期限等以前に譲渡担保財産となっている事実を内容証明郵便によって証明したものということができるから，本件について国税徴収法24条1項の規定を適用することはできないというべきである。」「そうすると，被上告人が同条3項の規定に基づき上告人を第二次納税義務者とみなして行った本件差押えは違法というべきである。」と判示している。将来発生すべき債権を目的とする譲渡担保契約が締結された場合には，特約がない限り，譲渡担保の目的とされた債権は譲渡担保契約によって譲渡担保設定者（譲渡人）から譲渡担保権者（譲受人）に確定的に譲渡されているとして，ここまでは平成13年判決と同様である。さらに続けて，譲渡担保の目的とされた債権が将来発生したときには，譲渡担保権者（譲受人）は，譲渡担保設定者（譲渡人）の特段の行為を要することなく，当然に当該債権を担保の目的で取得することができるとまで示している。さらに，当該譲渡対象債権は本件国税の法定納期限等以前に譲渡担保財産となっていたことを示している。よって，将来債権譲渡の効力が契約時から生じていることを示していると捉えることができる。ただし，同判決は債権譲渡の効力について，何らかの権能ないし地位の移転なのか，債権が移転するのか，債権が移転するとしてその時期がいつなのかについて明言を避けているとする評価もある（潮見Ⅱ367頁。ただし，467条2項と結びつけていることから債権の移転と捉えるのが親和的であるとする。）。なお，第三者対抗力については，平成13年判決を引用して，将来債権譲渡については，467条2項の指名債権譲渡の対抗要件の方法により第三者に対する対抗要件を具備することができるとしている。ここでも，第三者対抗力は第三者対抗要件具備時に生じると読むことができる。

　前述した資金力や不動産資産があまりない中小企業の事業収益力に着目した資金調達手法として脚光を浴びている将来（流動）債権譲渡担保を効果的

なものにするためには，将来債権譲渡の効力は契約時に生じているべきであり（中田・債権総論 562 頁），将来債権譲渡の第三者対抗力も対抗要件具備時に生じているべきであると考える。

　移転する権利については，将来債権の発生原因となる法律関係に基づき，債権発生時に原始的に債権者となるという法的地位が譲渡人から譲受人に確定的に移転し，その効力は発生した債権にも及ぶと解するものもある（中田・債権総論 562 頁）。しかし，改正法 467 条では，債権譲渡の対抗要件制度について将来債権の譲渡も対象とすることを明示している。債権者となるという法的地位が移転すると解するより，将来債権も現在の財貨として移転すると捉えた方が明解であると考える（潮見Ⅱ 368 頁）。

5　改正法の規律

　まず，改正法 466 条の 6 第 1 項は，債権の譲渡の意思表示の時に債権が発生していることを要しないとして，将来債権にも譲渡性があることを示している。これは最判平成 11 年 1 月 29 日民集 53 巻 1 号 151 頁の法理を明文化したものである。また，同判決が示した公序良俗違反により例外的に将来債権譲渡が無効になるという法理は同項により否定されない（潮見・概要 156 頁）。この点については，前述の考えが踏襲されて良いと考えられる。

　次に，同条 2 項は，将来債権が譲渡された場合，当該債権が発生したときに当該債権を譲受人が取得するとしている。これは最判平成 13 年 11 月 22 日民集 55 巻 6 号 1056 頁および最判平成 19 年 2 月 15 日民集 61 巻 1 号 243 頁の法理を明文化したものである。しかし，ここでは，将来債権譲渡の効力として，移転される権利は何か，債権が移転されるとして移転時期はいつかという理論的な問題は残っている（Before/After269 頁［和田勝行］）。この問題についても，前述の解釈論がそのままあてはまると考える。

　最後に，同条 3 項は，譲受人が対抗要件を具備するまでに，譲渡制限の意思表示がされた場合には，その譲受人は当該譲渡制限の意思表示について悪意とみなされ，466 条 3 項が適用されるとしている。ここでいう対抗要件具備は債務者対抗要件（権利行使要件）であると考えらえている（潮見・概要 157

頁）。同項は，将来債権の譲渡時には譲渡制限の意思表示がなされていなかっ
たが，その後に譲渡制限の意思表示がされた場合に，債務者対抗要件を具備
した譲受人の債権取得の利益と譲渡制限の意思表示により債権者を固定する
債務者の利益との調整を図った規定である。そして，同項は，将来債権の譲
渡について，債務者対抗要件が具備される時まで（債務者が当該将来債権譲渡を
認識するまで）に譲渡制限の意思表示が付された場合には，債務者が当該将来
債権譲渡を認識せずに譲渡制限の意思表示をして債権者を固定しようとする
期待を保護すべきであると考えている（一問一答（債権）175 頁）。そこで，債
務者の利益を優先させるため，この場合における譲受人その他の第三者を悪
意とみなすことにしたのである（潮見・概要157 頁）。

（堀竹　学）

10 債権譲渡における対抗要件制度

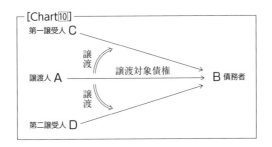

1 民法467条および動産・債権譲渡特例法4条の規律

　民法467条については，改正前の規定と改正後の規定の変更について，1項について「指名債権の譲渡」という文言が「債権の譲渡（現に発生していない債権の譲渡を含む。）」に変更されただけである。これは，今回の改正で証券的債権が改正法第3編第1章第7節有価証券（520条の2-520条の20）に新設されて，そこで規定されることになったことで，467条で証券的債権と区分するために指名債権としなくても良いことになったからである。また，括弧書きで，同条が将来債権の譲渡についても含まれることを示している（将来債権については，⑨参照。）。2項については，まったく変更はされずそのままの定めとなっている。

　まず，説明をわかりやすくするために，簡単な基本的事例を設定する。譲渡人Aが債務者Bに有する債権（譲渡対象債権）を譲受人Cに譲渡した。この後，譲渡人Aが第二譲受人Dにも当該債権を譲渡したとする。よって，Cは第一譲受人となる。以下では，この基本的事例にさまざまな事実を追加して記述することとする。

　民法467条1項により，債権の譲渡は，譲渡人Aが債務者Bに対し通知し，または債務者Bが譲渡人Aもしくは譲受人Cに承諾しなければ，債務者

Bその他の第三者D等に対抗ができないとする。ここでは，債務者Bに対する対抗要件と第三者Dに対する対抗要件が示されている。しかし，同条2項は，第三者（D等）に対する対抗要件については，1項の通知または承諾は，確定日付のある証書によらなければならないとする。したがって，債権譲渡の第三者対抗要件は，譲渡人Aが債務者Bに対し通知し，または債務者Bが譲渡人Aもしくは譲受人Cに承諾することを確定日付ある証書によってすることである。ここでの確定日付とは，特定日付とは異なり，当事者が後から変更することができない公に確定した日付のことである。そして，確定日付ある証書とは，民法施行法5条が5つの場合を規定している。一般的には，公正証書や内容証明郵便が使用される（注民⑾380頁［明石三郎］）。

　次に，動産及び債権の譲渡の対抗要件に関する民法の特例等に関する法律（以下，「動産・債権譲渡特例法」という。）4条でも債務者に対する対抗要件と第三者に対する対抗要件について定められている。動産・債権譲渡特例法4条1項は，法人が金銭債権を譲渡した場合において，当該債権の譲渡について債権譲渡登記ファイルに譲渡の登記がされたときは，債務者B以外の第三者C，Dについては，民法467条2項が定める確定日付のある証書によって通知がなされたものとみなすとしている。この場合の当該登記の日付をもって確定日付とみなすとしている。ただし，債権譲渡が二重に譲渡された場合には，判例（最判昭和49年3月7日民集28巻2号174頁）は，譲受人（C，D）相互間の優劣は，確定日付ある証書による通知が債務者Bへ到達した先後によって決すべきであるとしている。しかし，同条の文言からすれば，登記日付は確定日付とみなすのであるから，判例が示した到達時はいつなのか明確にはわからないということになる。すなわち，債権譲渡登記による第三者対抗要件具備時と民法467条2項による確定日付のある証書による債務者Bへの通知による第三者対抗要件具備時の先後を決するにはどのように解すれば良いか明らかではない。この点について，立法担当者は，債権譲渡登記時と確定日付のある証書による債務者Bへの通知による到達時の先後で決するとしている。したがって，動産・債権譲渡特例法4条1項は，具体的には，債権譲渡登記がされた時に第三者対抗要件としての確定日付のある証書による通知が到達したものとみなす，ということを意味するとされる（一問一答（動産・

債権譲渡）51頁）。

　同条2項は，1項に規定する登記がされた場合には，当該債権の譲渡およびその譲渡につき債権譲渡登記がされたことについて，譲渡人Aもしくは譲受人Cが，債権譲渡登記ファイルに記録されている事項を証明した書面（登記事項証明書）を交付して債務者Bに通知するか，または債務者Bが承諾したときに，債務者Bについても，同法同条1項と同様とすることにより，民法467条による譲渡人Aから債務者Bへの通知または債務者Bの承諾による対抗要件が具備されたことになる。動産・債権譲渡特例法4条2項においては，民法467条1項と異なり，譲受人Cから債務者Bへの通知も可能であるとされている。これは，動産・債権譲渡特例法4条2項では，登記事項証明書を交付して通知することが必要なので，自称譲受人による通知や，登記事項とは異なる虚偽の内容の通知がされる事態が防止されており，譲受人Cから通知することとしても，民法467条の債務者への通知のように不都合が生じないからである（一問一答（動産・債権譲渡）57頁）。

2　債権の二重譲渡の優劣の決定基準

　民法467条2項により，譲渡人Aから譲受人Cへの債権譲渡について譲渡人Aが確定日付のある証書によって債務者Bに通知して譲受人Cが第三者に対する対抗要件を具備したとする。他方で，第二譲受人Dも，同項により譲渡人Aから第二譲受人Dへの債権譲渡について譲渡人Aが確定日付のある証書によって債務者Bに通知して，第二譲受人Dが第三者に対する対抗要件を具備したとする。この場合，第一譲受人Cおよび第二譲受人Dはともに自ら譲り受けた債権譲渡について第三者に対する対抗要件を具備している。それでは，このような二重譲渡のケースでは，どのように優劣を決するのであろうか。具体的には，第三者に対する対抗要件具備の先後で決するのであるが，その第三者に対する対抗要件具備時とは，確定日付ある証書による譲渡人Aから債務者Bへの通知または債務者Bから譲渡人Aもしくは譲受人（C，D）への承諾のプロセスの中でどの時点であろうか。考えられるのは，通知については，譲渡人Aからの発信時，確定日付時，債務者への到達時で

ある。承諾については，債務者Bからの発信時，確定日付時，譲渡人Aまたは譲受人（C，D）への到達時である。債務者Bは，二重弁済のおそれがあるため，二重に承諾することは考えられない。また，債務者Bが確定日付ある証書による承諾をした後に，債務者Bに確定日付ある通知が到達することは考えられるが，それほど多いケースではなさそうである。それよりも，譲渡人Aが譲受人Cへの債権譲渡と譲受人Dへの債権譲渡について，確定日付ある証書による通知を二重にすることが最も多く起こり得る事態と想定できる。そこで，そのケースでまず見ていく。

債権譲渡の第三者対抗要件具備時とは，確定日付時であるとする考えがある。この考えならば，確定日付は内容証明郵便や公正証書等，公に確定された日付なので，優劣を決する時点を作為的に変動させることはない点に発信時や到達時と考えるよりも利点がある。しかし，通説・判例は到達時を債権譲渡の第三者対抗要件具備時であると解している（近江Ⅳ 278 頁）。

そのように解したものが最判昭和 49 年 3 月 7 日民集 28 巻 2 号 174 頁であり，同判決の事案の概要は以下の通りである。Y信用金庫が訴外A（譲渡人）に対する債権の執行を保全するため，A（譲渡人）を債務者，B下水道局長（債務者）を第三債務者として，東京地裁の発した債権仮差押命令に基づき，A（譲渡人）の下水道局長（債務者）に対する補償請求権債権につき仮差押をした。一方，X（譲受人）はA（譲渡人）からB下水道局長（債務者）に対する当該債権を譲り受け，その仮差押命令と同日の確定日付のある証書によりA（譲渡人）からB下水道局長（債務者）に通知された。当該債権の譲渡につき確定日付ある証書によるA（譲渡人）の通知がB下水道局長（債務者）に到達した時刻は仮差押命令が下水道局長に送達された時刻より先であった。そこで，X（譲受人）はY信用金庫に対し，仮差押命令に基づく執行の排除を求めて提訴したものである。

同判決は，「民法 467 条 1 項が，債権譲渡につき，債務者の承諾と並んで債務者に対する譲渡の通知をもって，債務者のみならず債務者以外の第三者に対する関係においても対抗要件としたのは，債権を譲り受けようとする第三者は，先ず債務者に対し債権の存否ないしはその帰属を確かめ，債務者は，当該債権が既に譲渡されていたとしても，譲渡の通知を受けないか又は

その承諾をしていないかぎり，第三者に対し債権の帰属に変動のないことを表示するのが通常であり，第三者はかかる債務者の表示を信頼してその債権を譲り受けることがあるという事情の存することによるものである。このように，民法の規定する債権譲渡についての対抗要件制度は，当該債権の債務者の債権譲渡の有無についての認識を通じ，右債務者によってそれが第三者に表示されうるものであることを根幹として成立しているものというべきである。そして，同条2項が，右通知又は承諾が第三者に対する対抗要件たり得るためには，確定日附ある証書をもってすることを必要としている趣旨は，債務者が第三者に対し債権譲渡のないことを表示したため，第三者がこれに信頼してその債権を譲り受けたのちに譲渡人たる旧債権者が，債権を他に二重に譲渡し債務者と通謀して譲渡の通知又はその承諾のあった日時を遡らしめる等作為して，右第三者の権利を害するに至ることを可及的に防止することにあるものと解すべきであるから，前示のような同条1項所定の債権譲渡についての対抗要件制度の構造になんらの変更を加えるものではないのである。」「右のような民法467条の対抗要件制度の構造に鑑みれば，債権が二重に譲渡された場合，譲受人相互の間の優劣は，通知又は承諾に付された確定日附の先後によって定めるべきではなく，確定日附のある通知が債務者に到達した日時又は確定日附のある債務者の承諾の日時の先後によって決すべきであり，また，確定日附は通知又は承諾そのものにつき必要であると解すべきである。そして，右の理は，債権の譲受人と同一債権に対し仮差押命令の執行をした者との間の優劣を決する場合においてもなんら異なるものではない。」と判示している。

　同判決は，債権譲渡において，譲受人になろうとする第三者は債務者に対し当該債権の存否を確認し，債務者はたとえ当該債権が既に譲渡されていたとしても，譲渡の通知を受けないかまたはその承諾をしていないかぎり，第三者に対し債権の帰属に変動のないことを表示するのが通常であり，譲受人になろうとする第三者はこの債務者の表示を信頼してその債権を譲り受けるものであるとしている。このように，民法467条が定める債権譲渡についての対抗要件制度は，当該債権の債務者の債権譲渡の有無についての認識を通じ，右債務者によってそれが第三者に表示され得るものであることを根幹と

して成立しているものというべきである。すなわち，譲渡の事実を認識した債務者がインフォメーション・センターとして，債権を譲り受けたり差し押えたりしようとする第三者からの問い合わせに回答し，その第三者が譲渡の事実を認識することになる。不動産登記事項証明書によって権利関係を確認できるのと比べ，十分なものとはいえないが，民法467条の通知・承諾はこのようにして公示機能を果たしている（髙橋・債権総論352頁）。また，民法467条2項が，確定日付ある証書によることとしているのは，インフォメーション・センターである債務者から当該債権の譲渡がないと表示された第三者がそれを信じて当該債権を譲り受け，その後，譲渡人と債務者，または債務者と譲受人（この場合，承諾のみである。）が通謀して通知・承諾の日付を遡及することを防止するためであるとしている。そうであるので，確定日付は，その日付より前に遡及させないとする機能は果たすが，その日付より後でさえあれば，到達した時を遡及することができてしまう。上記解釈では，確定日付はその程度の役割にはなってしまう。以上より，民法467条は，債務者にインフォメーション・センターとしての役割を果たさせるものであるから，債権が二重に譲渡された場合の譲受人相互の間の優劣は，通知または承諾に付された確定日付の先後によって決するべきではなく，その債務者が認識した時点である確定日付のある通知が債務者に到達した日時または確定日付のある債務者の承諾の日時の先後によって決すべきであるとする。なお，債権の譲受人と同一債権に対し仮差押命令の執行をした者との間の優劣を決する場合にも同様であるとしている。

　判例も示した到達時説は，確定日付時説の長所であった優劣を決する時点を作為的に変動させることがないという点については，確定日付より前には作為的に変動できないとうことに限られ，十分ではない。しかし，債権が二重に譲渡された場合に，確定日付が後である譲渡人Aから第一譲受人Cへの債権譲渡についての通知が先に債務者Bに到達し，確定日付が先ではある譲渡人Aから第二譲受人Dへの債権譲渡が後で債務者Bに到達したとする。確定日付時説によれば，第二譲受人Dが第一譲受人に優先することになる。そうであるにもかかわらず，当該譲渡対象債権の履行期が到来していれば，履行遅滞になりたくない債務者Bは，譲渡人Aから第一譲受人Cへの債権譲渡

につき確定日付がある証書による譲渡人Aの通知が債務者Bに到達すると同時に，第一譲受人Cに対し弁済するかもしれない。その後，確定日付ある証書による通知によって第三者対抗要件を具備した第二譲受人Dから当該譲渡対象債権の履行を請求された債務者Bはさらに第二譲受人に履行するかもしれない。このように確定日付時説を採用すれば，債権譲渡契約の当事者でない債務者Bが二重弁済を迫られるおそれが生じてしまう。これに対し，到達時説を採用すれば，債務者Bは最初に確定日付ある証書による通知を受領した時に，その債権譲渡の譲受人であり優先的な第三者対抗要件を具備した第一譲受人Cに弁済し，その第一譲受人Cに劣後する第二譲受人Dに支払う必要はない。以上より，債権譲渡契約の当事者でない債務者Bの保護を考えれば，債務者が当該債権譲渡を認識した時点で決する到達時説が妥当である。そして，債務者Bからの承諾については，債務者Bの当該債権譲渡の認識した時点である承諾の発信時であると解することになる。したがって，債務者が当該債権譲渡を認識した時点を基準と解することになるので，債務者は債権譲渡の第三者対抗要件に関し，インフォメーション・センターとしての役割を果たすことになる。

3 民法467条2項による対抗要件具備と 債権譲渡登記による対抗要件具備の競合

動産・債権譲渡特例法4条1項によれば，法人が金銭債権を譲渡した場合において，当該債権の譲渡について債権譲渡登記ファイルに譲渡の登記がされた時点で譲受人は第三者に対する対抗要件を具備することになる。また，同条2項によれば，1項に規定する登記がされた場合には，当該債権の譲渡およびその譲渡につき債権譲渡登記がされたことについて，譲渡人Aもしくは譲受人Cが，債権譲渡登記ファイルに記録されている事項を証明した書面（登記事項証明書）を交付して債務者Bに通知するか，または債務者Bが承諾したときに，譲受人Cは債務者Bに対する対抗要件を具備することになる。そうすると，債務者対抗要件は，債権譲渡登記がされた後，その登記事項証明書を債務者Bに通知するか，債務者Bが承諾した時に具備されるのである

から，第三者対抗要件よりも後れて具備される。債務者に通知することなく債権譲渡をして第三者対抗要件を具備できるというサイレント方式の債権譲渡が可能となる。これは債権を譲渡するのは経営が行き詰まっているのではないかという言われのない信用不安を招く懸念の解消になる。

　しかし，このような規定になっているので，債権が二重譲渡された場合に，債権譲渡登記が確定日付による証書によって債務者Bへの通知が到達するよりも先であるが，債権譲渡登記ファイルに記録されている事項を証明した書面（登記事項証明書）を交付して債務者Bに通知することをまだしていない（サイレント方式の債権譲渡）ために，債務者Bに対する対抗要件を具備していないということが起こりうる。この場合，第三者に対する対抗要件は，動産・債権譲渡特例法4条1項に基づく債権譲渡登記によるものが，民法467条2項に基づく確定日付ある証書による債務者Bへの通知の到達によるものより優先する。それにもかかわらず，動産・債権譲渡特例法4条2項に基づく債権譲渡登記ファイルに記録されている事項を証明した書面（登記事項証明書）を交付して債務者Bに通知がされていないことから，民法467条1項に基づく債務者への通知（この場合，確定日付ある証書によるもの）の到達によって債務者Bに対する対抗要件が具備されたことから，債務者Bは第二譲受人Dに弁済することがあり得る。

　すなわち，第一譲受人Cは債務者Bに対する対抗要件をまだ充足していないから，仮にこの時点で第一譲受人Cが債務者Bに当該譲渡対象債権の履行を請求されたとしても債務者Bは弁済を拒絶することができる。これに対し，第二譲受人Dは債務者Bに対する対抗要件を既に充足しているので，第二譲受人Dが債務者Bに当該譲渡対象債権の履行を請求した場合には，債務者Bは弁済を拒絶することができない。しかし，第三者対抗要件については，第一譲受人Cが第二譲受人Dよりも先に具備している。この場合，債務者Bは第一譲受人Cが第二譲受人Dに優先していることを知らないであろうし，仮に知っていたとしても第一譲受人Cは債務者Bに対する対抗要件を具備していないので，債務者Bは第二譲受人Dに弁済するであろう。その弁済は本旨弁済として有効なものとなり，免責を得ることになると考えられている（一問一答（動産・債権譲渡）57頁）。ただし，第三者対抗要件は第一譲受

人Cが先に具備し，第二譲受人Dに優先するので，債務者Bから弁済を受領した第二譲受人Dに対して第一譲受人Cは不当利得返還請求権を有することになる。

　これに対し，債権の帰属は第三者に対する対抗要件のレベルで決すべきであって，この限りで債務者Bに対する対抗要件は意味を持たないと考えるのであれば，第二譲受人Dだけが債務者対抗要件を具備していたとしても第三者対抗要件のレベルで劣後する第二譲受人に対して弁済しても，債務者は民法478条によって保護されるだけであると解するものもある(潮見Ⅱ485頁)。この見解を採用しても，債務者Bが第二譲受人Dに対して弁済し，民法478条によりその弁済が有効となれば，第三者対抗要件は第一譲受人Cが先に具備し，第二譲受人Dに優先するので，債務者Bから弁済を受領した第二譲受人Dに対して第一譲受人Cは不当利得返還請求権を有することになる。

　一般的に民法478条は適用されると考えられるが，有過失の認定をされた債務者Bは譲渡対象債務が消滅せず，第二譲受人Dに不当利得返還請求権を有するにすぎず，二重弁済のおそれが生じてしまう。動産・債権譲渡特例法も4条2項に基づき債権譲渡登記ファイルに記録されている事項を証明した書面（登記事項証明書）を交付して債務者Bに通知することによって，債務者の認識を得させて債務者対抗要件を具備させようとしている。過失があるとはいえ，第一譲受人Cへの当該債権の譲渡を認識していなかった債務者Bが保護されないのは妥当でない。したがって，債務者Bが債務者に対する対抗要件を具備している第二譲受人Dに対する弁済は，本旨弁済として有効なものとなり，債務者Bは免責されることになると解する。そして，第三者に対する対抗要件を先に具備している第一譲受人Cは第二譲受人Dに優先する結果，第一譲受人Cは第二譲受人Dに対して不当利得返還請求権を有することになる。

4　対抗要件制度の改正議論

　本項目の冒頭で示したように，今回の改正では，債権譲渡の対抗要件について実質的な内容の改正は行われなかった。しかし，改正を検討する段階で

は，改正案が提示され盛んに議論が行われていた。第三者対抗要件について
は，法制審議会民法（債権関係）部会では，当初は部会資料 9-2 について議
論されていた。その資料によれば，［A案］登記制度を利用することができ
る範囲を拡張する（例えば，個人も利用可能とする。）とともに，その範囲におけ
る債権譲渡の第三者対抗要件は登記に一元化するという考え方，［B案］債
務者をインフォメーション・センターとはしない新たな対抗要件制度（例え
ば，現行民法上の確定日付のある通知または承諾に代えて，確定日付のある譲渡契約書を
債権譲渡の第三者対抗要件とする制度）を設けるという考え方，［C案］現行法の
二元的な対抗要件制度を基本的に維持した上で，必要な修正を試みるという
考え方が示されていた（部会資料 9-2・10 頁）。この提案の背景には，改正前の
民法上の債権譲渡の対抗要件制度は，債務者にインフォメーション・セン
ターとしての役割を果たさせることにより，債権譲渡の事実が公示されるこ
とを想定したものであるが，この対抗要件制度には，債務者が債権譲渡の有
無について回答しなければ制度が機能しないことや，確定日付が限定的な機
能しか果たしていないこと等の問題点があると指摘されていたことがある。
また，動産・債権譲渡特例法により，法人による金銭債権の譲渡については
登記により対抗要件を具備することが可能となったが，民法と特例法による
対抗要件制度が並存しているため，債権が二重に譲渡されていないかを確認
するために債務者への照会と登記の有無の確認が必要であることから煩雑で
ある等の問題点も指摘されていた。このような問題点を踏まえての提言で
あった（部会資料 9-2・11-12 頁）。

　その後，法制審議会民法（債権関係）部会の中間試案（中間試案補足説明 240-
241 頁）では，以下の案が示されていた。

【甲案】（第三者対抗要件を登記・確定日付ある譲渡書面とする案）
　　ア　金銭債権の譲渡は，その譲渡について登記をしなければ，債務者以
　　　　外の第三者に対抗することができないものとする。
　　イ　金銭債権以外の債権の譲渡は，譲渡契約書その他の譲渡の事実を証
　　　　する書面に確定日付を付さなければ，債務者以外の第三者に対抗する
　　　　ことができないものとする。
　　ウ　（ア）債権の譲渡人又は譲受人が上記アの登記の内容を証する書面

又は上記イの書面を当該債権の債務者に交付して債務者に通知をしなければ，譲受人は，債権者の地位にあることを債務者に対して主張することができないものとする

（イ）上記（ア）の通知がない場合であっても，債権の譲渡人が債務者に通知をしたときは，譲受人は，債権者の地位にあることを債務者に対して主張することができるものとする。

【乙案】（債務者の承諾を第三者対抗要件等とはしない案）特例法（動産及び債権の譲渡の対抗要件に関する民法の特例等に関する法律）と民法との関係について，現状を維持した上で，民法第467条の規律を次のように改めるものとする。

ア　債権の譲渡は，譲渡人が確定日付のある証書によって債務者に対して通知をしなければ，債務者以外の第三者に対抗することができないものとする。

イ　債権の譲受人は，譲渡人が当該債権の債務者に対して通知をしなければ，債権者の地位にあることを債務者に対して主張することができないものとする。

（なお，第三者対抗要件及び権利行使要件について現状を維持するという考え方も提案されていた）。

　他にも中間試案の前には部会資料37・52で，中間試案の後には部会資料63・74Bで提案がなされていたが，この中間試案も含めて，部会資料9-2の3つの案の修正や混合である。そして，467条2項については，今回実質的な内容の改正が行われていないので，議論のベースとなった部会資料9-2の提案から検討してみる。

　まず，［A案］の登記一元化論については，公示機能が高い点が利点に挙げられる。これに対し，現行の債務者インフォメーション・センター論では債務者に譲渡事実の回答義務がないため，有効に公示機能が果たせていない。また，民法467条2項による通知も譲渡人と債務者の通謀により対抗要件具備時を遡及でき，同条同項が要求されている確定日付も限定的であった。さらに，公示一元化にすれば，民法467条2項による対抗要件具備について債務者への照会と動産・債権譲渡特例法4条1項による対抗要件具備に

ついて登記ファイルの記録の調査をしなければならい煩雑さを解消すること
ができる。しかし，主に実務家から，登記手続にかかる負担やその費用負担
が大きいという問題点が指摘されていた（第7回会議議事録25-28頁［大島発言,
岡田発言，鹿野発言，三上発言，奈須野関係官発言]）。さらに，登記によるとして
も，個別の債権が誰に移転しているのか専門家が見ても容易にはわからない
し，広範に利用されるようになると，検索システムが充実しないと先行する
譲渡があるのかわからないようになるという懸念があると指摘されている
（第7回会議議事録26-27頁［三上発言]）。パブリック・コメントでも，現在の債
権譲渡登記をするための手間が煩雑であることや，費用が高額になり得る点
を問題視した主張がされている（部会資料63・15頁）。

　次に，［B案］については，公示性が減ることからほとんど評価する意見
はなかったとされる（第7回会議議事録27頁［三上発言]）。しかし，［B案］の
考え方と同様のものとして，部会資料63で甲案の別案として，譲渡契約書
その他の譲渡の事実を証する書面（譲渡書面）に確定日付を付したものを債
権譲渡の第三者対抗要件とする考え方が提案されている。この考え方によれ
ば，同一の債権について譲渡が競合した場合における譲渡の優劣について，
譲渡書面に付された確定日付の先後によって決することとするものであり，
債務者は譲渡の優劣を客観的な基準によって決することができる（部会資料
63・16頁）。公示性が弱い点についても，現行法では，債務者に対して照会す
ることも非常に稀であるという実態があったり，あるいは，債務者自身から
適切な情報提供も得られないということがあったりする。そうであるなら
ば，公示性の高さというのは，情報を得られるというよりは，当事者以外の
者に外在化する点にあるとの指摘もされていた（第74回会議議事録34頁［沖野
発言]）。その後も，部会資料74Bでは，［A案］として，債権を譲渡した事
実を譲渡人又はその指定する者（債務者も含まれる。）が，公証人又は郵便認証
司に対して申述した日時を証明するための行為をすること（公証人に譲渡の事
実を申述してその日時を公証してもらうこと又は譲渡の事実を記載した書面を内容証明郵
便で送付すること）を第三者対抗要件とし，その証明された日時の先後で対抗
関係の優劣を決するという考え方が提案された。現行制度において対抗関係
の優劣に関する情報を債務者のみが把握している点を改める必要があるとい

う認識の下で，債務者が債権譲渡の有無を把握していることにより債権譲渡取引の安全が確保されているという評価もあることを踏まえた提案である。債権譲渡が競合した場合における対抗関係の優劣を，譲渡の事実を申述した日時の先後によって判断することができ，その日時について信頼性の高い証拠が存在する制度になる（部会資料74B・20頁）。これにより債権譲渡の外在化の問題が解消される。さらに，［A案］の別案として，この［A案］を前提として，債権を譲渡した事実を申述したことを一定の期間内に債務者に対して知らせなければならないこととするか，譲渡の事実の申述の方法を限定する（例えば，内容証明郵便を送付する方法によって郵便認証司に申述しなければならないこととする。）考えがある。債権を譲渡した事実を申述したことを一定の期間内に債務者に対して知らせることとするか，内容証明郵便により郵便認証司に対して譲渡の事実を申述しなければならないとすることによって，第三者対抗要件具備から債務者が譲渡の事実を把握するまでのタイムラグを小さくするとともに，そのタイムラグが生じ得る期間の明確化を図っている。これは，対抗要件具備の方法について一定の制約を課すことにはなるが，債務者に譲渡の事実を把握させることによって債権譲渡取引の安全を確保することをより重視するものである（部会資料74B・21頁）。しかし，この提案も債務者が公示機能を果たすという点では現行法と同じである。現行法の場合には第三者対抗要件の具備を留保して，サイレント方式で譲渡することが実際に行われている。その場合は債務者に知らせていないが，いざとなれば知らせて優先できるようにということで通知をあらかじめ準備する。譲受人はモニタリングをしていて，譲渡人に何かおかしな状況があれば直ちに債務者に通知を送るという準備をしている。そういうサイレントの譲受人がいるリスクがある。よって，債務者に譲渡の事実を照会しても通知はないと回答するので安心して譲渡を受けようとしたら，即時に通知が送られてしまうリスクがあった。ところが一定期間内に必ず通知しなければならないとすると，その期間さえ置けば確実に自分が優先することがわかることになる。したがって，債務者に照会することの価値は高まることになると考えられる。しかし，そういう意味で債務者のインフォメーション・センターとしての価値を高めることは，債務者の負担を増やすことになるのではないかとの指摘が

あった（第83回会議議事録53-54頁［内田発言］）。

　最後に，［C案］は，基本的に現行制度である。民法467条は，債務者の債権譲渡の有無についての認識を通じ，債務者によってそれが第三者に表示され得ることを期待した制度であるとされているが，債務者には第三者からの照会に回答する義務があるわけではなく，債務者が回答しなければ対抗要件制度が機能しないという問題点が指摘されている。また，第三者対抗要件として，通知または承諾を確定日付のある証書によってすることが必要とされている趣旨は，通知・承諾の先後を譲渡人と債務者の通謀で操作されることを防止する点にあるとされているが，通知・承諾の日付を遡らせることを可及的に防止するという限定的な機能しか有しないことになり，確定日付を要求する意義に乏しいと指摘されている（部会資料9-2・11-12頁）。さらに，債務者が事前承諾をして後に確定日付が付されることがある。これについて，承諾をした債務者はいつ確定日付が付されたかその時点を知らないのだから，承諾は対抗要件になり得ない，という意見もあり，法的には非常に不安定な状態にあるとの指摘もある（第45回会議議事録40頁［内田発言］）。ただし，パブリックコメント等で指摘されているように，実務的には，民法467条の現状を維持する方向の意見が多数を占めている（部会資料63・12頁）。登記に要する手間が煩雑であることや費用が高額になることを解消することは困難であるとして，甲案（中間試案）に反対する意見も少なくない。また，現状維持の理由として，現在の対抗要件制度を積極的に評価するものや，現在の対抗要件制度は債務者にとって負担になっているわけではなく，特に問題がないことを挙げるたりするものも多い（部会資料63・15-16頁，部会資料64-2・21頁）。

　債務者に対する対抗要件については，債務者の承諾については，債権譲渡の当事者である譲渡人および譲受人が，債務者との関係では引き続き譲渡人を債権者とすることを意図し，あえて債務者に対して債権譲渡の通知をしない（債務者対抗要件を具備しない）場合にも，債務者が債権譲渡の承諾をすることにより，譲渡人および譲受人の意図に反して，譲受人に対して弁済するという事態が生じ得るという問題が指摘されている。このような指摘に対応するために，債務者の承諾を債務者対抗要件としないこととすべきであるとい

う考え方が提案されていた（部会資料 9-2・21-22 頁）。サイレントの債権譲渡のニーズがある中で，債務者から一方的に承諾できるというのは疑問であるとの考え方もある（第 45 回会議議事録 42 頁［内田発言］）。しかし，サイレントで債権譲渡したいというニーズによって譲渡されていた場合であったとしても，債務者が承諾するのは債務者に知れてしまった後であるので，もはや問題にならないとの指摘もある（第 7 回会議議事録 36 頁［深山発言］）。また，現行実務のファクタリングを利用しているケースについては，小口の債権者が多数あって，それを債権ファクタリング会社に債権譲渡する場合には，債務者の承諾だけで簡便に処理している。もし債務者の承諾を完全になくしてしまうと，ファクタリングの構造を相当手当てしないと機能しなくなるという懸念があることの指摘もある（第 63 回会議議事録 18 頁［佐成発言］）。また，パブリック・コメントでも，債務者の承諾を事前に得ている場合には，譲受人が多重譲渡に巻き込まれないという期待があることも指摘されている（部会資料 63・14 頁）。そして，債務者が弁済の相手方を選択することができることを実務上の問題点であると指摘して，債務者の承諾を債務者対抗要件としないという考え方を支持する意見は，少数にとどまっている。そのことを踏まえて債務者の承諾を権利行使要件として維持することが相当であると考えられた（部会資料 63・17 頁）。このように実務的に債務者の承諾によって債務者対抗要件を具備することが重要な役割を果たしており，それ程問題視されていないことから，債務者の承諾を債務者対抗要件から廃止するということはなされていない。

　このように，債権譲渡における対抗要件制度について，実務的には現行制度を維持する意見が多く改正には至らなかったが，なお登記制度一元化なども有力に主張されており，議論に決着がついたわけではない（中舎・債権法399-400 頁）。公示性の高さ，対抗要件制度の二元化による債権の帰属の調査の煩雑さ解消，対抗要件具備時の操作の防止，債務者の回答等の負担の軽減，債務者の誤った回答等によるリスクの解消などを考えれば，登記一元化が最も妥当であると考える。しかし，それにはコストの問題を解消する必要がある。利用者の手続の手間，登記費用負担の問題もあるが，登記所側の人員確保，登記検索システムの充実の問題もある。また，債権譲渡登記につい

ては，不動産登記と比較すれば，対象となる債権の数が対象となる不動産の数よりも圧倒的に多い。また，債権の発生・消滅・変更も不動産に関する権利の発生・変更・消滅よりもはるかに頻繁に生じる（白石大「債権譲渡の対抗要件制度に関する法改正の日仏比較」安永正昭＝鎌田薫＝能見善久監『債権法改正と民法学II 債権総論・契約(1)』242頁参照）。このようなことから，債権譲渡の登記の内容は不動産登記の内容のように詳細にはできないし，債権譲渡の登記手続の手間も簡易でなければならない。これらを考慮して，今後，債権譲渡の登記制度を構築していくべきだと考える。

（堀竹　学）

弁済に関与する複数の当事者

　　　11　多数当事者の債権債務関係
　　　12　保証の成立と効力
　　　13　保証人の求償権
　　14　第三者の弁済と弁済による代位
　　　15　法定代位権者間の負担調整

11 多数当事者の債権債務関係

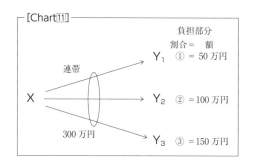

1 「多数当事者の債権及び債務」規定の見方

本章では債権総則の第3節「多数当事者の債権及び債務」の規定を扱う。可分債権・債務,不可分債権・債務,連帯債権・債務,保証債務の計7種が基本的な類型となるが,まずはこれらの種別から見ていこう。

(1) 分類——給付の可分性

Y_1, Y_2, Y_3 の3人とXの間で,Xの所有する機械・甲を300万円でYらが買い受ける契約をすると,Y_1, Y_2, Y_3 が3人で負う300万円の代金債務は性質上可分であるので「可分債務」,YらがXに対してもつ機械甲の引渡債権は性質上不可分であるので「不可分債権」となる。すなわち,複数人がもつ債権を可分／不可分債権,複数人で負う債務を可分／不可分債務と呼び,債権・債務が「可分」か「不可分」かは給付の性質で決まる。

可分債務とされた場合の効果を定める427条は,「別段の意思表示がないとき」は「それぞれ等しい割合」の権利義務関係となると定める。この規定は,分割の意思表示などを必要とせず債権・債務が当然に等しい割合で分割される「当然分割原則」を定めたものと解釈されている。すなわち,可分債務は当然に分割され,Y_1, Y_2, Y_3 はそれぞれ100万円の債務を負うことに

なる。反対に，Yらの間に当然分割を回避する「別段の意思表示」があれば分割は回避され，3人はそれぞれ300万円ずつの債務を負うことになる。こうして性質上可分な債務を「法令の規定又は当事者の意思表示」によって複数人それぞれが全額の負担をすると定めたものが連帯債務である（436条）。以上のように，民法は性質によって債務の可分，不可分を分けた上で，可分債務につき連帯の定めがあるものを連帯債務と定義している。

(2) 担保的機能

当然分割原則によると，XはYらにそれぞれ100万円ずつしか請求できず，Yらのうち誰かが無資力になればXはその分の請求を諦めることになる。これに対し，Yらが連帯債務を負っていれば，仮にY_1が無資力になってもY_2，Y_3に300万円の支払を求めればよい。連帯債務や不可分債務では債権者がどの債務者にも全額の支払を請求できるので，債権を担保する機能がある。民法はこれらに⑫，⑬で扱う保証債務を併せて「多数当事者の債権及び債務」を規定するが，このようなまとめ方がされたのは，多数当事者の債権債務関係の担保としての機能が重視されたためである。

多数当事者の債権債務関係の基本類型に当たるのは連帯債務である。そこでまず，連帯債務の規定について理解を深め，その他の場合に理解を及ぼす手順で進める。連帯債務の解釈では，連帯債務者の1人に生じた事由が他の連帯債務者に影響するか否か，連帯債務者の1人が債権者に弁済した場合の求償権の成否が重要である。

2　債務者が複数の場合——連帯債務

(1) 基本

上の例では，Xは300万円に満つるまでYらに全部又は一部の支払を請求できる（436条）。ただし，当たり前のことだが，Xは300万円を越えて受領することはできない。つまり，XはYらがいずれも300万円の支払義務を負うのをいいことに，各300万円，計900万円を集めるなどということはできない。これを「給付の一倍額性」と呼ぶ。

Y_1 が 300 万円を支払った場合，Y_2，Y_3 に対して内部分担に従って「求償」をできる（442条）。各自の内部分担の割合を「負担部分」と呼び，Yらの内部関係によって決まる。例えば，Y_1：Y_2：Y_3 = 1：2：3 と合意されていれば，それぞれ 50 万円，100 万円，150 万円が負担部分であり，Y_1 は Y_2 に100 万円，Y_3 に 150 万円を求償できる（以下，この負担部分の想定で進める）。明示の合意がなければ，Yらの間に反対給付である甲に関する利益分配の取り決めがあればその割合に応じ，それもなければ平等の割合とされる。

(2) 連帯債務者の 1 人について生じた事由の効力①

連帯債務者の 1 人に生じる事由は，他の連帯債務者にも効力が波及する「絶対的効力事由」と，波及しない「相対的効力事由」に分かれる。

債権者に満足を与える事由（代表は弁済）は，それがあれば債権を行使する必要がなくなるから，当然に絶対的効力事由に当たる。そして，債務を消滅させる事由の大半も同様とされる。更改（438条），相殺（439条1項），混同（440条）がそれである。すなわち，これらの事由が Y_1 に生じて債務が消滅する場合には，Y_2 と Y_3 の全員について債務が消滅する。これらの事由は債権者に給付を得させないが，これらの事由があってもなお Y_2 と Y_3 の債務が残るとすると求償関係が混乱するからである。

以上の事由以外は相対的効力事由とされる（441条）。つまり，民法は連帯債務者の 1 人に生じた事由は他の連帯債務者に波及しないことを原則とし（相対的効力の原則），上述の債務消滅事由を例外的に絶対的効力と扱っている。例えば，X が期限の定めがない債務を Y_1 に請求し，Y_1 が履行遅滞に陥ったとしても（412条3項），Y_2 と Y_3 は履行遅滞とならない。

相対的効力事由で注意が必要であるのは，免除と消滅時効である。これらは債務消滅事由であるにもかかわらず絶対的効力事由とする定めがなく，相対的効力事由である。したがって，Y_1 のみ免除の意思表示を受け，あるいは消滅時効が完成した場合，X と Y_1 の間では債務が消滅するが，Y_2 と Y_3 は 300 万円全額の債務を負い続ける。その結果，Y_2 か Y_3 が 300 万円を支払えば，Y_1 は連帯債務者間での求償債務についてまで時効完成や免除を得たわけではないので，Y_1 は負担部分につき求償に応じなければならない（445

条）。せっかくXからの請求につき免除・時効による免責を得たY_1が，結局負担部分の額を支払わざるを得ないことには違和感を覚えるかもしれない。しかし，Xからの免責は連帯債務者Yらの債権者に対する対外関係の問題であるのに対し，求償はYら相互の公平を目的とする内部関係の問題であるので，このような規律となっている（中田ほか・講義165頁［沖野眞已］参照）。

消滅時効については，裁判上の請求による完成猶予（147条1項1号）や承認による更新（152条1項）など時効障害事由が相対的効力事由であるので，連帯債務者ごとに期間が区々になり得る。それでも時効と時効障害の効力は民法総則に法定されているのに対し，免除は債権者の意思表示によって行うので（519条），個々の意思表示の解釈によって効力に差異が生じ得る。

(3) 連帯債務者の1人について生じた事由の効力②──各種の免除

民法がデフォルト・ルールとして定める免除は，上に見たようにY_1の債務のみを免除し，Y_2，Y_3は変わらず300万円の債務を負い続けるものである。その後にY_1がY_2，Y_3から求償を受けても連帯債務者の内部関係には免除の効力は及ばず，Y_1は負担部分の支払に応じることになる。このように他の連帯債務者Y_2，Y_3の地位に影響しない免除を「相対的免除」と呼ぶ。連帯債務は全額の支払義務を負う債務者を複数にして債権の担保力を強化するために用いられるところ，XがY_1にした免除の効力が当然に他の連帯債務者にも及んでY_1の負担部分額が全額から減額されるなどとしてしまうと，この趣旨に反する。金融回収の実務では，Xが資力の危うくなったY_1から一部の弁済を受ける代わりに残額は免除してやる措置を採ることがあるが，免除の効力が当然に他の連帯債務者に及ぶとすると，Xの期待に反して他の連帯債務者から全額を回収することができなくなる（詳説139頁［赤坂務］）。

改正前437条は免除を絶対的効力事由とし，XがY_1を免除すると，Y_1の負担部分の限りで債権の総額が減少することとなっていた。Y_1への免除によってY_2，Y_3の負担する残債務はY_1の負担部分だけ減額され，Y_2，Y_3が残債務を弁済してもY_1に求償する必要がなくなる。これを「絶対的免除」と呼ぶ。XはY_1を免除したのだから，結局Y_1が求償によって負担部分の

履行を迫られるのはXの免除の目的に反するからと説明されてきた。しかし、絶対的免除をデフォルト・ルールとしてしまうと、上のように債権者の通常の期待にかえって反することになる、と批判された結果、改正法は相対的免除を原則とすることに転換したのである。改正法の下でも、あえて絶対的免除の趣旨で免除の意思表示をすることは可能である。

　免除の仕方には「連帯の免除」と呼ばれる類型もある。連帯の免除は次の考え方を基礎にしている。Yらが最終的に負担しなければならないのは負担部分の額（50万円、100万円、150万円）であるが、債務の総額300万円とそれぞれの負担部分の差額分（250万円、200万円、150万円）は、他の連帯債務者の負担部分額を保証していると考えることもできる。このように他の連帯債務者の負担部分額を保証している関係こそ連帯関係の本質と捉える考え方もある（相互保証説。この理解を徹底させた研究として、成田博『連帯債務論攷』（日本評論社、2015年）がある）。そこで、もしXが債権の担保力を一部放棄してもよいと考えるならば、Y_1に対して「負担部分だけ払ってくれればよい」と免除することも考えられてよい。Y_1は連帯関係にあったからこそ300万円の全額を支払う義務があったのであり、負担部分の支払でよいとされれば連帯関係から離脱する。これを「連帯の免除」と言い、一部免除の一種とされる。ただし、連帯の免除にも様々なものが考えられ、代表的なものとして、①免除を受けたY_1以外のY_2、Y_3の残債務額がY_1の負担部分だけ減額される「絶対的連帯免除」と、②Y_2、Y_3は変わらず300万円全額の債務を負い続ける、すなわち、Y_1が受けた免除はY_2、Y_3に影響しないとする「相対的連帯免除」がある。①絶対的連帯免除の場合、Y_2、Y_3は残額の連帯債務を負えばよく、Y_1は完全に連帯関係から離脱する。これに対し、②相対的連帯免除の場合、Y_1が求償も免れるとしてしまうと、Y_2、Y_3の2人で300万円を負担することとなり、Y_2、Y_3の負担部分が増額されたことになる。XのY_1に対する一方的な意思表示だけでこれを認めてしまうと、無関係のY_2、Y_3が自らの与り知らない他人の行為によって不利益を課されることになるので許されない。300万円の全額を支払ったY_2、Y_3はY_1に対しても当初の負担部分の額を求償できなければならない。したがって、相対的連帯免除では、Y_1は完全に連帯関係から離脱することにはならない。

免除がされた場合には，以上のようにいかなる趣旨の意思表示であるかを明らかにする必要がある。

⑷「"不真正"連帯債務」概念とその消滅

改正前は，請求（改正前434条），免除（改正前437条），消滅時効（改正前439条）を絶対的効力事由としていた。すなわち，連帯債務者の1人が請求を受けるとその効力は他の連帯債務者にも及び，免除・時効完成があった者の負担部分の限りで債務の一部が消滅するとされていた。免除・消滅時効の効力が絶対的である点は，①債権者が留保なく1人を免除したり，②1人とばかり交渉していて他の連帯債務者に時効が完成すると債権の総額が減少することを意味し，改正前の民法は連帯債務の担保力を弱めていると批判された。他方で，③請求に絶対的効力がある結果，時効の完成猶予や履行遅滞の効果は全連帯債務者に及び，その限りでは債権者に有利であった。しかし今度は，連帯債務者相互にさほど緊密な連絡を取り合う関係がない場合であっても，当人の知らない間に他の連帯債務者が請求を受けていると，時効期間が伸長されたり履行遅滞に陥るなど，不意打ち的な不利益が発生する問題も指摘されていた。つまり，改正前の連帯債務の規定は債権の担保力を弱める点では「帯に短く」，連帯債務者間に緊密な共同関係がなくとも請求の効力が及んでしまう点では「襷に長い」，中途半端な規律と評されていた。

改正前の連帯債務の規律の不適切さが如実に表れるのが，共同不法行為の場面であった。719条は「連帯してその損害を賠償する責任を負う。」と書いているので，素直に考えれば共同不法行為者の賠償債務には債権総則の連帯債務の規定が適用される。しかし，被害者である債権者には完全な損害の賠償を受けさせる必要があるにもかかわらず，①被害者Xと加害者の1人Y_1との間で例えば被害額の2割を賠償してもらって残額を免除が成立すると，Xは残りの加害者Y_2，Y_3に残額の賠償を求めるつもりであったのにY_1の負担部分額が減少してしまう。あるいは，②Y_1から賠償責任の承認を取り付けて安心していたら，時効期間がY_1についてしか更新されず，Y_2，Y_3の債務は時効が完成し，その効力が絶対的に及んで債権総額が減少してしまう，という形で被害者の損害賠償債権の効力は著しく弱められていた。その

一方で，③川沿いに離れた立地で工場を操業するＹらがそれぞれ勝手に廃液を川に流して川下の住民が被害を受けたケースのように共同不法行為者であるＹらの間で相互の存在すら認識されていないような場合には，Y_1のみが被害者から請求を受けたことによって全てのＹについて時効期間が延長されると，Y_1以外の債務者にとって酷な側面がある。このように，連帯債務の規定が，必ずしも常に複数の債務者が全部の義務を負う関係に適合しないことが意識され，改正前の学説・判例は，複数の債務者が全部の債務を負うが民法の連帯債務の規定が適用されない「"不真正"連帯債務」概念を編み出し，連帯債務の規定の適用を回避するようになった。しかし，その結果，不真正連帯債務関係にはどのような規律が妥当するのか，ある場面が連帯債務となるのか不真正連帯債務となるのか，条文の手がかりがない中で膨大な議論を呼び，判例の変遷，混乱を生むこととなった。特に，初期の学説は，不真正連帯債務者間に影響関係がないのは連帯債務者の「負担部分」が観念されず「求償」が生じないからだ，と解していた。つまり，不真正連帯債務関係はたまたま同額の債務を複数者が負うだけなので求償は生じず，したがって求償関係がないならば相互に影響する事由を観念して求償関係の調整を図る必要はない，と考えられたのである。しかし，共同不法行為者の1人Y_1のみがたまたまＸから請求を受けて全額を支払った後に他の共同不法行為者に求償できないとすれば，不公平であることは明らかである。不真正連帯債務関係だからといって一切求償関係が生じないと考えることは非現実的であって，判例も信義則を介して徐々に「求償」を認める方向に揺り戻しをかけていた（以上の学説，判例につき，平林美紀「不真正連帯債務論の再構成(1)-(3)［未完］」名法178号45頁，179号223頁，181号237頁（1999-2000年）参照）。

このような議論の推移を踏まえ，改正法は請求，免除，消滅時効を相対的効力事由に切り替えた。その結果，共同不法行為のために不真正連帯債務概念を用いる必要性は大幅に減少した。とはいえ，根本的には，複数者が全部の義務を負う場合に，常に民法上の連帯債務規定を適用しなければならないのか，ということが問題であって，必ずしも請求，免除，消滅時効を相対的効力事由に切り替えただけで万事解決するわけではない（潮見ほか・詳解237頁［福田誠治］）。しかし，そもそも連帯債務関係は，連帯債務者が各別に負っ

た債務が連帯関係にあるものであって，単一の債務を複数人で負う関係ではない。したがって，相互に影響関係がない相対的効力が基本である。そのように各別に債務を負う関係は，連帯債務者の一部に連帯債務成立の根拠となった法律行為の瑕疵があって無効・取消しとなった場合に，他の連帯債務者に影響しないと定める 437 条が前提としている。その上で，当事者が意思表示によって任意の事由を絶対的効力事由と定めることは妨げられない（441条但書）。改正法は相対的効力を原則としつつ，当事者の合意による形成余地を広く認めているので，黙示の特約認定や信義則による意思解釈を活用しつつ改正法の規定を運用することで大体の問題は対処可能だろう。不真正連帯債務概念は改正前の連帯債務規定の硬直的な適用を回避するために編み出されたものであり，制定法の適用を前提としない法律関係が広く残された状況は健全な法状態とは言い難い。今後は"不真正"連帯債務概念の使用は極力控え，民法上の連帯債務規定を柔軟に適用していく姿勢が望まれる。

(5) 求償とその制限

求償権の根拠規定となる 442 条 1 項は，「その免責を得た額が自己の負担部分を超えるかどうかにかかわらず」割合に応じて求償できると定める。すなわち，「負担部分」は固定的な額でなく割合を意味し，負担部分額未満を支払った時点でも求償権を行使できる。同条 2 項は利息・費用・損害賠償を包含すると定める（求償特約の効力につき14参照）。そして，連帯債務者間の公平から，連帯債務者のうちで無資力になって求償に応じられない者が現れるリスクも公平に分担される。Y らの中に無資力者が現れた場合はその損失は分割して分担される（444 条）。例えば，Y_3 が無資力になれば，負担部分の割合に応じて Y_1 が 50 万円，Y_2 が 100 万円の追加的な負担を引き受ける。

これに対し，求償を受けることが連帯債務者の期待に反し，求償が制限される場面がある。求償を受けた連帯債務者が債権者に対して債権を有しており，相殺による差引決済を期待していた場面がそれに当たる。Y_1，Y_2，Y_3 の 3 人が 300 万円の α 債務を X に連帯して負っている場面で，Y_2 が X に 250 万円の反対債権 β を有していたとする。Y_2 が対当額 250 万円について相殺を意図していたところ，Y_1 が勝手に X に全額を弁済して Y_2 に 100 万円

を求償すると，Y_2 はこれに応じざるを得ず，Y_2 は反対債権 β を X に対して直接に請求することになる。その場合，X が無資力になると Y_2 は損失を被る。そこで443条1項前段は Y_2 の相殺の期待を保護するため，連帯債務者は弁済時に他の連帯債務者に「事前の通知」をしなければならないとする。事前の通知は，他の連帯債務者に債権者に対抗する事由があるか否かを確認するためにされる。Y_1 がこの通知を怠ったまま弁済し，Y_2 の相殺の機会を喪失させた場合，Y_1 は Y_2 に対する求償において相殺の対抗を受ける。この場合，Y_1 は代わりに β 債権の行使を認められ X に請求することになるが，X が無資力に陥っていればそのリスクは Y_1 が負うことになる。したがって，Y_1 が弁済にあたってすべき行動は，事前の通知をして確認を取った上で，Y_2 に相殺権があれば Y_2 の負担部分の限りで履行を拒絶しておくことである。439条2項は，連帯債務者の相殺の機会を保障するため，Y_2 が相殺権をもつ場合に Y_1 は Y_2 の負担部分の限りで履行拒絶権を得るとしている。

　上に見たのは事前の確認を怠った連帯債務者について求償権を制限する場面であるが，Y_1 が他の連帯債務者に事前の通知をしたが特に反応がなかったので X に弁済したところ，Y_2 が既に自分が弁済していたと主張して求償に応じようとしない場面が次に問題となる。Y_2 が弁済していれば債務は全員について消滅しているはずだが，Y_2 の主張を認めると Y_1 の弁済が無駄だったことになってしまう。443条2項は弁済をした連帯債務者は他の連帯債務者に「事後の通知」をしなければならず，これがされないまま他の連帯債務者が「善意」で弁済した場合には，Y_2 との関係では後の弁済を有効とみなすとした。すなわち，Y_2 が事後の通知を怠っており，Y_1 がこれに気付かず弁済をしてしまったのならば，後続の Y_1 の弁済の方を有効とするのである。その結果，Y_2 は Y_1 からの求償に応じなければならず，代わりに Y_1 の非債弁済による不当利得返還請求権（705条参照）を Y_2 が行使する（422条）。X の無資力リスクは Y_2 が引き受ける。

　以上のように，443条は連帯債務者が弁済するにあたって「事前の通知」をして他の連帯債務者に対抗事由がないか確認をし（1項），弁済後には「事後の通知」をすることで二重の弁済がされないよう配慮している（2項）。つまり，Y_1 は事前の通知をすれば Y_2 に相殺権や弁済済であるなどの事情を確

知し得るはずであり，Y_2は弁済後に事後の通知をしておけばY_1が誤って二重に弁済してしまうことは防げたはずなのである。それでは，Y_2が弁済後に事後の通知を発することを怠り，Y_1も事前にY_2への通知を怠った場合，どちらの弁済を有効としてどちらが求償に応じなければならないか。懈怠者が競合する場面について民法は定めていない。これが問題となった最判昭和57年12月17日民集36巻12号2399頁【百選Ⅱ20事件】は，「連帯債務者の一人が弁済その他の免責の行為をするに先立ち，他の連帯債務者に通知することを怠った場合は，既に弁済しその他共同の免責を得ていた他の連帯債務者に対し，〔改正前〕民法443条2項の規定により自己の免責行為を有効であるとみなすことはできないものと解するのが相当である。けだし，同項の規定は，同条1項の規定を前提とするものであって，同条1項の事前の通知につき過失のある連帯債務者までを保護する趣旨ではないと解すべきであるからである」として，事前の通知を怠ったY_1の主張を劣後させた。判決は，2項は1項の事前の通知義務を果たした者のみを保護対象と想定しているとする。つまり，2項の善意弁済者が保護されるための要件として，判決は「1項の事前通知をしたこと」を付加したのである。

　競合する懈怠者のどちらの主張を優先するか文言上の決め手はなく，判例が事前の通知義務の方を重視したことは一つの解決として尊重し得る。しかし，改正前の規定では判例の解釈の前提として重要な問題が残されていた。それは，Y_1がY_2の存在をそもそも認識していなかった場合には，事前の通知に思い至りようがないのである。改正法は(4)③に見た廃液のケースのような共同不法行為事例を連帯債務規定の下に取り込んだから，このことはなおさら重大である。そこで改正法443条1項は，条文に「他の連帯債務者があることを知りながら」との要件を付加した。すなわち，Y_1はY_2の存在に気付けている限りで事前の通知をすればよいとしたのである。したがって，Y_1がY_2の存在に気付けなかったため事前の通知をできず，かつY_2が事後の通知を怠っていてY_1が二重に弁済してしまった場合には，Y_1の後続弁済の方を優先させることになろう。気付きながら事前の通知をしなかったケースでは昭和57年判決の法理が変わらず妥当する。

2　債務者が複数の場合　　151

⑹ 不可分債務

不可分債務には連帯債務の規定が準用される（430条）。したがって，基本的には以上の規律をそのまま横移ししして考えればよい。ただし，混同の絶対的効力のみは準用されていない（同条括弧書）。例えば，機械・乙の引渡債務を Y_1，Y_2，Y_3 の３人が X に対して負っていた場合，X が死亡して Y_1 が相続したときは，当該引渡債権が混同消滅してしまうと，Y_1 は Y_2，Y_3 に対して求償はできるが，乙引渡債権そのものは消滅しているので乙の引渡しは求められないこととなる。これでは債権者の地位を相続した意味がない。連帯債務の相続であれば可分給付であったので債権の一部を消滅させることで処理できたが，不可分債務では給付の性質が不可分であるのでそのような処理ができない。そこで，債務の性質から混同は相対的効力とされる。

3 債権者が複数の場合

債権者複数の場合は，基本的に債務者複数の場合を裏返して考えればよい。まず給付の性質に応じて可分債権と不可分債権が分かれ，可分債権に当然分割原則（427条）が妥当するところ，連帯の合意があるものが連帯債権となる（432条）。規定で注意すべき内容は，連帯債権者の１人が免除をした場合，その者の持分的利益だけ総額から減額される絶対的効力をもつことである（433条）。連帯債務の場面と異なって，債権であれば債権者が不要とする限り債務者に給付をさせる必要がない以上，当然のことである。ただし，不可分債権の場合は減額という措置が取れないので，債務者はいったん不可分給付をした後に，免除した債権者に償還請求をすることになる（429条）。

（吉原　知志）

12　保証の成立と効力

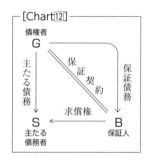

1　保証の成立

(1) 保証の趣旨

　保証は，保証人となる者Bが債権者Gと保証契約を締結し，主たる債務者Sが履行しないときに代わって履行をする債務（保証債務）を負う取引である（446条1項。記号は，ドイツ語の保証人Bürgschaft, 債権者Gläubiger, 債務者Schuldnerに由来）。注意すべきは，保証契約はあくまで債権者Gと保証人となるBの間で締結され，主たる債務者Sは介在しないことである。そして，保証債務はB自身の債務であってSの債務ではない。Sとの関係は，保証債務の内容がSに免責を得させることというだけである。Bが，Sの債務を債務者自身でない第三者として履行する場合，それは「第三者弁済」（474条。14 1(1)）である。

　保証は，主たる債務の担保の趣旨でされる。Sが債務を履行しない場合，あたかも物的担保である抵当権や譲渡担保が実行されるようにBに保証債務の履行請求がされるので，保証は「人的担保」とも呼ばれる。物的担保は担保財産の価値が上限となる代わりにその額までは確実な回収を期待できるのに対し，人的担保は担保額の上限はないが保証人の資力に回収が左右され不確実性が大きい。さらに，保証は「担保」とは言っても担保物権とは違って

1　保証の成立　　153

Bという人格との債権債務関係であることにも注意が必要である。

　なお，保証債務が履行されると，主たる債務が消滅し，BはSに対して「求償権」を得る。保証債務の成立の場面ではSは関与しないが，求償の場面ではSの意向が重要な意味をもつ。これについては⒀で扱う。

⑵ 保証契約の成立

　保証契約も契約であって，意思表示の合致が基本的な成立要件である。保証契約は保証人に一方的に債務を負担させる内容であって，保証人になる者は本来，相当の覚悟を必要とする。それでも保証取引が頻繁に行われる背景には，保証人と主たる債務者の間に親族や友人の関係があるなどの「情誼性」の要素と，保証人となる者が「形だけだから」とか「実印を貸してくれるだけでいい」などと表層的な説明だけを受けて引き受けてしまう「軽率性」の要素があると言われる。保証契約の成否については，錯誤や表見代理が問題となりやすい。以上の保証契約の性質に配慮し，446条2項，3項は保証契約を「要式契約」と位置づけ，保証人の保証負担の意思を書面か電磁的記録の形で明確にすることを要件とした。貸金業法が適用される取引では，貸金業法16条の2第3項でさらに厳重な規制がかけられている。

⑶ 「事業に係る債務」についての個人保証の特則

　465条の6以下の「事業に係る債務についての保証契約の特則」は，「事業に係る債務」の保証について成立要件を加重する特則である。事業に係る債務とは，文字通り事業のために負担される債務のことである。中小企業が事業のために負う債務を個人が保証する取引は現実に多く，事業のための借入れは巨額になることが多いので保証人の負担が過大になり経済生活を圧迫することが社会問題となっている。そのため今回の改正で，保証人保護の拡充として事業に係る債務の特則が設けられた。事業に係る債務を個人が保証する場合には公正証書による意思確認が要件となる（465条の6第1項，2項）。これによって，446条2項，3項の要式契約の趣旨がさらに厳格化される。「事業」の文言上の限界は曖昧だが，実務は広く規制が及ぶことを前提に動くことが見込まれる（詳説164頁［松嶋一重］）。なお，465条の7の定める方式

は公正証書遺言（969条）を参考にしている（潮見・概要142頁）。

規定の解釈上は，その例外の範囲が重要となる。465条の9第1号，2号は，主たる債務者Sが法人であって，個人保証人Bが当該法人の実質的なオーナーである，いわゆる「経営者」である場合を，公正証書ルールの適用除外とした。実社会では中小企業への事業資金の貸付けの際に経営者を保証人とし，さらに住居なども担保に押さえておくことで，経営者が野放図な経営に走らないよう箍をはめる取引が多く行われている。そうした取引は一般に「経営者保証」と呼ばれ，金融機関は経営を規律付けるスキームとして合理性があると主張し，規制の対象から外すよう繰り返し求めてきた。改正法は結局，経営者保証を個人保証規制の適用除外とする決断をしたが，その除外範囲は厳格に条文の文言により画される。465条の9第3号は主たる債務者が個人である場合のその共同事業者や配偶者が保証人になる場合を規定しており，後者は経営と家計が未分離となりがちな日本の中小企業の経営実態に配慮するものである（一問一答（債権）155頁）。ただし，「事業に現に従事している」との絞りは厳格に解し，経営者一家の生活に配慮する必要がある。

主たる債務者SがBに委託して保証人となってもらう場合には，Bが適正なリスク判断をできるようSに情報提供義務が課される（465条の10）。Sがこの義務に反した場合，保証人Bは債権者Gとの間の保証契約を取り消すことができる（2項）。この構図は第三者の詐欺（96条2項）に類比される。

2　保証人の地位

(1) 保証契約の内容

保証契約の内容は，主たる債務と同内容の給付を債権者に行うことである（446条1項）。保証の範囲は主たる債務の元本の他，利息，違約金，損害賠償その他その債務に従たるすべてのものを包含する（447条1項）。解釈を要する問題を次に2つ挙げる。

①一部保証

「100万円の主たる債務のうち，30万円分を保証する」との保証契約は有効であるが，債権者Gが主たる債務者Sから30万円を弁済された場合，保

証人Bは，ⓐGが最低限30万円を受領できることを保証したものと見て解放されるか，ⓑ30万円を上限とする債務を保証したものと見てなお義務を負うか，上記の契約文言だけでは明確でない。さらに状況によっていくつか解釈のパターンが考えられるが，いずれにしても当事者の意思次第である。いずれか明らかでない場合にはⓑと解釈するのが多数説である（我妻467頁，中田・債権総論490頁）。Bは30万円の支払は覚悟しているはずで，多数説が妥当と解する。

②解除による原状回復義務

主たる債務者が債務不履行に陥り解除されて原状回復義務を負った場合，それは保証債務の対象となるか。447条1項は「その債務に従たるすべて」を保証の範囲とするが，これに含まれるかが問題となる。判例は当初は解除によって保証債務は付従消滅（後記）するとしていたが，最大判昭和40年6月30日民集19巻4号1143頁【百選Ⅱ22事件】はそれまでの扱いを覆し，「特定物の売買における売主のための保証においては，通常，その契約から直接に生ずる売主の債務につき保証人が自ら履行の責に任ずるというよりも，むしろ，売主の債務不履行に基因して売主が買主に対し負担することあるべき債務につき責に任ずる趣旨でなされるものと解するのが相当であるから，保証人は，債務不履行により売主が買主に対し負担する損害賠償義務についてはもちろん，特に反対の意思表示のないかぎり，売主の債務不履行により契約が解除された場合における原状回復義務についても保証の責に任ずるものと認めるのを相当とする。」とした。決め手となるのは，どこまでの債務を保証するかについての保証契約の解釈である。昭和40年判決は原則として保証人の債務不履行責任をも対象とするとしつつ，「特に反対の意思表示」があれば保証の対象から外すことを留保した。このように保証契約の解釈によって保証の対象が決まることからすると，原状回復債務の発生原因が債務不履行解除であるか合意解除であるかは決定的ではないようにも見える。しかし，最判昭和47年3月23日民集26巻2号274頁は，「請負契約が注文主と請負人との間において合意解除され，その際請負人が注文主に対し既に受領した前払金を返還することを約したとしても，請負人の保証人が，当然に，右債務につきその責に任ずべきものではない。」としてこの予想と

異なる判断を示した。判決はその理由を，「けだし，そうでないとすれば，保証人の関知しない合意解除の当事者の意思によって，保証人に過大な責任を負担させる結果になるおそれがあり，必ずしも保証人の意思にそうものではないからである。」と説明する。ただ，「しかしながら，工事代金の前払を受ける請負人のための保証は，特段の事情の存しないかぎり，請負人の債務不履行に基づき請負契約が解除権の行使によって解除された結果請負人の負担することあるべき前払金返還債務についても，少なくとも請負契約上前払すべきものと定められた金額の限度においては，保証する趣旨でなされるものと解しえられるのであるから（最高裁昭和38年（オ）第1294号昭和40年6月30日大法廷判決民集19巻4号1143頁参照），請負契約が合意解除され，その際請負人が注文主に対し，請負契約上前払すべきものと定められた金額の範囲内において，前払金返還債務を負担することを約した場合においても，右合意解除が請負人の債務不履行に基づくものであり，かつ，右約定の債務が実質的にみて解除権の行使による解除によって負担すべき請負人の前払金返還債務より重いものではないと認められるときは，請負人の保証人は，特段の事情の存しないかぎり，右約定の債務についても，その責に任ずべきものと解するのを相当とする。けだし，このような場合においては，保証人の責任が過大に失することがなく，また保証人の通常の意思に反するものでもないからである。」として，合意解除の形式であっても実質は債務不履行解除としてされた場合は，なお保証範囲と解した。

　債務不履行責任も保証の対象となるということは，主たる債務者Sの履行状況次第で遅延損害金など保証人Bの責任が加算される可能性があるということである。Bは自らの責任の範囲を把握するため，Sに随時問い合わせて履行・財産状況を確認する必要があるが，Sが常に正直に現状を明らかにするとは限らず，債権者Gに問い合わせてもSの個人情報の開示には限界がある。そこで，改正法は委託を受けた保証の場合（458条の2）と主たる債務の期限の利益が喪失した場合（458条の3）に，GにSの履行状況に関する情報提供義務を課すことで保証人の保護を拡充した。履行状況は主たる債務者Sのプライバシーにも関わるが，自身が保証を委託をしていた場合や期限の利益を喪失した危機状況であれば，財産状況をある程度開示されてもやむを

2　保証人の地位　　157

得ないと考えられるからである（一問一答（債権）132頁）。

(2) 付従性・補充性・随伴性

保証債務は主たる債務者が債務を履行できない場合に備えることを目的とするので，その目的から保証債務には次の3つの性質が認められる。「付従性」は，保証債務は主たる債務の内容よりも重くなることはないとするものである。「補充性」は，保証債務の履行は主たる債務が履行されない場合に限定されるとするものである。「随伴性」は，主たる債務が移転する場合には保証債務も移転するというものであり，担保物権の性質でもある。以下では，特に解釈を要する付従性と補充性について見ていく。

①付従性の基本

付従性は，ⓐ成立，ⓑ内容，ⓒ消滅の3つの場面に分けて説明されるのが一般的である。

ⓐ「成立上の付従性」とは，保証債務は主たる債務の存在を前提とするので，主債務が不成立・無効なら，保証債務も成立しない，とする性質である。449条が例外を定めており，保証人が保証契約の締結時に主債務が取り消され得るものであることを知ってあえて契約したなら，独立して債務を負担する意思があると解釈されても仕方ない，とするものである。ただし，例外であるので他の場面に同条を拡張して解釈することは許されない。

ⓑ「内容上の付従性」とは，保証債務の内容は主債務より重くされないとする性質であり，448条が明文で定めている。

ⓒ「消滅上の付従性」は，主たる債務が消滅すれば，併せて保証債務も消滅する性質である。主たる債務に相殺，取消し，解除などの抗弁が付着している場合，主たる債務者がそれらを行使すれば，消滅上の付従性によって保証債務も消滅する。ただし，解除から生じる原状回復債務が保証の範囲に入るかは保証契約の解釈の問題である（上記(1)②）。

主たる債務者Sが抗弁を行使する前に保証人Bが請求を受けると，いずれは消滅するだろう債務を，たまたま請求を受けた順序次第で履行することになり不公平であるので，Bは履行拒絶権を行使できる（457条2項，3項）。これに対し，Sの死亡の場面では消滅上の付従性は働かない。主たる債務は

相続されて消滅しないからである。さらに，Sが破産免責されても保証債務は消滅しない（破253条2項）。保証は主たる債務者が破産したときに備えてするものだからである。ただし，次のことに注意を要する。Sが法人であると破産手続開始決定により解散し消滅するが（会471条5号など法人の根拠法を参照），Sが解散会社となった場合でも保証債務は残る（大判大正11年7月17日民集1巻460頁）。

②付従性の応用——主たる債務の消滅時効

主たる債務者Sについて消滅時効期間が経過して時効が完成し，Sが時効を援用すれば（145条），主たる債務は消滅し保証債務も付従して消滅する。さらに，消滅時効の援用権者は債務者本人に限らず時効援用につき正当な利益を有する者にまで拡張されているので（145条括弧書），保証人Bも主たる債務の時効完成を援用できる。この場合，時効の援用をするのはBであるが，それによって消滅するのはあくまで主たる債務であり，それに付従して保証債務も消滅するのである。

主たる債務者が時効期間進行中に債務を承認（152条）し時効期間が更新された場合，主たる債務の時効の完成猶予・更新の効力は保証人にも及ぶと457条1項が規定している。同項の効果を付従性の帰結と解するか否かにつき判例・学説に争いがあるが，否定と解する。付従性はあくまで主たる債務以上に保証債務の内容は加重されないことを趣旨とし，主たる債務の時効期間が延長される場合は保証人にはその影響は及ばず保証人との関係では主たる債務の時効はそのまま完成するというのが付従性の素直な帰結だからである。457条1項は，債権者Gが時効の進行を止めたい場合に主たる債務者Sから承認を取り付けても保証人Bは無影響としたのでは保証債務の時効消滅を止める術がなくなり不都合であるので，債権者に配慮して特別に定められた規定である（中田・債権総論498頁）。

③補充性——保証と連帯保証

保証人Bには，債権者Gから履行を請求されても，①先に主たる債務者Sに履行を請求するよう求める催告の抗弁（452条）と，②Sに強制執行をかけるよう求める検索の抗弁（453条）が与えられている。①催告の抗弁は，裁判外で一度でもSへの催告があれば阻却されるので保証人保護の度合いは

弱い。それに対し，②検索の抗弁を阻却するにはSの責任財産不足の証明が必要となるので，保証債務の履行請求に対する強力な制約となる。しかし，連帯の特約が結ばれると①②の抗弁が外れ，補充性のない保証となる。これを連帯保証という（454条）。ただし，連帯保証は補充性を外すものであって，付従性は残る。

3　根保証

(1) 根保証とは

根保証とは，「一定の範囲に属する不特定の債務を主たる債務とする保証」である（465条の2第1項）。例えば，銀行Gが中小企業Sに一定の事業の範囲内で貸付と返済を繰り返す取引を行いBが保証人となった場合，主たる債務の額は決済期限まで増減して定まらない。保証債務の付従性からすると主たる債務の消滅によって保証債務も縮減するし，追加融資には別個の保証契約の締結を要するが，それでは迅速な金融取引に適さない。根保証は以上の制約を外すために実務上編み出された取引方法であるが，不特定の債務の保証の効力をそのまま認めてしまうと保証人の負担が過大になる。そこで，465条の2以下が根保証を規制しているが，あらゆる種類の根保証を網羅するものではない。根保証取引は民法の規定がないまま普及した経緯があり，規制が漸進的にしか実現していない。

(2) 個人根保証契約

465条の2から465条の4は，根保証のうち保証人が個人である「個人根保証契約」のみを規制の対象としている。個人根保証契約では，「極度額」を定めて（465条の2第2項），書面に記載すること（3項）を要する。「極度額」とは，例えば1000万円の融資枠などその範囲だけが保証される額である。

根保証取引が続く間は極度額の範囲内で保証額は流動して不特定であるので，債権者が保証債務を請求するためには元本を確定させる必要がある。主たる債務に金銭の貸渡しか手形割引という融資取引で発生する債務（「貸金等債務」）が含まれる場合，5年以内の「元本確定期日」が定められ（465条の3

第1項），定めがなければ3年で元本が確定する（2項）。この規制は主たる債務に貸金等債務を含む場合だけにかかり，主たる債務が賃料債務や継続的売買の代金債務だけの場合は適用されない。元本確定「期日」でなく元本確定「事由」によって元本が確定する場合があり，個人根保証契約一般について465条の4第1項，個人貸金等根保証契約について2項が規定している。2項の事由が貸金等債務に限定されているのは，賃貸借契約や継続的売買契約はSに強制執行や破産手続が開始しても続くことが多いので，融資取引と異なって根保証も継続させる必要があるためとされる（部会資料70A・3頁）。

　法人根保証には条文の規制がない。保証の情誼性・軽率性から保護すべき個人のための規制が優先し，法人は相対的に自らリスクに対処できると考えられたからである。これに対し，法人保証人が求償権を個人に保証させる場合（求償保証）は，求償保証人が範囲の不特定な主たる債務の求償を受けて個人根保証規制の潜脱となり得るので，極度額の定めを要し（465条の5第1項），主たる債務が貸金等根保証であれば元本確定期日の規制を受ける（2項）。

(3) 根保証における随伴性

　元本確定前の主たる債務の一部を債権者が第三者に債権譲渡した場合に，譲渡された債権まで保証人が随伴して保証するのか条文は明らかにしていない。最判平成24年12月14日民集66巻12号3559頁【百選Ⅱ24事件】は，「根保証契約を締結した当事者は，通常，主たる債務の範囲に含まれる個別の債務が発生すれば保証人がこれをその都度保証し，当該債務の弁済期が到来すれば，当該根保証契約に定める元本確定期日〔…〕前であっても，保証人に対してその保証債務の履行を求めることができるものとして契約を締結し，被保証債権が譲渡された場合には保証債権もこれに随伴して移転することを前提としているものと解するのが合理的である。そうすると，被保証債権を譲り受けた者は，その譲渡が当該根保証契約に定める元本確定期日前にされた場合であっても，当該根保証契約の当事者間において被保証債権の譲受人の請求を妨げるような別段の合意がない限り，保証人に対し，保証債務の履行を求めることができるというべきである。」として，随伴性を原則として肯定した。根抵当権は元本が確定しないと随伴移転しないと法定さ

3　根保証　　161

れている（398条の7）のと対照的である。

4　継続的保証

保証契約の期間が長期に及ぶ場合について特則はないが，保証人の責任が契約締結当初の想定を超えて過大になりがちであり，「保証人の解約告知権」によって保証人に契約解消の機会を認める判例法理が確立している（大判大正14年10月28日民集4巻656頁など）。①期限の定めのない継続的債権関係の保証人は，賃貸借契約の617条，雇用契約の627条など継続的契約に関する規定の趣旨が参照され，契約後相当期間の経過によって一方的に解約することができるとされる（「任意解約権」）。さらに，②期限の定めの有無を問わず，主たる債務者の資産状態が著しく悪化したなど保証人を拘束することが信義則に反することとなった場合は直ちに解約できる（「特別解約権」）。

以上に対し，賃貸借契約の保証の場合，継続的保証ではあるが額が定まっており保証人保護の必要性はやや下がる。それでも賃貸人が賃料不払を漫然と放置しながら保証人に請求してきたような場面では解約告知権を得ることがある（大判昭和8年4月6日民集12巻791頁）。また，雇用関係上の被用者の損害賠償債務に関する保証人（身元保証人）については1933年制定の身元保証法による規制が重要である。

（吉原　知志）

13 保証人の求償権

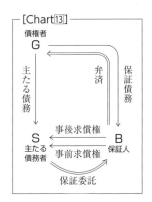

1 民法上の求償権の規定

保証人Bが保証債務を履行すれば，主たる債務者Sに対して求償権を取得する。保証債務は主たる債務を肩代わりして支払うもので，最終的な負担者はSだからである。SとBの関係は保証債務の成立には影響しなかったが，求償権の内容に作用する。459条は主たる債務者から委託を受けた保証人の求償権を定め，462条は委託を受けない保証人の求償権を定めている。

(1) 委託を受けた保証人

委託を受けた保証人Bが保証債務を履行するのは，Bと主たる債務者Sとの間で結ばれた保証委託契約の履行行為に当たる。保証委託契約は保証債務を負担して履行する事務処理を内容とする契約であって準委任契約（656条）に当たるので，保証債務を履行したBはSに対して費用償還請求権（650条1項）を有する。459条は，これを保証の場面に即して明文化したものであり，Bは「支出した財産の額」（1項）と利息・費用・遅延損害金（2項）を請求することができる（求償特約の効力について14）。かかった費用の償還と考え

れば求償範囲として当たり前のようにも見えるが，委託を受けた保証であっても期限前弁済をした場合には求償範囲が「その当時利益を受けた限度」に限定されること（459条の2第1項）と対比すると自明でない。保証債務はSが支払えない場合に履行されることが予定されているので，裏から見ると，Sは履行期になるまでBに勝手に弁済されないとの期待をもつ。この期待に反してBが期限前弁済をしてしまうと，Sが相殺などでやりくりしようとしていた期待が害される。そこで，Bが期限前弁済をした場合は，求償できる範囲が限定されて利息・遅延損害金は請求できず，相殺の対抗も受けるのである（459条の2第1項後段）。

(2) 委託を受けない保証人

委託を受けない保証人の弁済は，上述の委託を受けた保証人の期限前弁済と同様，主たる債務者の知らない間にされて履行の見通しが害されるおそれがある。そこで，主たる債務者の意思に反しないでされた場合であっても，その求償範囲は期限前弁済の場合と同様「その当時利益を受けた限度」（462条1項）に限定される。したがって，委託を受けない保証人Bの弁済時に主たる債務者Sが債権者Gに反対債権を有していれば，求償時に相殺の対抗を受ける。Sの意思に反してされた場合にはさらに求償範囲が絞られ，求償時点で「現に利益を受けている限度」に限られる（2項）。したがって，SがBの弁済後にGに対する反対債権を取得したとしても，Bは相殺の対抗を受けることになる（同項後段）。いずれも利息・費用・遅延損害金を伴わない。

なお，保証人Bが弁済するにあたっては，連帯債務の場面と同様，二重弁済を回避するため主たる債務者Sに「事前の通知」をし（463条1項），反対に，Sが弁済した際はBに「事後の通知」をしなければならない（2項）。Bが前者の通知を怠った場合，または保証がSの意思に反していた場合において，Sが二重弁済をしてしまったときは，Sの弁済の方を有効とする（3項）。Sが弁済をする際には「事前の通知」が規定されていないが，主たる債務者から保証人に対する求償が生じない以上，当然のことである。

2　事前求償権

(1) 制度の概要

　1で見たのは，保証人が保証債務を履行し主たる債務者に免責を得させることで取得するもので，我々の「求償」のイメージに馴染むものである。このように保証人が弁済後に取得する求償権を「事後求償権」と呼ぶ。これに対して，460条は委託を受けた保証人に限り，弁済前から行使できる「事前求償権」も付与している。保証債務を履行する前から「求償」ができることには違和感があるだろうが，一方，主債務者が破産（1号）や履行遅滞（2号）に陥る場面では，求償の引当てとなる財産が散逸し求償権が確保できなくなる蓋然性が著しく高まり，他方，保証人が給付判決を受ける場面（3号）は保証人に具体的に履行の危険が差し迫る状況であって，委託を受けた保証人に求償不奏効のリスクを負担させないために，事前求償権の必要性が基礎付けられる。事前求償権は委任費用の前払請求権（649条）とされるが，行使の場面を上記各号に限定する点で460条は649条の特則に当たる。

　事前求償権を認めると，保証人Bが事前求償権の行使として金銭を受領した場合に，Bがそれを保証債務の履行に使わず費消してしまうリスクが生じる。B自身に悪気がなくても倒産するリスクもある。そこで，事前求償を履行した主たる債務者Sは，Bに対して保証人としての義務を果たすよう免責行為や担保供与を請求できるとされる（461条1項）。あるいは逆に，事前求償の請求を受けたSは，供託，担保提供，免責行為によって求償金の支払に代えることも認められている（2項）。2項は，Sに，Bの費消リスクに対処するための抗弁権を付与した規定と解釈されている。

(2) 事前求償権と事後求償権は別箇独立の権利か否か

　最判昭和34年6月25日民集13巻6号810頁は，保証人が将来発生する「事後」求償権のために根抵当権の設定を受けていた場合に，保証債務が未履行のまま先順位根抵当権者により根抵当権の実行がされても，「事前」求償権によって配当要求（昭和54年の民事執行法制定後であれば，50条1項の債権届出）をできるとした。つまり，事後求償権を担保する根抵当権について，事

前求償権による権利行使を認めたことになる。判決理由は簡素で求償権の理解を明確に述べないが，事後求償権と事前求償権は本質を同じくする1個の権利であることを前提としていると読むのが素直である。学説でも1個説は有力に主張されているが，その論拠は，事前求償権も事後求償権も「求償」を求める権利という点で共通しており，別箇の権利と見てしまうと，片方が履行されて消滅しても他方が残存するなど不自然な事態が生じてしまう，というものである。しかし，最判昭和60年2月12日民集39巻1号89頁は，事前求償権の消滅時効が完成した場合に事後求償権についても時効が完成して行使し得なくなるか否かが争点となった事案で，上記の推論と異なる判断を示した。事案は，昭和51年7月3日に主たる債務者Sに手形交換所取引停止処分があって保証人Bは特約による「事前」求償権を取得したが，これは行使されないまま昭和56年7月4日の経過によって時効が完成した（改正前商法522条の5年の商事時効）。しかし，昭和52年2月18日にはBは弁済をして「事後」求償権を得ており，Bがこの事後求償権の請求をしたところ，Sから消滅時効の援用がされ，その当否をめぐって争われた。最高裁は，事後求償権は「免責行為をしたときに発生し，かつ，その行使が可能となるものであるから，その消滅時効は，委託を受けた保証人が免責行為をした時から進行するものと解すべきであり，このことは，委託を受けた保証人が，〔…〕主たる債務者に対して免責行為前に求償をしうる権利（以下「事前求償権」という。）を取得したときであっても異なるものではない。」とした。つまり，消滅時効の起算点は免責行為のあった昭和52年2月18日であるから，なお事後求償権の時効は完成していないとしたのである。その理由は，「けだし，事前求償権は事後求償権とその発生要件を異にするものであることは前示のところから明らかであるうえ，事前求償権については，事後求償権については認められない抗弁が付着し，また，消滅原因が規定されている（同法461条参照）ことに照らすと，両者は別個の権利であり，その法的性質も異なるものというべきであり，したがって，委託を受けた保証人が，事前求償権を取得しこれを行使することができたからといって，事後求償権を取得しこれを行使しうることとなるとはいえないからである。」とされている。

昭和60年判決ははっきりと事前求償権と事後求償権は「別箇の権利」と

述べており，判例を1個説とする理解は採り得ない。ただし，昭和60年判決は昭和34年判決を覆したのかと言えば，そう解する必然性も乏しい。昭和34年判決は求償債権につき担保の設定を受けた保証人が事前求償権の存在をもって配当金の受領権を確保できるとしたものであり，結論自体に異論は少ない（配当金は供託に回すこととしてもよいだろう。林良平『金融法論集』（有信堂，1989年）309頁）。昭和60年判決が，事前求償権が時効消滅したからといって保証人が弁済をすればその事後の求償は影響を受けずできるとした結論もまた同様に正当である。したがって，判例は2つの求償権を別箇の権利と解しつつ，問題となる場面ごとに影響関係を考えていると解される。

(3) 事前求償権と事後求償権の間の影響関係

　最判平成27年2月17日民集69巻1号1頁は次のような事案である。主たる債務者Sが履行遅滞に陥り，平成6年8月12日に保証人Bが事前求償権を被保全債権とする不動産仮差押命令・仮差押登記を得た後に，結局平成11年11月18日にBが保証債務を履行して事後求償権を得たという経緯の下，平成22年12月24日にBが求償訴訟を提起したので，Sが「事後」求償権は弁済日から5年以上経過し消滅時効が完成したとして時効を援用した。これに対し，Bは「事前」求償権を被保全債権とする仮差押えによる時効中断（改正法では149条1号の完成猶予事由だが，仮差押えが終了して6箇月が経過しないと時効が完成しないので同様）の効力は「事後」求償権にも及び，仮差押えの効力が続く限り時効は完成していないとして争った事案である。最高裁は，「事前求償権を被保全債権とする仮差押えは，事後求償権の消滅時効をも中断する効力を有するものと解するのが相当である。」。なぜなら，「事前求償権は，事後求償権と別個の権利ではあるものの（最高裁昭和59年（オ）第885号同60年2月12日第三小法廷判決・民集39巻1号89頁参照），事後求償権を確保するために認められた権利であるという関係にあるから，委託を受けた保証人が事前求償権を被保全債権とする仮差押えをすれば，事後求償権についても権利を行使しているのと同等のものとして評価することができる。また，上記のような事前求償権と事後求償権との関係に鑑みれば，委託を受けた保証人が事前求償権を被保全債権とする仮差押えをした場合であっても

民法459条1項後段所定の行為〔改正法459条1項の保証人のする免責行為〕をした後に改めて事後求償権について消滅時効の中断の措置をとらなければならないとすることは，当事者の合理的な意思ないし期待に反し相当でない。」として保証人の主張を認めた。判決も述べるとおり，事前求償権と事後求償権が別箇の権利であるならば，事前求償権についての時効障害効は事後求償権の時効に影響しないことが素直な帰結であるが，判決は事前求償権の権利行使が「事後求償権についても権利を行使しているのと同等のものとして評価することができる」として影響関係を認めた。このように2つの求償権を別箇の権利と見つつ事前求償権の行使を事後求償権の行使と同視するのは，事前求償権があくまで事後求償を確実ならしめるための手段的な権利であるとする見方が背後にあると見られる。すなわち，事前求償権の目的は，保証人が金銭を受領すること自体ではなく，事後求償権の実効性を失わせないことを本質とする。このような見方は，後出の「弁済による代位」の箇所 ⑭ で登場する，原債権の求償権に対する付従的性質に類比し得る。弁済による代位では，弁済者に移転した原債権は求償権を補強する位置付けにある。そのように考えれば，本件の事前求償権行使による時効中断の措置は，言わば事後求償権の保全行為と位置付けられ，前出・昭和34年判決の事前求償権に基づく配当受領に類比し得る。

　以上に見た事前求償権の性質は，純粋な金銭債権というより委託を受けた保証人に求償を確保させるための特殊な権利と言った方が精確である。元々，事前求償権制度の沿革は純粋の金銭債権ではなく，保証人が保証債務から解放させることを求める権利（免責行為請求権，担保供与請求権などと称される）とされる。ドイツ法は条文上もこの理解であり（ドイツ民法775条），明治時代に事前求償権を金銭債権として定めるにあたって参照されたフランス法では，規定上は金銭債権のようだが（フランス民法2309条），運用上は純粋の金銭債権と扱われていないことが明らかにされている（國井和郎「事前求償権と事後求償権」金融法資料編(3)62頁（1987年），同「フランス法における支払前の求償権に関する一考察」阪法145=146号245頁（1988年））。事前求償権は，保証人に必要以上の負担をかけさせないとする保証委託契約の趣旨に根差す以上，ドイツやフランスの状況が示すとおり，金銭債権と解する必然性はない。しか

し，日本では，償還請求を受けた主たる債務者が供託等による引換給付の抗弁を提出できると定める461条があり，同条は事前求償権を金銭債権とする前提で規定されていると解釈するのが素直である以上，体系的解釈としては事前求償権を金銭債権と解さざるをえない。しかし，事前求償権を駆使して事後求償権を保全する必要がある場面では本来の役割を発揮し，上記の諸判例はそのような性質を認めたものと評価できる。

3　求償権の解釈問題

以上の求償権規定の解釈を元に，2つのやや難しい問題に立ち入って検討を深めてみたい。

(1) 事後求償権の発生時期

最判平成24年5月28日民集66巻7号3123頁は，事後求償権の発生時期が争点となった重要判決である。

債権者G，主たる債務者としてS社ら複数，保証人Bがいる。S社らに破産手続が開始して破産管財人Xが就任し（Ⅰ①3参照），Xは，S社らがBに対してもっていた預金債権αの払戻請求をし，Bはそれに対して破産手続開始後にGに保証債務βを履行して取得したS社らに対する事後求償権γとの相殺を主張した。この相殺の可否が本件の争点である。S社らはB銀行に普通預金・当座預金の口座があったが，破産手続開始前にB銀行はS社の取引先であるGから依頼を受けてS社らの負う売掛代金・手形債務δについて委託を受けないで保証人となった経緯がある（Bが無委託保証人であることが判決で重視される）。B銀行は，元々事後求償権γの回収を預金債務αとの相殺によって行うことを期待していた。本件は，倒産手続の解釈問題も重要だが，ここでは求償権の発生時期と相殺の可否の問題に絞って検討する。

最高裁は，無委託保証人が手続開始後に弁済して取得した事後求償権γは破産債権であるとした上で，破産法67条は破産債権について相殺の担保的機能（Ⅱ⑥）を認める規定であるから，Bの事後求償権γについても破産債権とされた以上，相殺の可能性が認められるとする。破産債権とは「破産者

に対し破産手続開始前の原因に基づいて生じた財産上の請求権」（破2条5項）のことであり，本来は破産財団のみを引当てとして配当を受ける権利であるが（①①3⑶），相殺には担保的機能があるから一定の範囲で破産債権に相殺による優先的回収を認めても「債権者間の公平・平等な扱いを基本原則とする破産制度の趣旨に反するものではない」というのである。ただし，債権者間の公平・平等という趣旨から破産法71条，72条が相殺権の制限を規定しており，本件では破産手続開始後に取得した破産債権による相殺を禁じる破産法72条1項1号の相殺禁止が問題となる（条文自体は「他人の」破産債権の取得を問題としているので，債権の手続開始後「発生」を問題とする本件では類推適用である）。以上の破産債権の解釈に関する判示を前提に，最高裁は事後求償権の発生を次のように解釈して本件での相殺を認めなかった。「破産者に対して債務を負担する者が，破産手続開始前に債務者である破産者の委託を受けて保証契約を締結し，同手続開始後に弁済をして求償権を取得した場合には，この求償権を自働債権とする相殺は，破産債権についての債権者の公平・平等な扱いを基本原則とする破産手続の下においても，他の破産債権者が容認すべきものであり，同相殺に対する期待は，破産法67条によって保護される合理的なものである。しかし，無委託保証人が破産者の破産手続開始前に締結した保証契約に基づき同手続開始後に弁済をして求償権を取得した場合についてみると，この求償権を自働債権とする相殺を認めることは，破産者の意思や法定の原因とは無関係に破産手続において優先的に取り扱われる債権が作出されることを認めるに等しいものということができ，この場合における相殺に対する期待を，委託を受けて保証契約を締結した場合と同様に解することは困難というべきである。」「そして，無委託保証人が上記の求償権を自働債権としてする相殺は，破産手続開始後に，破産者の意思に基づくことなく破産手続上破産債権を行使する者が入れ替わった結果相殺適状が生ずる点において，破産者に対して債務を負担する者が，破産手続開始後に他人の債権を譲り受けて相殺適状を作出した上同債権を自働債権としてする相殺に類似し，破産債権についての債権者の公平・平等な扱いを基本原則とする破産手続上許容し難い点において，破産法72条1項1号が禁ずる相殺と異なるところはない。」「そうすると，無委託保証人が主たる債務者の破産手

170　Ⅴ　弁済に関与する複数の当事者——⑬　保証人の求償権

続開始前に締結した保証契約に基づき同手続開始後に弁済をした場合におい
て，保証人が取得する求償権を自働債権とし，主たる債務者である破産者が
保証人に対して有する債権を受働債権とする相殺は，破産法72条１項１
号の類推適用により許されないと解するのが相当である。」。

　本判決は「破産者の意思や法定の原因とは無関係に破産手続において優先
的に取り扱われる債権が作出されること」を問題視しており，本件のＢが無
委託保証人であってＳらの委託がなかったことを重視している。無委託保証
人であってもＧＢ間の保証契約の締結によって保証債務は発生しており，抽
象的にはＳに対する事後求償権も発生していると考えることができる。そう
だとすれば，相殺の合理的期待が全くなかったとするのは行き過ぎではない
かとも考えられるが，その疑問に対しては千葉勝美裁判官の補足意見が次の
ように応答する。「委託保証契約と無委託保証契約との違いは，前者は，債
務者の関与・意思によりされるものであり，契約締結によって一定の場合事
前求償権が発生している点からみても，債務者が与信の付与のために望んだ
ものであり，将来，必要が生ずれば相殺処理を想定したものでもあって，一
種の担保的機能を債務者が容認したものといえる。」「ところが，後者の無委
託保証契約では，そもそも事前求償権は生ぜず，一定の条件が整った場合に
事後求償権が生ずるだけであり，前記のとおり，主債務者の関与していない
領域の出来事であり，債務者が自己の責任の及ぶことを自覚している経済活
動とは評価できないものであるから，債務者にとっては，結果的に自己の利
益になることはあっても，将来必要が生ずれば相殺処理されることを想定し
ていたり，担保的機能を初めから容認しているとはいえず，その点で他の破
産債権者も，これを容認せざるを得ないものとは考えないというべきであ
る。」。この補足意見で注目すべきは，事前求償権を伴う委託保証と，それが
ない無委託保証とが対比されていることである。事前求償権は上に見たよう
に事後求償権を保全する権利であり，求償権の確保を図るためには，民法が
用意した委託保証という方法による必要がある。求償債権の相殺可能性の保
全も同様である。そして，実質的に見ても，無委託保証の履行による事後求
償権の取得は，手続開始前の債権譲渡契約に基づく手続開始後の債権譲渡の
効力発生と状況が近いことを考えると，債権譲渡を破産管財人に対抗しよう

3　求償権の解釈問題　　171

と思えば手続開始前に主たる債務者に対する通知・承諾による対抗要件（467条）を要するのであるから，ここでも手続開始前に主たる債務者から委託を受けておくことが整合的と言え，判決の結論は相当である。

(2) 物上保証人の事前求償権

物上保証人は，他人の債務のために自らの財産に担保権を設定した者である。GがSに貸し付けるに際し，Eが自らの所有地・甲に抵当権を設定した例を考える（記号は，ドイツ語の所有者 Eigentümer に由来）。Sが債務を履行しない場合に自らの財産で肩代わりする点は保証人と類似するが，保証人は自らの責任財産を引当てとする「債務」を負うのに対し，物上保証人は債務を負わず提供した担保財産の限りで「責任」のみを負い（物的有限責任），その負担は「債務なき責任」と呼ばれる。

保証と物上保証の以上の違いに対応して求償の規律も異なる。物上保証人Eが担保権の実行を受けるとSに対して事後求償権を得ることが351条（質権），372条（抵当権）に規定されているが，EがSから委託を受けて物上保証人となっていたとしても，物上保証人については「弁済し，又は〔…〕所有権を失ったとき」（351条）の求償権しか定めがなく，事前求償権の規定がない。そこで，担保権の実行を受ける危険が高まったEが，Sに対して事前求償権を行使できないままでよいのかが問題となった。

最判平成2年12月18日民集44巻9号1686頁は，「債務者の委託を受けてその者の債務を担保するため抵当権を設定した者（物上保証人）は，被担保債権の弁済期が到来したとしても，債務者に対してあらかじめ求償権を行使することはできないと解するのが相当である。」とする。理由として，「けだし，〔①〕抵当権については，民法372条の規定によって同法351条の規定が準用されるので，物上保証人が右債務を弁済し，又は抵当権の実行により右債務が消滅した場合には，物上保証人は債務者に対して求償権を取得し，その求償の範囲については保証債務に関する規定が準用されることになるが，右規定が債務者に対してあらかじめ求償権を行使することを許容する根拠となるものではなく，他にこれを許容する根拠となる規定もないからである。」として根拠規定がないことを挙げる。続いて「なお」として，実質

的な根拠が示される。すなわち，「〔②〕保証の委託とは，主債務者が債務の履行をしない場合に，受託者において右債務の履行をする責に任ずることを内容とする契約を受託者と債権者との間において締結することについて主債務者が受託者に委任することであるから，受託者が右委任に従った保証をしたときには，受託者は自ら保証債務を負担することになり，保証債務の弁済は右委任に係る事務処理により生ずる負担であるということができる。これに対して，物上保証の委託は，物権設定行為の委任にすぎず，債務負担行為の委任ではないから，受託者が右委任に従って抵当権を設定したとしても，受託者は抵当不動産の価額の限度で責任を負担するものにすぎず，〔③〕抵当不動産の売却代金による被担保債権の消滅の有無及びその範囲は，抵当不動産の売却代金の配当等によって確定するものであるから，求償権の範囲はもちろんその存在すらあらかじめ確定することはできず，また，抵当不動産の売却代金の配当等による被担保債権の消滅又は受託者のする被担保債権の弁済をもって委任事務の処理と解することもできないのである。したがって，物上保証人の出捐によって債務が消滅した後の求償関係に類似性があるからといって，右に説示した相違点を無視して，委託を受けた保証人の事前求償権に関する民法460条の規定を委託を受けた物上保証人に類推適用することはできないといわざるをえない。」とする。

学説の評価は分かれる。①の規定不存在の論拠は，②③の実質論次第では460条の類推適用を考えれば済むことであり，②③が重要である。②の保証と物上保証における委託内容の違いは，「債務を負う保証とそうでない物上保証」という法律形式の違いを踏まえれば最高裁の示すとおりであるが，果たして委託当事者の通常の意思が実際に法律形式の違いに沿ったものなのかが問題である。そもそも保証委託契約の内容は，保証人に保証債務を負ってもらい信用を供与してもらうことに限定されるのか，保証債務の履行を現実に行うことまで含むのか（前者の考え方では，保証債務の履行は債務を負った後始末にすぎず委託の内容ではないことになる），学説上争いがある（前者の考え方を徹底させた近時の研究として，福田誠治『保証委託の法律関係』（有斐閣，2010年）がある）。物上保証についても，物上保証人が第三者弁済（⑭）をすることまで考慮に入れれば，担保権の設定行為だけでなく後者の考え方のように債務の履行ま

3　求償権の解釈問題　　173

で含むと解することは荒唐無稽ではない。さらに進んで何らかの「物上債務」（鈴木禄弥「『債務なき責任』について」法学47巻3号1頁（1983年）参照）が観念できるとすれば，保証との違いは薄まり，事前求償権を否定する法律形式上の必然性はなくなる。③の，求償範囲が担保権の実行までされないと決まらないという問題は，裁判所実務上の技術的な制約と言えるが，事前に担保物の価値から概算で償還しておき後で清算する方法も考えられるとの指摘がある（山野目章夫「物上保証人の事前求償権」判タ811号26頁（1993年））。以上の議論を踏まえると，判決の解釈は必然的なものではない。

　求償に関する規定はいずれも任意規定であって，EとSの間で事前に求償金額の算定方法などを決めておいて事前求償権を付与する特約をすることまでが否定されているわけではない。このことを含めて考えると，平成2年判決の帰結に固執する必要性は大きくはない。Eに交付された金銭が免責行為に用いられる保障は，461条の担保供与，免責行為請求を準用して図ればよい。事前求償額の概算方法などが法定されることで立法論的に解決されるのが望ましい。

（吉原　知志）

14　第三者の弁済と弁済による代位

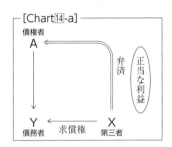

1　この項目の概要

(1)　第三者の弁済

　債務は，債務者以外の第三者も弁済することができる（474条1項）。ここでは第三者弁済を扱うが，第三者弁済に似た制度として保証（12）や物上保証（13 3(2)）がある。債務者Yが債権者Aに対して1000万円の貸金債務 a を負っているとして，①Xが保証人であれば，Xは自らの負う保証債務 β の履行として1000万円をAに支払う。これは自らの債務 β の履行であって第三者弁済ではない。②Xが物上保証人であって所有地・甲に設定した抵当権が実行されて甲の売却代金がAに配当された場合も，Xが自らの財産に設定した担保権が実行されただけであって第三者弁済ではない。Xがあくまで他人Yの債務として a の内容を履行する場合が第三者弁済であり，14の前半ではこれを検討する。

(2)　弁済による代位

　14の後半では弁済による代位を扱う。保証，物上保証，第三者弁済のいずれも，Xが自らの財産を支出し，Yに免責を得させる取引である。連帯債務や債務引受でも他人の債務の肩代わりの要素がある。Yは自らの債務を免れてトクをしているので一定の要件を満たすとXは求償権を得るが，このXの

求償権を強化して確保させる制度が「弁済による代位」である。弁済による代位が生じると，XはYへの求償にあたって，元の債権（原債権）aの効力及び担保として債権者Aが有していた一切の権利を行使することができる（501条1項）。原債権aの効力・担保により求償権βが補強され，Xは求償額を回収しやすくなる。弁済による代位は，第三者弁済だけでなく保証や物上保証など求償権が発生する場面一般で問題となる。しかし，第三者弁済と弁済による代位は関連性が深いので，ここで併せて扱う。

2 第三者弁済の要件・効果

(1)「第三者弁済」の要件

①第三者弁済有効の原則と「正当な利益」

474条1項は債務者以外の者でも弁済できることを明記する。明治時代の民法起草時には，起草委員の1人・穂積陳重から債務は「人」の要素が重要であって原則として債務者本人からの弁済以外は許すべきでないと主張され，第三者弁済否定の条文案が提案されたが，既に債権譲渡を有効とすることが決定していた以上，債権債務関係を固定する必然性はないとして反対が相次ぎ否決されている（前田編・史料461-464頁［松岡久和］）。したがって，第三者弁済は原則有効であるが，それでも第三者が無制限に弁済できるとしてしまうと債権債務関係に不当な介入を許すこととなるので，2項以下が例外的に第三者弁済を否定される場面を規定している。

474条2項は弁済に対して第三者に「正当な利益」があるか否かにより扱いを分け，正当な利益を有しない弁済に要件を加重している。正当な利益は曖昧な概念であるので解釈を要するところ，今回の改正前は「利害関係」という概念で同様の振分けが行われていた。利害関係は，第三者弁済有効の原則から，弁済に何らかの法律上の利害関係がある限り相当に広く認められていた。利害関係が例外的に否定されるのは，弁済者Xと債務者Yが親族や友人の関係にすぎないなど単に事実上の利害関係があるにすぎない場合とされてきたが，上の原則から親族関係すらも利害関係を認める見解もあった（前田・口述443頁）。改正法が文言を変えたのは，後出・3で見るように弁済に

よる代位の要件との接合を図るためであり，第三者弁済の成立範囲は従来の利害関係概念の下でと同様広く認められる（潮見ほか・詳解 324-325 頁［難波譲治］）。正当な利益が認められれば第三者弁済は有効である。

②「正当な利益」がない場合——債務者Ｙの意思

仮に正当な利益が認められなくても，474 条 2 項は債務者Ｙの意思に反しなければ第三者弁済は有効とする。債務者の意思が重視されるのは，①日本では，債務者が自らの義務は自ら履行して他人の恩義は受けない「武士気質（かたぎ）」の取引慣習があり，さらに，②苛烈な取立てを行う者が無理やり第三者弁済をして求償してくることを防ぐ必要があるからと説明されてきた。しかし，①民法全体から見ると，主債務者の意思に反した保証も認められ（462条 2 項。⑬ 1 ⑵)，あるいは免除が債権者の一方的意思表示ででき（519条。Ⅲ ⑤ 1 ⑵)，「武士気質」は貫徹されていない。②過酷な取立て防止も，現在では公序良俗に反するような厳しい取立てへの法規制が整備されており，「Ａは優しいがＸは怖い」というＹの思惑をどこまで法が保護すべきかは疑わしくもある（第 66 回会議議事録 44-45 頁［三上発言])。

債務者の意思を要件に組み込むことには長らく批判があり（我妻 245-246頁)，今回の改正で要件・効果の見直しが図られたが，結局断念された。当初の議論では，債務者Ｙの意思は，ＸがＹに対して求償する場面での求償範囲で考慮すれば足りるとの意見が有力化していた。債務者の意思によって弁済の効力自体が決まる従前のルールでは，弁済を受領した債権者Ａの地位がＹの意思に依存して不安定になることが問題視されていたので，求償範囲によってＸＹ間の関係を調整できるのならばこれに越したことはない。Ｘの第三者弁済がＹのための事務管理に当たれば，意思に反した事務管理者の求償権を現存利得に限る 702 条 3 項を適用でき，不当利得に当たれば，「押し付け利得の禁止」の解釈原則があり，これらは合理的な調整に見える。しかし，肝心のＸＹ間の関係が必ずしもそのように明確でないことが問題視された。⑵で見るように，ＸＹ間に常に事務管理が成立するとは限らず，不当利得の解釈論もいまだ発展の途上にあり明確でない。さらに，Ｙの意思を弁済の効力において一切考慮しないとしてしまうと，ＡがＹの親族などに対して第三者弁済を強要する懸念があり（第 87 回会議議事録 11 頁［中井発言])，債務

2 第三者弁済の要件・効果 177

者Yが望まない人物Xの介入を防ぐ配慮は捨てきれない。以上の反論があり，債務者の意思要件は存置されている。ただし，現代の取引では①の「武士気質」の意識は薄れ，②の苛烈な取立てにかかる法規制も相当に充実した。474条2項の趣旨は，改正前と異なって，③求償関係の複雑化を，第三者弁済の要件を判断する入り口段階で防ぐ考慮と見るべきだろう。

なお，474条4項は，債務の性質が許さないとき（ピアノの演奏など一身専属の給付はこれに当たる）と，第三者弁済禁止の特約があるときに第三者弁済を無効としている。これらは正当な利益の有無にかかわらない。改正前474条1項但書の内容を引き継ぐ規定である。

③債権者Aの認識と意思

474条2項但書は，正当な利益のないXが債務者Yの意思に反して弁済した場合であっても，債権者AがYの意思に反していることを知らずにそれを受領してしまえば弁済は有効とする。同条3項はさらに，そもそも正当な利益のないXの弁済が債権者Aの意思に反する場合は第三者弁済は無効と定める。Aの認識や意思を第三者弁済の効力に反映させるこれらのルールは，今回の改正で新設されたものである。

2項但書は，Xの弁済が債務者Yの意思に反しているか否かを必ずしも認識できないまま弁済を受領した債権者Aの地位を，安定させるものである。Yの一存でAが受領した弁済の効力が左右されてしまうのでは弁済が安定性を欠き，Aが不利益を被る。この懸念は民法の制定当初から存在したが放置されてきた（前田編・史料472頁［松岡久和］）。改正審議では，住宅ローンの債務者Yが行方不明で同居人Xがローン延滞を避けるため支払う場合に，金融機関AがXの弁済を受領して担保を解放した後で，Yが現れて拒絶の意思を表示して弁済が無効となるのでは，Aが一方的に不利な立場に立つとの懸念が金融機関から強く主張された（第80回会議議事録41, 43頁，同第87回会議議事録10-11頁［中原発言］）。改正法は上に見たように債務者Yの意思要件を残したので，Aの地位に配慮してAの認識次第で第三者弁済を有効と扱えるようにしたのである。

適法な第三者弁済は，債権者Aがそれを受領しないと受領遅滞（413条。Ⅱ1⑶①）の責任を発生させる。しかし，債務者Yの意思が明らかでなく，A

が弁済を受領してよいか判断がつかない場面がある。474条3項本文は，正当な利益のないＸの弁済は，そもそも債権者Ａはその意思に反してまで受領しなくてよいとすることで，Ａの地位を安定させる規定である。3項但書は，ＸがＹの履行委託を受けていて「Ｙに対して」履行義務を引き受けており（保証委託や債務引受でないので，ＸがＡに対して債務自体を負うのでないことに注意），そのことをＡが知っている場合にのみＡはＸの弁済を拒絶できないとしているが，同様の理由による。ＸＹ間の委託関係を常にＡが把握できるとは限らないから，Ａが認識している限りで受領義務を負うとしたのである。なお，Ｘ自身が履行委託を受けているのであればそもそも弁済に正当な利益があるわけだが，そのＸからさらに履行を再委託されたＸ'であると正当な利益がある場合とない場合とがあり，このような場面にも一律に対処するために3項但書が新設されたと説明されている（第92回会議議事録49頁［松尾関係官発言］。大判昭和6年12月22日新聞3365号11頁の法理の明文化）。

改正法474条はＡの認識・意思まで考慮することで，やや複雑なルールとなったことは否めない。しかし，債権者に無用のリスクを負わせない配慮がされたことは，従前の規定からは進展したと評価できるだろう。

(2) 求償権の発生

Ｘが第三者としてした弁済が適法であると，Ｙは自らの債務を免れてトク（利得）をしている。そこで，ＸはＹに対して求償権を取得しそうだが，求償権が発生するか否かはＸＹ間の法律関係次第で決まる。

まず，贈与の趣旨（549条）で第三者弁済が行われる場面では求償権は発生しない。ＸとＹが親族や友人の関係である場面の大半は，わざわざ裁判まで起こして求償をするつもりはなく，これに当たるだろう。

そうした事情がない場合であっても，求償権の成否はあくまで求償権を発生させる債権発生原因があるかどうかによって決まる。債権の発生原因は原則通り，契約か（約定債権），事務管理，不当利得その他特則の有無（法定債権）にかかる。Ｙの委託（履行引受）に基づく弁済であれば委任契約の効力（650条）として，あるいはＸが勝手に支払ったのであれば事務管理が成立する限り702条に基づき，求償権が発生する。事務管理も成立しない場合，Ｘの支

出(損失)によりYがα債務を免れる利得を得ていることからすると最低限,不当利得(703条,704条)が成立しそうにも見えるが,自明のことではない(部会資料39・7頁)。むしろ,Yに対する請求者がAからXに切り替わるという側面で見たときに,AX間の債権譲渡や保証契約と類比し得ることが重要である。改正法では,第三者弁済はAの意思に反しないことが要件とされたので(474条3項),第三者弁済が有効である限り,債権譲渡や保証契約との類似性は強まった。改正法では,第三者弁済が有効である限り求償権は上記のいずれかの形式で発生し,その範囲は類似の諸制度とのバランスで決まることになろう。なお,保証であれば459条,462条1項,2項が,物上保証であれば351条,372条が求償権の発生を定めている(13)。

3 弁済による代位の要件・効果

(1) 弁済による代位の効果——原債権移転構成

弁済による代位が何のための制度であるのかを見やすくするため,まず効果の概要から見ておく。

弁済による代位の効果を定めるのは501条であるが,条文の読み方から始めるとわかりにくいので判例・通説の「原債権移転構成」から説明する。XがYに代わって原債権αの弁済としてAに1000万円を支払うと,求償権βが発生する。それと同時にXは,消滅したはずの原債権αの移転を受ける

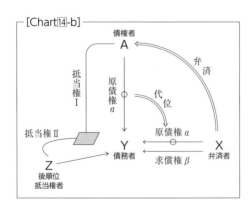

(原債権移転構成)。原債権αは弁済されたのであるから本来であれば消滅するが,そこをあえて消滅していないものと擬制して代位弁済者Xに移転すると考える。これによって,弁済をしたXはYに対して求償権βだけでなく原債権αも行使でき,原債権αの方に強力な効力や担保があれば

これを利用して優先的に債権回収を行うことができる。すなわち，弁済による代位は，求償権よりも有利な効力・担保をもつ原債権を弁済者が使えるようにして求償権を確保しやすくするための制度である。

Aとすれば，自らは弁済を受領できた以上，もっていた担保権などをXに明け渡しても不都合はなく，Yとしては元々Aによって担保権を行使される予定だったからAでなくXがそれを行使することになっても追加的な不利益は被っていない。このように利害関係者であるAとYが追加的な負担を負わないのであるから，いらなくなった権利αをXの求償権βの強化のために再利用させても不都合はない。XはAに弁済すれば求償の際には原債権αの移転による求償権を確保することができ，回収を幾分かは安んじながらAに弁済することができる。これによって債務者以外の者からの弁済が促進されれば，債権の実現される可能性は高まる。弁済による代位が民法に定められたのは，債務者以外の者からの履行も広く奨励し，債権の実現機会を向上するためである。

次に，弁済による代位の要件を見る。

(2) 要件①——法定代位と任意代位

499条は弁済による代位に特段の要件を設けていない。つまり，Xが弁済をしてYに対して求償権を取得する限り，代位を認められる。ただし，500条を見ると，括弧書で「正当な利益」の有無によって債権譲渡の通知・承諾による対抗要件 (⑩) の要否が区別されている。すなわち，正当な利益のあるXであれば当然に債務者Yその他の第三者に対してα債権の取得を対抗でき，正当な利益のないXであれば債権譲渡の対抗要件を要する。正当な利益のある弁済による代位を「法定代位」，ない場合を「任意代位」と呼ぶ。

従来は任意代位に債権者Aの承諾を必要としてきたが，今回の改正で廃止された（改正前499条1項と対比）。Aの承諾が要件になると，正当な利益のないXの第三者弁済が，債務者Yの意思には反せず有効とされて求償権を得たとしても（474条2項），求償権を補強する原債権αの代位行使には別途Aの承諾を得る必要があることになる。第三者弁済を有効として求償権の発生は認めておきながら，代位による求償権の補強はAの恣意によって否定できる

とするのでは法の態度として一貫しない（我妻251頁）。さらに，改正法では第三者弁済の要件にＡの意思に反しないことが加えられたから（474条3項。前出2(1)③），ＡがＸの第三者弁済については異議を述べずに受領しておきながら，Ｘの代位については承諾しないとすれば，恣意と評する他ない（第47回会議議事録16-17頁［松岡発言］）。

とはいえ，改正法が代位に債権者の意思要件を外したのは以上の不整合に対処するためであって，それで代位の範囲が大きく広がったわけではない。上に見たように第三者弁済の要件面でＡの意思を組み込む改正があり，第三者弁済の成否という入り口段階で当事者ＡＹの望まない人物Ｘの介入防止の考慮がされている。入り口の処理が済んでいる以上，求償権取得と代位による補強の間に齟齬が生まれないよう統一を図ったのが改正の趣旨である（第8回会議議事録33頁［中井発言］，第47回会議議事録15-17頁［松岡，中井発言］）。

(3) 要件②——弁済による代位における「正当な利益」

「正当な利益」は基本的に第三者の弁済で見たものと同じである。ただし，弁済による代位は第三者弁済だけでなく保証人や物上保証人についても問題となるので，500条括弧書の正当な利益の方が474条の第三者以外の者も含む点でやや広いことになる（第46回会議議事録42頁［中田発言］）。とはいえ，要するに広く弁済に法律上の利害関係をもつＸがＡに弁済をしてＹに求償権を得る限り正当な利益は認められる。

従来は，第三者弁済の「利害関係」と法定代位の「正当な利益」の広狭は不明確であった（注民(12)340頁［石田喜久夫］）。その際，正当な利益は個別事案ごとに判断されるのではなく，Ｘの法的地位を類型的に見て判断され，具体的には③保証人，物上保証人，担保目的物の第三取得者，連帯債務者のように，弁済しないと債権者から執行を受ける地位にある者（「義務履行型」）と，⑤後順位担保権者や一般債権者のように，弁済しないと債務者に対する自分の権利が価値を失う地位にある者（「権利保全型」）の2類型に分けられてきた（我妻251-252頁）。改正法では，正当な利益は第三者弁済にも，利害関係に代えて採用されたので，従来の「義務履行型」と「権利保全型」の類別は妥当性を失ったようにも見える。しかし，そもそも正当な利益の有無に

よって任意代位と法定代位が振り分けられるのは，正当な利益が類型的に認められる法定代位であれば代位者の登場は外部からも予想できるため特段の公示手段は不要だが，任意代位はそうでない場面なので原債権の譲渡の通知・承諾（467条）を要すると考えられたことによる。上記の「義務履行型」と「権利保全型」の類別はそのような定型性を示す指標にとどまる。従来の解釈は正当な利益を定型化して狭く解するのとはむしろ反対に，旧民法の法定代位の列挙主義を改め債務者Yの意思にかからしめずに広く代位を認めるために編み出されたものであった（我妻252頁）。したがって，改正法の正当な利益要件は登場の予想ができない純粋に事実上の利害関係しか有しない者を除外する趣旨にとどまり，従来の扱いを大きく変えるものではないと解される（中田ほか・講義251頁［道垣内弘人］）。

4　弁済による代位の判例法理

(1) 原債権移転構成

ここでは，弁済による代位の効果を重要判例を見ながら詳しく検討する。

現在の判例・通説である原債権移転構成が成立するきっかけとなったのは，最判昭和59年5月29日民集38巻7号885頁【百選Ⅱ36事件】である。同判決は，「弁済による代位の制度は，代位弁済者が債務者に対して取得する求償権を確保するために，法の規定により弁済によって消滅すべきはずの債権者の債務者に対する債権（以下「原債権」という。）及びその担保権を代位弁済者に移転させ，代位弁済者がその求償権の範囲内で原債権及びその担保権を行使することを認める制度であり，したがって，代位弁済者が弁済による代位によって取得した担保権を実行する場合において，その被担保債権として扱うべきものは，原債権であって，保証人の債務者に対する求償権でないことはいうまでもない。」として，原債権 α と求償権 β は別個の債権であり，Xは α の移転を受けるとの構成を明確に打ち出した。これによって，「接ぎ木構成」と呼ばれる原債権 α の担保権だけが求償権 β に接合される構成は否定された。

昭和59年判決の事案は次のようなものである。保証人X（信用保証協会）

と主たる債務者Y社の間であらかじめ「求償特約」が結ばれており，その内容は，Xが弁済してYへの求償権を得た場合の求償権の利率を原債権よりも高めに設定しておくものであった。これによれば当然，求償権βが原債権αよりも高額となる。この場合に，αに付された根抵当権を，膨れ上がったβの額で行使できるとしてしまうと後順位根抵当権者であるZの配当分が減ってしまうので，Xがした抵当権実行の配当に際し，Zからそのような求償特約は弁済による代位の趣旨に反して無効であるとして配当異議の訴え（民執90条）が提起されたのが本件である（なお，正確には根抵当権はY社の代表取締役Y′の不動産に設定された事例だが，物上保証の扱いは15で見るので，ここでは無視してよい）。すなわち，本件は保証人Xと主債務者Y（物上保証人Y′）との間の争いではなく，Xと後順位担保権者Zとの間の争いである。

最高裁は，求償特約の効力については「債務者から委託を受けた保証人が債権者に対して取得する求償権の内容については，民法459条2項によって準用される同法442条2項は，これを代位弁済額のほかこれに対する弁済の日以後の法定利息等とする旨を定めているが，右の規定は，任意規定であって，保証人と債務者との間で右の法定利息に代えて法定利率と異なる約定利率による代位弁済の日の翌日以後の遅延損害金を支払う旨の特約をすることを禁ずるものではない。また，弁済による代位の制度は保証人と債務者との右のような特約の効力を制限する性質を当然に有すると解する根拠もない。」として442条2項の文言は障害にならないとする。しかし，それは次に示すように求償権βがどれだけ膨れ上がっても原債権αに基づく担保権実行の内容に波及しないとの判断が前提となっている。「けだし，単に右のような特約の効力を制限する明文がないというのみならず，当該担保権が根抵当権の場合においては，根抵当権はその極度額の範囲内で原債権を担保することに変わりはなく，保証人と債務者が約定利率による遅延損害金を支払う旨の特約によって求償権の総額を増大させても，保証人が代位によって行使できる根抵当権の範囲は右の極度額及び原債権の残存額によって限定されるのであり，また，原債権の遅延損害金の利率が変更されるわけでもなく，いずれにしても，右の特約は，担保不動産の物的負担を増大させることにはならず，物上保証人に対しても，後順位の抵当権者その他の利害関係人に対し

ても，なんら不当な影響を及ぼすものではないからである。」。仮に上述の接ぎ木構成を採用すると，Xは高額の求償権βの方を被担保債権として配当を受けることができるので，原債権者Aがαを被担保債権として根抵当権を実行した場合よりも優先回収額を増やすことができる。しかし，これを認めると後順位根抵当権者ZはAの先順位根抵当権登記に記載された極度額を信頼してYに対する貸付額を決めたのに，代位弁済者Xの求償権が求償特約により膨張するという自らの与り知らない事情によって覆されることになってしまう。XとZの間で原債権移転構成と接ぎ木構成の当否が争われたのは，このような事情による。最高裁が原債権移転構成を採用したのは，Zのような利害関係者の期待に配慮した判断と評価できる。

(2) 原債権αの「附従的性質」

　最高裁は，代位弁済者Xの下で原債権αと求償権βが並存すると構成したので，両債権がどのような関係にあるかを明らかにする必要に迫られる。この問題は昭和59年判決では明確にされていない。2つの債権を有するからといって，αとβのどちらも行使して元の弁済額の2倍の額が得られるわけではない。両債権の関係を明らかにしたのは，最判昭和61年2月20日民集40巻1号43頁である。同判決は昭和59年判決の一般論を確認した後，「代位弁済者が代位取得した原債権と求償権とは，元本額，弁済期，利息・遅延損害金の有無・割合を異にすることにより総債権額が各別に変動し，債権としての性質に差違があることにより別個に消滅時効にかかるなど，別異の債権ではあるが，代位弁済者に移転した原債権及びその担保権は，求償権を確保することを目的として存在する附従的な性質を有し，求償権が消滅したときはこれによって当然に消滅し，その行使は求償権の存する限度によって制約されるなど，求償権の存在，その債権額と離れ，これと独立してその行使が認められるものではない。」として，原債権αは求償権βに対して「附従的な性質」にあるとした。「附従的な性質」とは，基本的には保証の項目（⑫2(2)）でみた付従性のことを指すと見られる。

　昭和61年判決で問題となったのは，原審が，原債権移転構成を前提にXによる原債権αの請求に対して特段の留保を付けずに認容判決を出したこと

であった。Xがα債権を行使し、審理の結果その存在が認められれば全部認容判決を出すのは一見問題がない。しかし、もし求償権βの額よりも原債権αの額の方が大きければ（昭和59年判決の事案とは反対になる）、Xが求償額以上の支払を余分に受けるおそれがある。最高裁は上記の「附従的な性質」を具体化し、「〔①〕代位弁済者が原債権及び担保権を行使して訴訟においてその給付又は確認を請求する場合には、それによって確保されるべき求償権の成立、債権の内容を主張立証しなければならず、〔②〕代位行使を受けた相手方は原債権及び求償権の双方についての抗弁をもって対抗することができ、また、〔③〕裁判所が代位弁済者の原債権及び担保権についての請求を認容する場合には、求償権による右のような制約は実体法上の制約であるから、求償権の債権額が常に原債権を上回るものと認められる特段の事情のない限り、判決主文において代位弁済者が債務者に対して有する求償権の限度で給付を命じ又は確認しなければならないものと解するのが相当である。」として、裁判所が弁済による代位に基づく原債権αの請求を認容する場合には、必ず求償権βの成否・内容を審理してその額を限度とする留保を判決主文に記載すべきとした。すなわち、原債権αは求償権βの額の範囲でしか行使できないことを判決主文のレベルで明確にするよう指示したのである。本件は、原審が③のルールを認識せず求償権の限度での認容となっているか判示を怠ったので、破棄差戻しの結論となった。

　さらに、消滅上の付従性に相当する判断を示したのが、最判昭和60年1月22日判時1148号111頁である。代位弁済者Xが原債権αを被担保債権として根抵当権を実行したところ、従前に求償権βについて内入弁済を受けていたことが考慮されて配当額が減額されたので、Xがαとβは別債権だからβへの弁済はαには影響しないと主張して、多めの配当を受けた後順位抵当権者Z_1と一般債権者Z_2に対して配当異議の訴えを提起した事案である。最高裁は、「保証人が債権者に代位弁済したのち、債務者から右保証人に対し内入弁済があったときは、右の内入弁済は、右保証人が代位弁済によって取得した求償権のみに充当されて債権者に代位した原債権には充当されないというべきではなく、求償権と原債権とのそれぞれに対し内入弁済があったものとして、それぞれにつき弁済の充当に関する民法の規定に従って充当され

186　Ⅴ　弁済に関与する複数の当事者── ⑭　第三者の弁済と弁済による代位

るべきものと解するのが相当である。」としてXの主張を認めなかった。

(3) 消滅時効

　原債権 α と求償権 β の関係のように複数の債権が並立する状況では，いずれかの債権の消滅時効の完成，あるいは時効障害事由の，他の債権に対する影響を考える必要がある。特に，原債権 α は求償権 β を確保するために存在するから，α の行使にばかり注意を払っていたら β が時効消滅し α も付従的に消滅してしまったというのでは，弁済による代位がかえって β の効力を弱めることにもなりかねない。最判平成7年3月23日民集49巻3号984頁は，主たる債務者Yに破産手続（[1][1]3）が開始し，債権者Aが原債権 α の届出をした後に保証人Xが弁済して α を代位取得し届出名義の変更申出をした事案で，「右求償権〔β〕の全部について，右届出名義の変更のときから破産手続の終了に至るまで〔時効期間は〕中断すると解するのが相当である。」とした。その理由として，「保証人がいわば求償権の担保として取得した届出債権〔α〕につき破産裁判所に対してした右届出名義の変更の申出は，求償権の満足を得ようとしてする届出債権の行使であって，求償権について，時効中断効の肯認の基礎とされる権利の行使があったものと評価するのに何らの妨げもないし，また，破産手続に伴う求償権行使の制約を考慮すれば，届出債権額が求償権の額を下回る場合においても，右申出をした保証人は，特段の事情のない限り，求償権全部を行使する意思を明らかにしたものとみることができるからである。」と述べる。つまり，α の行使は同時に β の行使とも評価されるので，両者について時効障害が認められるとの判示である。「しかし，右の場合において，届出債権につき債権調査の期日において破産管財人，破産債権者及び破産者に異議がなかったときであっても，求償権の消滅時効の期間は，民法174条ノ2第1項〔改正法147条2項〕により10年に変更されるものではないと解するのが相当である。けだし，〔旧〕破産法287条1項〔現221条1項〕により債権表に記載された届出債権が破産者に対し確定判決と同一の効力を有するとされるのは，届出債権につき異議がないことが確認されることによって，債権の存在及び内容が確定されることを根拠とするものであると考えられるところ，債権調査の期日

の後に保証人が弁済によって取得した求償権の行使として届出債権の名義変更の申出をしても，右求償権の存在及び内容についてはこれを確定すべき手続がとられているとみることができないからである。」。すなわち，αが確定判決の効力をもって存在を確定されても，βについても同様の存在確定が認められるわけではない。前出・昭和61年判決の①がαの行使には必ずβの主張立証が伴うとしていることからすると一貫性に疑問がもたれるが，平成7年判決の事案では，Aがあらかじめしていたα債権の破産債権届出の手続的効力をXがβのために転用しており，X自身がαを代位取得した上で届出も自らしていれば異なった判断となった可能性がある（山野目章夫「判批」判評443号199頁（1996年））。

5 一部代位

　ここまで見てきたのは全部弁済の場面であり，債権者Aはαを全額回収できて不利益がなく，Aに余計な負担をかけないことが原債権移転構成を正当化していた。それに対し，一部しか弁済がされていないと，Aはなお残部の回収を図る必要があり，αに付された担保権をXにもっていかれてしまうとAに残部の回収不能リスクが残り，代位の根拠が成り立たない。

　一部代位の解釈問題は次のとおりである。AがYに対して1000万円の貸金債権αを有し，Y所有地・甲に抵当権の設定を受けていた状況で，保証人Xが債権の一部である800万円をAに支払った。代位の理論をそのまま当てはめれば，Xは弁済した一部に相当する原債権αとその分の抵当権を当然に取得する。ただし，Aもαの残部200万円に相当する分の抵当権をもち続け，AとXは準共有（264条）の状態になる。しかし，「準共有」と言ってみてもAとXの関係は具体化されない。①誰の決定で抵当権を実行できるのか（AとX双方の承諾が必要か，片方だけでよいのか），②実行による換価金の配当はどう配分されるか（原債権者A優先か，債権額に応じた按分か）が問題となる。この問題につき，改正前502条1項は「代位者は，その弁済をした価額に応じて，債権者とともにその権利を行使する。」と規定するのみで一義的ではなく，明治時代の起草者は②を按分主義とする趣旨で起草したのに対して，そ

の後の判例が原債権者優先主義を採用する解釈の変遷があった（潮見Ⅱ138-145頁参照）。改正法502条は2項で①につき原債権者Aのイニシアティブを認め，3項で②についてもAが優先することを明らかにした（原債権者優先主義）。原債権者Aは少なくとも担保財産の額までは回収できると期待して貸付の可否や利率など合意内容を決めるのであって（担保提供が貸付後であっても，返済猶予の可否などの判断でAの期待は生じる），Xがした唐突な代位弁済によって，①Aの想定していなかった時期に抵当権が実行されて低い価格でしか売れなかったり，②配当額をXとの按分とされてしまったりすると，金融回収の不確実性が高まることになる。まずは信用を供与した原債権者Aに確実に債権回収をさせ，代位弁済者XはAに優先されることを覚悟の上で代位弁済を行うと考えるのが合理的であり，改正法の規律は妥当と解する。

（吉原　知志）

15 法定代位権者間の負担調整

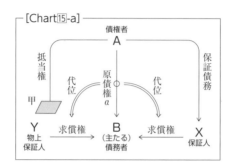

1 法定代位権者の競合

(1) 問題の所在

ここでは、保証人や物上保証人など債務の肩代わりをする者が複数存在する場合に、これらの者の間でどのような負担の調整がされるかを見る。問題の所在を以下の例から見ていこう。

AがBに対して貸金債権 a を有しており、Xが保証人、Yが所有地・甲に抵当権を設定した物上保証人である。債務者Bが a を支払えず、①債権者AがXに支払を求めXが保証債務を履行すると、XはBに対して求償権を取得し、弁済による代位によって原債権 a も取得するので（⑭3(1)）、a に随伴して（⑫2(2)）移転したYに対する抵当権を実行できる。甲を売り払われたYはBに求償するしかない。②反対に、AがY先にYに対して抵当権の実行をしたとすると、甲を処分されたYはBに求償権を取得し、弁済による代位によって a とそれに随伴する保証債権を取得するので、Xに保証債務の履行請求ができる。保証債務を履行したXはBに求償する。いずれもBが最終的な求償先であるが、保証人や物上保証人が支払を迫られる状況では一般に、Bの資力は期待できない。保証人や物上保証人が債権者に支払っても債務者

から求償を受けられないリスクを「求償リスク」と呼ぶなら，上記の例では債権者Aからどちらが先に支払を求められたかによって求償リスクの負担先が変わってしまう。求償リスクの負担範囲が偶然的事情によって変わると，保証人や物上保証人は最終的な負担の見通しを立てられず金融の阻害要因となる。

保証人や物上保証人は弁済に正当な利益がある法定代位権者（500条。⑭3(2)）であり，弁済による代位によって原債権を取得し，さらに①②のように他の法定代位権者に設定された担保権の随伴移転も受ける。そして，相互に権利行使が行われる（以下，①②のような法定代位権者間での権利行使を「XがYに代位する」と簡略して表記する）。その際，501条3項は法定代位権者間の代位割合を定めて求償リスクの公平な分担を図っている。

(2) 501条3項各号の定める代位権者間の調整
501条3項は，法定代位権者間の代位割合を法定代位権者の種類ごとに分けて規定している。以下，順番に見ていく。

①第三取得者と他の代位権者の間（3項1号）
501条3項1号の「第三取得者」とは「債務者から担保の目的となっている財産を譲り受けた者」（括弧書）のことである。「債務者」から譲り受けた者のみを指し，「物上保証人」から譲り受けた者は5号で別の扱いを受ける。例えばAに債務を負うBが自らの所有地・甲に抵当権を設定し，第三者Xが甲を譲り受けると，Xは「第三取得者」となる。Bがaを支払えないと，Xは甲に抵当権の負担を負ったままであるので，抵当権の実行を受ける。他人の債務のために自らの財産に担保権の負担を負う点で「物上保証人」に似ているが，501条3項1号は「第三取得者」は「保証人」（及び「物上保証人」）に代位できないとするのに対し，「保証人」及び「物上保証人」は原則どおり「第三取得者」に代位でき，地位が区別されている。これは，「第三取得者」は物的負担を覚悟の上で財産を譲り受けたからと説明される。すなわち，Xは甲を買い受ける際，抵当権の存在と被担保債権の額を登記簿で確認し，担保権実行の蓋然性を考慮して代金を安く取り決めることができる。さらに，抵当不動産の買受人は，抵当権消滅請求（379条）を利用して物的負

1 法定代位権者の競合　191

担を消すことができる点でも「物上保証人」とは異なる。したがって,「第三取得者」は他の代位権者に対してまで代位できなくてよいとされる。

②第三取得者と第三取得者の間（2号）

Bが所有地・甲に抵当権を設定してXに譲渡しただけでなく,別の所有地・乙にも抵当権を設定して今度はYに譲渡したとする。「第三取得者」XがAから抵当権の実行を受けたり第三者弁済をしたりすると,Bに対して求償権を取得することがある。「ことがある」としたのは,第三取得者に求償権の特則があるわけではなく（14 2⑵参照），XB間で求償権が発生しない前提で安く価格を決めていれば求償権は発生しないからである。ここでは,求償権が発生する内容の契約（576条参照）がされたとする。

Xが甲の抵当権の実行を受けてBに対して求償権を得ると,Xは弁済による代位によって原債権aを取得し,それに随伴してYに対する乙の抵当権も行使できる。反対に,Yが先に乙の実行を受ければ,YはXに対して代位できる。Aによる甲と乙の実行の先後によって求償リスクの所在が変わるのは不公平であるので,501条3項2号は「各財産の価格に応じ」た範囲でのみ代位できるとする。つまり,甲が1500万円,乙が1000万円であれば,aの額（1000万円）を3：2で割り付けて,Xは600万円,Yは400万円のみ代位権者間で負担すればよいことになる。すなわち,XはYの所有する乙を競売にかけても,そこからはYの負担額である400万円しか回収できない。

③物上保証人と物上保証人の間（3号）

XとYがいずれも「物上保証人」であった場合,すなわち,最初から各々甲,乙を所有し自ら抵当権を設定した場合にも②のルールが準用され,「各財産の価格に応じて」代位できる負担額が決まる。物上保証人の場合は,求償権の特則（351条,372条）があるので,代位できることに疑いがない。

④保証人と物上保証人の間（4号）

BがAに負うa債務に「保証人」Xと「物上保証人」Yがいる場合,501条3項4号に基づき「その数に応じて」,つまり頭数割りで負担額が決まる。すわなち,aが1000万円の債権なら,XとYは互いに500万円を代位できる。

4号但書は「物上保証人」がさらに複数いる場合である。1000万円の債務

a に「保証人」として X_1，X_2 の 2 人，「物上保証人」として甲（1500万円）に抵当権を設定した Y_1 と乙（1000万円）に設定した Y_2 の 2 人がいるとしよう。X_1 が 1000万円を A に支払ったとすると，まずは 4 号本文のとおり頭数 4 で割って「保証人」の負担額は各 250万円に決まる。その上で，「保証人の負担部分」X_1，X_2 の計 500万円を除いた残額 500万円について「各財産の価格に応じて」500万円を 3：2 で割って Y_1 が 300万円，Y_2 が 200万円の負担額となる。

⑤第三取得者からの譲受人，物上保証人からの譲受人の扱い（5 号）

B が A に負う a 債務について，X_1 が所有地・甲（1500万円）に抵当権を設定して物上保証人となり，B 自身も所有地・乙（1000万円）に抵当権を設定した。その後，B は乙を Y_1 に譲渡した。既に見たように「物上保証人」X_1 は Y_1 に代位できるが，「第三取得者」Y_1 は X_1 に代位できない（1 号）。X_1 から甲を譲り受けた X_2，Y_1 から乙を譲り受けた Y_2 が現れてもこの構図は変わらないと定めるのが，5 号である。すなわち，「物上保証人」からの譲受人は「物上保証人」であり，「第三取得者」からの譲受人は「第三取得者」である。改正前 501 条は譲受人の扱いを規定せず，「物上保証人」からの譲受人を「第三取得者」と扱うか「物上保証人」と扱うか議論があった。今回の改正では，後者に立つ通説の立場が明文化された。

しかし，「第三取得者」からの譲受人が「第三取得者」であるのはよいとして，「物上保証人」からの譲受人が「物上保証人」の地位を承継するのは解釈上自明のことではない。②で見たとおり，抵当不動産の売買では安く代価が設定されることが通例である。「物上保証人」X_1 から甲を格安の 500万円で買い受けた X_2 が A に 1000万円を第三者弁済した場合，求償権はどうなるか。最判昭和 42 年 9 月 29 日民集 21 巻 7 号 2034 頁は，物上保証人からの譲受人は「物上保証人に類似する地位にある」として 372 条，351 条を準用し，一般論として B に対する求償権を認めたが，上の X_2 は 500万円の代金と a 債務 1000万円を支払って，その結果，1500万円の甲を手に入れたのだからそれで釣り合いが取れており，その上 B から求償金を受領できるとすると価値の二重取りが生じるように見える。むしろ，1500万円の甲に B のための担保を設定していたため 500万円で譲渡することになった X_1 こそ，

求償金を得るべきだとも思われる。しかし，X_1 と X_2 の間の代金の取り決め方によって求償権の帰属先が変わるとなると B がどちらに求償金を支払えばよいのかわからず不安定な地位に置かれる（髙橋眞『求償と代位の研究』（成文堂，1996 年）122 頁）。結論としては X_2 が「物上保証人」として求償権を取得し，X_2 が X_1 に求償金を引き渡すことでよいが，X_1 と X_2 の間の関係は個別の事案ごとに考える必要がある。

(3) 求償リスク分担の基本原理
① 501 条 3 項の基礎にある考え方？

501 条 3 項の各号を振り返ると，代位割合の決定方法には担保財産の価値に比例させる方法（2 号，3 号）と頭数で割る方法（4 号）があることがわかる。前者を「財産価値比例ルール」，後者を「頭数ルール」と呼ぶことにしよう。財産価値比例ルールは「第三取得者」と「第三取得者」の間（2 号），「物上保証人」と「物上保証人」の間（3 号）という物的責任負担者同士の間で用いられる。頭数ルールは「保証人」と「物上保証人」という異質な責任の負担者同士で用いられる（4 号）。「保証人」と「保証人」の間の代位割合は明文がないが，これも頭数ルールによると解釈されている（我妻 262 頁）。

501 条 3 項の基礎にあるのは財産価値比例ルールと頭数ルールのどちらだろうか。頭数ルールが「保証人」と「物上保証人」という異質な責任の負担者同士で用いられることからは，頭数ルールの方が原則のようにも思われる。しかし，4 号に相当する改正前 501 条 5 号は明治時代の法典調査会の審議過程で突発的に入れられた規定であって，それほど練られた規定ではない（前田編・史料 637 頁［髙橋眞］，小野秀誠「判批［最判平成 9 年 12 月 18 日判時 1629 号 50 頁］」金商 1051 号 59 頁（1998 年），61 頁参照）。頭数ルールが必ずしも公平な負担分配を帰結しない弱みは，物上保証人の提供財産の価値が相対的に小さい場合に露呈する。すなわち，A が B に 1000 万円を貸し付けて X が保証人となり，Y が 300 万円の甲に抵当権を設定した状況で，それぞれの負担額は頭割で各 500 万円となる。しかし，物上保証人の負担が物的有限責任であることは変わらないから，X が A に 1000 万円を支払って代位しても Y は 300 万円の限度でしか責任を負わない。反対に，Y が A に 1000 万円を第三者弁済

した場合，Ｘには 500 万円を請求できる。4 号の頭数ルールは必ずしも公平
性を万全に保障するものではないのである。どちらかと言えば担保価値比例
ルールの方が，引き受けた担保負担と求償リスクの負担割合が相応する点で
公平に適い，また当事者の予測にも適合する。

②代位割合変更特約の位置付け——再登場・昭和 59 年判決

代位割合を代位権者間の合意によって変更してよいか否かも 501 条を読む
だけでは明らかでない。最判昭和 59 年 5 月 29 日民集 38 巻 7 号 885 頁【百
選Ⅱ 36 事件】はこれを肯定する。同判決は⑭で原債権移転構成のリーディ
ングケースとして見たが，同時に代位割合変更特約の重要判例でもある。事
案は，銀行ＡがＢに貸し付けるに際し，信用保証協会（後記）Ｘが保証人と
なってＡに弁済したので，物上保証人Ｙに代位をしてきたものである。⑭で
は，ＸＢ間の求償特約についての判示まで検討した。ここでは，「保証人」
Ｘと「物上保証人」Ｙ（Ｂ社の代表取締役でもある）の間で締結された，ＸがＡ
に弁済した場合にＹに対して 10 割の代位をできるとする内容の代位割合変
更特約の効力について見る。⑭で見たとおり，本件でＸと争ったのはＢでも
Ｙでもなく，Ｙの不動産の後順位担保権者Ｚである。ここでの争点は，代位
割合変更特約の効力を認めるとＸが 10 割を代位してＺの配当が減るので，
特約を合意当事者ではないＺにも対抗できるか否かである。判決は次のよう
に判示した。「弁済による代位の制度は，すでに説示したとおり，その効果
として，債権者の有していた原債権及びその担保権をそのまま代位弁済者に
移転させるのであり，決してそれ以上の権利を移転させるなどして右の原債
権及びその担保権の内容に変動をもたらすものではないのであって，代位弁
済者はその求償権の範囲内で右の移転を受けた原債権及びその担保権自体を
行使するにすぎないのであるから，弁済による代位が生ずることによって，
物上保証人所有の担保不動産について右の原債権を担保する根抵当権等の担
保権の存在を前提として抵当権等の担保権その他の権利関係を設定した利害
関係人に対し，その権利を侵害するなどの不当な影響を及ぼすことはありえ
ず，それゆえ，代位弁済者は，代位によって原債権を担保する根抵当権等の
担保権を取得することについて，右の利害関係人との間で物権的な対抗問題
を生ずる関係に立つことはないというべきである。そして，同条但書 5 号

〔改正法3項4号〕は，右のような代位の効果を前提として，物上保証人及び保証人相互間において，先に代位弁済した者が不当な利益を得たり，代位弁済が際限なく循環して行われたりする事態の生ずることを避けるため，右の代位者相互間における代位の割合を定めるなど一定の制限を設けているのであるが，その窮極の趣旨・目的とするところは代位者相互間の利害を公平かつ合理的に調節することにあるものというべきであるから，物上保証人及び保証人が代位の割合について同号の定める割合と異なる特約をし，これによってみずからその間の利害を具体的に調節している場合にまで，同号の定める割合によらなければならないものと解すべき理由はなく，同号が保証人と物上保証人の代位についてその頭数ないし担保不動産の価格の割合によって代位するものと規定しているのは，特約その他の特別な事情がない一般的な場合について規定しているにすぎず，同号はいわゆる補充規定であると解するのが相当である。したがって，物上保証人との間で同号の定める割合と異なる特約をした保証人は，後順位抵当権者等の利害関係人に対しても右特約の効力を主張することができ，その求償権の範囲内で右特約の割合に応じ抵当権等の担保権を行使することができるものというべきである。このように解すると，物上保証人（根抵当権設定者）及び保証人間に本件のように保証人が全部代位できる旨の特約がある場合には，保証人が代位弁済したときに，保証人が同号所定の割合と異なり債権者の有していた根抵当権の全部を行使することになり，後順位抵当権者その他の利害関係人は右のような特約がない場合に比較して不利益な立場におかれることになるが，同号は，共同抵当に関する同法392条のように，担保不動産についての後順位抵当権者その他の第三者のためにその権利を積極的に認めたうえで，代位の割合を規定していると解することはできず，また代位弁済をした保証人が行使する根抵当権は，その存在及び極度額が登記されているのであり，特約がある場合であっても，保証人が行使しうる根抵当権は右の極度額の範囲を超えることはありえないのであって，もともと，後順位の抵当権者その他の利害関係人は，債権者が右の根抵当権の被担保債権の全部につき極度額の範囲内で優先弁済を主張した場合には，それを承認せざるをえない立場にあり，右の特約によって受ける不利益はみずから処分権限を有しない他人間の法律関係に

よって事実上反射的にもたらされるものにすぎず，右の特約そのものについて公示の方法がとられていなくても，その効果を甘受せざるをえない立場にあるものというべきである。」。

本件では，501条3項4号に従えば代位割合は頭数ルールで5割にすぎず，それを超える分の配当は後順位抵当権者Zが期待できたのにZも特約の内容に拘束されるとその期待を覆されることになる。判決は，ZはXと「物権的な対抗問題を生ずる関係」に立たず，そもそも後順位担保権者Zの地位は「みずから処分権限を有しない他人間の法律関係によって事実上反射的にもたらされるものにすぎず，右の特約そのものについて公示の方法がとられていなくても，その効果を甘受せざるをえない立場」だとする。そのように解しても，判示の前半にあるとおり，代位の範囲は原債権の範囲に収まるから「不当な影響」はないというのである。判示の前提には，代位割合は公示がなければ対抗できない物権的負担（177条参照）を表すものではないとの理解がある。今回の改正では501条3項の任意規定性を一部修正して代位割合変更特約の効力はその旨の登記がされないと第三者に対抗できないとの改正提案（詳解Ⅲ31頁）が存在したが採用されず，改正法の下でも以上の解釈が妥当する。

③昭和59年判決の射程——「信用保証協会」とは？

昭和59年判決は，結論だけ見ると，Xに一方的に都合のよい内容の特約の効力が利害関係者Zに対しても及ぶことを認めるものにも見える。ただし，本件の特徴の1つとして，Xが「信用保証協会」という公的な役割を担う存在だったことがある。信用保証協会とは，信用保証協会法を根拠法として設立される認可法人であって，「中小企業者等が銀行その他の金融機関から貸付等を受けるについてその貸付金等の債務を保証すること」を主たる業務とする（同法1条）。信用保証協会Xが主たる債務者Bの将来性を査定して保証を承諾した場合，Bが支払をできなければ金融機関Aの請求に対してXはほぼ無条件に満額の弁済を行う。そのため，金融機関AはBに対して安心して貸し付けることができ金融が促進される。信用保証協会の査定を通って保証を得られるかは中小企業が融資を受けるための死活問題であり，信用保証協会が中小企業経済で担う役割は重要である。そして，その運営資金は自

治体からの補助金で賄われるので，信用保証協会の運営には無闇に公金が流出しないよう求償権を厳格に行使して協会の収支を安定させる要請がある。

　以上のように信用保証協会は公的な役割を果たすので，その求償権を政策的に保護することには一定の説得力がある。信用保証協会が代位割合変更特約を用いる背景にはこのような事情がある。Xが10割の代位を認められるというのは，それだけを取り出すと他の代位権者に対して不公平にも見えるが，信用保証協会であるXが保証を引き受けたからこそAのBに対する融資そのものが成立したという金融の実質を捉えれば，特約によるXの優遇は政策的な配慮と見えなくもない。そのように見れば，昭和59年判決の射程は事案の特質によって限界付けることも考えられる。無論，上記の政策的配慮に法律上の根拠があるわけではなく，昭和59年判決の判示自体も信用保証協会保証か否かによらない一般的な書き方がされており，判決の射程は弁済による代位一般に及ぶと読むことが素直である。それでも，Xが信用保証協会であったことは，判例の解釈が必然的であるかを疑わせる事情である。

(4) 資格兼務者がいる場合の扱い

　求償リスクの分配に関する難問であり，かつ理解が試されるのが，「保証人」と「物上保証人」の資格を兼務する者（以下，「資格兼務者」と呼ぶ）がいる場合の負担調整である。例で見ていこう。

　AがBに対して600万円の債権aをもち，「保証人」X_1，X_2，「保証人」でありかつ甲（300万円）を提供した「物上保証人」でもあるY_1，同じく「保証人」兼乙（200万円）を提供した「物上保証人」Y_2がいる。この人員構成

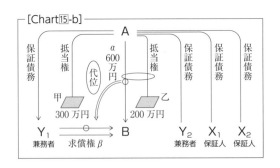

は，資格兼務者事例のリーディングケースである後出・昭和 61 年判決の事案を簡略化したものである。学説，判例，今回の改正の順で見ていく。

①学説

学説はまず，大きく 1 人説と 2 人説に分かれる。1 人説は資格兼務者を頭数 1 人として換算し，2 人説は兼務者を「保証人」1 人と「物上保証人」1 人の計 2 人と見る説である。1 人説はさらに下位分岐していくが，それを見る前にざっくりと計算をしてみよう。1 人説であれば法定代位権者は X_1，X_2，Y_1，Y_2 の 4 人であるので 4 で割って 1 人頭 150 万円の負担となる。2 人説では，Y_1 と Y_2 は「保証人」として 1 人，「物上保証人」として 1 人と換算するので，計 6 人となり，1 人頭 100 万円，Y_1 と Y_2 は 2 人分で 200 万円の負担となる。ただし，2 人説は「物上保証人」2 人分の計 200 万円については「各財産の価格に応じて」甲 300 万円と乙 200 万円に比例させるので，Y_1 は 120 万円，Y_2 は 80 万円を負担する。2 人説は，頭数でなく資格を単位と見て 501 条 3 項各号を直接に適用する見解だからである。結局，Y_1，Y_2 は「保証人」として各 100 万円，「物上保証人」として Y_1・120 万円，Y_2・80 万円を負担する。

この時点で，1 人説は資格兼務者の負担を相対的に軽く算定し，2 人説は重く算定する見解であることがわかる。1 人説では等しく 150 万円の負担であったのに対し，2 人説では資格兼務者である Y_1 と Y_2 は各計 220 万円，180 万円となり負担が上昇している。2 人説の帰結は「保証人」の責任と「物上保証人」の責任の足し算をするからである。1 人説は，資格兼務者は「保証人」と「物上保証人」の両者を併せた責任の過重な負担者であるから代位の負担割合を決める過程で保護を図る要請が大きいと論じ（柚木 462-463 頁），2 人説は，資格兼務者は単一資格者よりも重い負担を覚悟しているのだから代位の負担割合においても重く算定する方が当人の合理的意思に適い（我妻 261 頁），それが物的責任の負担者に財産価値比例ルールを用いる 501 条 3 項の趣旨にも適う（前田・口述 482 頁），と論じる。また，1 人説は，保証人が連帯保証人の場合，物的な有限責任がより負担の重い人的な無限責任に解消されるという（津守万喜夫「連帯保証人と物上保証人とを兼ぬる者の代位弁済に就て」日本公証人協会雑誌 14 号 27 頁（1936 年），30 頁）。これに対して，2 人説は，

資格兼務者は同一の債務を担保するにつき保証人としては一般財産を，物上保証人としては特定財産を引当てとするので別々に負担を計算することが正当化されるとする（前田・口述482頁）。

　2人説は1人説に対して，資格兼務者が1人でも現れると財産価値比例ルールが一切反映されなくなるのは501条3項の趣旨に反する，と批判する。上に見た1人説が，資格兼務者を「保証人」として1人と解釈するものであれば（「1人・保証人説」），確かにこの批判が妥当する。これに対し，「物上保証人」として1人と解する見解（「1人・物上保証人説」。寺田正春「判批」『判例講義民法Ⅱ債権〔第2版〕』（悠々社，2014年）109頁）がある。この説で上記例を考えると，頭数4人で各150万円に割った後，さらにY$_1$，Y$_2$は負担額計300万円を甲：乙＝3：2で分配し，X$_1$，X$_2$は150万円，Y$_1$，Y$_2$は180万円，120万円の負担となる。この見解ではY$_1$，Y$_2$について財産価値比例ルールが反映されている。しかし，この見解はY$_2$が抵当権を設定して資格を兼務した結果ただの「保証人」よりも負担が少なくなって（150万円＞120万円）かえって不公平になり，さらに，資格兼務者は資格を兼務することでただの「保証人」より重い負担を引き受けているはずなのにその意思が反映されない。他方で，資格兼務者の意思を反映させるため代位者が「保証人」と「物上保証人」のいずれかの資格を選択できると解する見解（「資格選択説」。石田喜久夫・注民⑿352頁，同「他の利害関係人に対する求償権と代位の関係」金法1143号13頁（1987年），16-17頁）が試論的に提示されたが，資格が選択されるまで最終的な負担割合が判明しないので，準則として執行手続に耐えないと批判され，論者自身が撤回している。

　視点を転じて，2人説に対する1人説の批判を見ると，同一の債務を担保しているのに人的責任と物的責任で別々に負担額を決められており二重の負担を負ったことになると指摘されていた。そこで，人的責任については1人説，物的責任については2人説を使い分けることでこの批判に応答する見解（「責任競合説」。塚原朋一「判解」最判解昭和61年度438頁）が登場した。この見解では，1人・保証人説で計算される各150万円の人的負担と，2人説で計算されるY$_1$，Y$_2$の「物上保証人」としての負担であるa債権全体の6分の2・200万円を3：2で割った各120万円，80万円の物的負担を競合させる。

すなわち，Y_1 と Y_2 は「保証人」として各150万円を負担するが，「物上保証人」としては120万円，80万円を負担する。しかし，この見解は複雑・不透明な帰結をもたらす。Y_1 がまず甲の抵当権実行を受けた場合には「物上保証人」としての負担部分120万円を除いた480万円までを代位できるはずだが，保証人として履行請求を受けて600万円をAに支払った場合には「保証人」としての負担部分150万円を除いた450万円が代位額となり前者の方が有利である。「保証人」と「物上保証人」を比べた大きい方の負担である150万円を基準にして，抵当権実行を先に受けてもそれを超過する450万円の代位までしか認めないという対処も考えられるが，そうすると1人・保証人説と変わらない。1人・保証人説でも負担割合を頭数で割って決めるというだけで負担割合の150万円の範囲で資格兼務者に対しては保証債務の履行も抵当権の実行もできるから，責任競合説ではわずかに物的負担が選択された場合の代位範囲が異なるだけである。結局，責任競合説も計算方法を示すだけで人的責任と物的責任の関係を明らかにしていないので，責任選択説と同様，最終的な負担割合が不明確なままという結果になる。

②判例——昭和61年判決

学説がいずれも一長一短で決め手を欠く中，最判昭和61年11月27日民集40巻7号1205頁は1人説に立つことを明らかにした。

事案は，「保証人」X_1，X_2，「保証人」兼「物上保証人」Y_1，Y_2 がいる中，Y_1 が全額の弁済をしたので，代位によって，Y_2 が乙に設定した根抵当権を実行したというものである。乙には後順位抵当権者Zがおり，配当表は1人説に従って4等分の負担割合で作成されたのであるが，Zは2人説の立場から，Y_2 が乙について負う負担割合は全体の6分の2に甲と乙の財産額を比例させた額にすぎないと主張し，それより多く配当を受ける Y_1 に対して配当異議の訴えを提起したのが本件である。判決は「〔改正前〕民法501条但書4号，5号の規定は，保証人又は物上保証人が複数存在する場合における弁済による代位に関し，右代位者相互間の利害を公平かつ合理的に調整するについて，代位者の通常の意思ないし期待によって代位の割合を決定するとの原則に基づき，代位の割合の決定基準として，担保物の価格に応じた割合と頭数による平等の割合を定めているが，右規定は，物上保証人相互

間，保証人相互間，そして保証人及び物上保証人が存在する場合における保証人全員と物上保証人全員との間の代位の割合は定めているものの，代位者の中に保証人及び物上保証人の二重の資格をもつ者が含まれる場合における代位の割合の決定基準については直接定めていない。」として資格兼務者のいる場合について法の欠缺があることを率直に認める。「したがって，右の場合における代位の割合の決定基準については，二重の資格をもつ者を含む代位者の通常の意思ないし期待なるものを捉えることができるのであれば，右規定の原則に基づき，その意思ないし期待に適合する決定基準を求めるべきであるが，それができないときは，右規定の基本的な趣旨・目的である公平の理念にたち返つて，代位者の頭数による平等の割合をもつて決定基準とするほかはないものといわざるをえない。しかして，右の場合に，〔ⓐ〕二重の資格をもつ者は他の代位者との関係では保証人の資格と物上保証人の資格による負担を独立して負う，すなわち，二重の資格をもつ者は代位者の頭数のうえでは二人である，として代位の割合を決定すべきであると考えるのが代位者の通常の意思ないし期待でないことは，取引の通念に照らして明らかであり，また，〔ⓑ〕仮に二重の資格をもつ者を頭数のうえであくまで一人と扱い，かつ，その者の担保物の価格を精確に反映させて代位の割合を決定すべきであると考えるのが代位者の通常の意思ないし期待であるとしても，右の二つの要請を同時に満足させる簡明にしてかつ実効性ある基準を見い出すこともできない。そうすると，複数の保証人及び物上保証人の中に二重の資格をもつ者が含まれる場合における代位の割合は，民法501条但書4号，5号の基本的な趣旨・目的である公平の理念に基づいて，二重の資格をもつ者も一人と扱い，全員の頭数に応じた平等の割合であると解するのが相当である。」としてZの上告を棄却した。

　判決は結果的に1人説を採用したものの，本来は資格兼務者の「意思ないし期待に適合する決定基準を求めるべき」としている。しかし，一方，ⓐの箇所では2人説が「代位者の通常の意思ないし期待」に合わず，他方，ⓑの箇所では「代位者の通常の意思ないし期待」を反映させるためには頭数ルールと財産価値比例ルールの両者を併用する必要があるものの，そのような併用をできる「簡明にしてかつ実効性ある基準」がないとして，消極的に1人

説を採用している。ⓑで批判されているのは，1人説に立ちつつ財産価値比例ルールを併用している1人・物上保証人説や，1人説と2人説を併用する責任競合説と見られる。

さらに，判決の1人説の内容について注意を要する。これが1人・保証人説であれば，資格兼務者を「保証人」1人と解した上で後は501条3項4号を単純に適用して計算すればよいことになる。すなわち，兼務者でない純粋な「物上保証人」が複数いた場合，物上保証人間の限りでは4号但書により財産価値比例ルールが妥当する。しかし，昭和61年判決の事案では純粋な「物上保証人」はいなかったから，4号但書の出る幕はなく，判決の射程にない。反対に，判決は資格兼務者の扱いを法の欠缺としており，501条3項はそもそも適用されないという読み方が素直である。判決は資格兼務者がいる限り資格兼務者と「物上保証人」の間で「簡明にしてかつ実効性ある基準」は見出せないとしているのだから，「物上保証人」が複数いたとしても皆等しく頭数で計算する（「1人・兼務者説」。小川英明「代位弁済」遠藤浩ほか編『演習民法（債権）』（青林書院，1972年）178頁）というのが判決の立場のようである。この考え方によれば，純粋な「物上保証人」がいてもその者の負担割合も頭数ルールで決まることになる（山田誠一「求償と代位」民商107巻2号169頁（1992年），186頁）。

本件は1人説に基づく配当を求める資格兼務者 Y_1 と2人説に基づく配当を求める後順位抵当権者 Z の間の争いであり，判決が1人説に与したことは明白である。ただし，本件で登場した代位権者は皆同族企業の一族の面々であり，この事案に対して働いた公平性の配慮が他の事案にどこまで及ぶかは慎重に考える必要がある。

③改正法における規定新設の断念

判例の1人説は学説に受け入れられて通説化し，今回の改正の当初は1人説に基づく規定の新設が提案されていた。しかし，強い反対があり，あえて規定を置かず解釈に委ねたままにすることとされた。

①で見た従来の学説の議論軸は，ⓐ資格兼務者のリスク負担の意思をどう解釈するか，ⓑ人的責任と物的責任の関係をどう捉えるか，に整理できる。しかし，議論が進展し，ⓐ著しく価値の大きな財産を提供した物上保証人が

混じると2人説でも資格兼務者の負担は物上保証人より軽くなり必ずしも重い負担を負ったことにならないとの認識が普及し、ⓑ負担の性質に関する議論も1人説・2人説の双方に論拠があり、決め手を欠く状況となった。今回の審議で1人説に対して向けられた批判は、「保証人」が「物上保証人」から担保財産を譲り受けたり、反対に資格兼務者が担保財産を第三者に譲渡して「保証人」と「物上保証人」に分化したり、あるいは代位権者に相続が発生するなど負担設定後の事情変動が生じると、頭数と資格構成が変化して負担割合の計算方法が根本から変化してしまう点である。例えば最判平成9年12月18日判時1629号50頁は、物上保証人に共同相続が発生した事案で、「弁済の時における物件の共有持分権者をそれぞれ一名として右頭数を数えるべきものと解するのが相当である。けだし、弁済による代位は、弁済がされたことによって初めて生ずる法律関係であるところ、弁済の時点においては、各相続人がそれぞれ相続によって自己の取得した共有持分を担保に供しているのであるから、各相続人それぞれが民法501条5号の物上保証人に当たるというべきであるからである。当初から共有に属していた物件について全共有者が共有持分を担保に供した場合には、共有者ごとに頭数を数えるべきことは明らかであり、この場合と、単独所有であった物件に担保権が設定された後に弁済までの間に相続又は持分譲渡等により共有になった場合とで、頭数を別異に解することは、法律関係を複雑にするだけで、必ずしも合理的でない。確かに、相続という偶然の事情により頭数が変化することは当事者の意思ないし期待に反する場合がないではないが、このように頭数が変化する事態は、保証人の増加、担保物件の滅失等によっても起こり得ることであり、弁済時における人数と解することにより法律関係の簡明を期するのが相当である。」と判示している。この判決には近藤光男裁判官の反対意見があり、「私は、この場合の頭数は、相続人全員で一名として数えるのが相当であると考える。けだし、多数意見のような考え方を採るとすると、物上保証人の死亡という偶然の事情によって頭数が増大化することに伴い、保証人が物上保証人との間において代位をする割合がにわかに減少し、かつ、法定相続人の数いかんによってその割合が変動することになるが、このような結果をもたらすことは、明らかに不合理といわざるを得ないからである。」

「担保提供後における物上保証人の死亡及び法定相続人の数いかんという偶然の事情によって，その代位割合に変動が生じることを認めることは，代位者相互間の利害を公平かつ合理的に調整しようとする法の理念に反するばかりでなく，代位者の通常の意思ないし期待にも反するものというべきである。」と論じる。負担の割付けを安定させる考慮の上では，1人説は著しく弱いのである。

審議過程で対案として示されたのは，被担保債権額，担保財産の価値，さらに一部保証・一部担保の担保額や根保証・根担保の極度額を利用して負担の割付けの考え方を一元化するルールである（松岡久和「保証人と物上保証人の地位を兼ねる者の責任」金融財政事情研究会編『現代民事法の実務と理論　上巻』（金融財政事情研究会，2013年）326頁，第66回会議・松岡久和委員提供資料「法定代位者相互間の関係（民法第501条）に関する意見」，部会資料62・10頁）。すなわち，種類を問わず法定代位権者が引き受けた担保額を基礎に，一元的に負担割合を決めてしまう提案である。これは，頭数ルールと財産価値比例ルールを二元的に使う従来のルールからの根本的な転換となる。しかし，一部保証の内容は一定でないこと（⑫2(1)①）や，一部弁済があって保証額が付従消滅して減額した場合の扱いをどうするかなど，ルールの細部まで詰めることが叶わずこの提案は採用されなかった。結局，規定の新設自体が断念されている。

1人説は昭和61年判決で消極的に選択されたものであって，確固とした根拠を欠くことは上に見たとおりである。負担の割付けは安定する方が望ましく，代位割合変更特約を公示にかからしめることが一つの方策であった。しかし，代位割合の捉え方を根本から変えるためには，登記制度を含めて広範な民事法規定の見直しが必要となり，今回の改正での対応は断念されざるを得なかった。とはいえ，今回の改正で規定の新設が見送られたのは1人説の固定化を避ける配慮であり，望ましい代位割合の決定のあり方は今後の議論に委ねられている（以上の議論の詳細は，吉原知志「改正民法における法定代位権者間の負担調整」香川39巻1=2号1頁（2019年）参照）。

2　共同保証

501条3項は，複数「保証人」X_1，X_2がいる場合に，X_1が保証債務を履行してX_2に代位する関係を規定していない。「保証人」間の代位の規定の所在が変則的であるのは，「保証人」間には特別の求償権規定（465条）があるからである。共同保証は保証の箇所で説明されるのが通例だが，共同保証の規律は共同保証人間の求償リスクの調整を目的としており，弁済による代位の制度目的と共通する。そこで，本書ではここで扱うこととした。

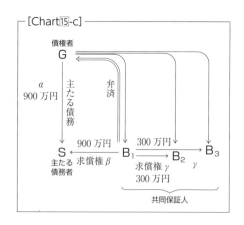

(1) 共同保証人の債権者に対する義務の特殊性――「分別の利益」

保証の場面に相応するよう記号を変えて，GがSに900万円を貸し付ける際に，B_1，B_2，B_3が保証人となった例で考える（121⑴）。複数人で1つの債務aを保証することを共同保証と言い，Bらは共同保証人である。

456条が共同保証のデフォルト・ルールを定めている。Bらがいずれも通常の（連帯保証でない）保証人であって相互に特約もない場合，456条は427条を適用するとしている。427条は可分債務の当然分割原則（111⑴）を規定しているので，共同保証人間でも保証債務が分割され，上記の例ではBらは各300万円しか負担しないこととなる。これを「分別の利益」と言い，古代ローマの勅法で定められて以来，保証人を保護し法律関係を簡明にするために認められてきた。しかし，今日では当事者の意思や保証制度の目的に適し

ないとして批判が強く（我妻504頁），今回の改正でも廃止が提案された（部会資料36・62頁）。結局，保証人保護の観点からする弁護士会の反対（第44回議事録22頁［中井発言］）もあり廃止は免れた。保証人の死亡により相続した共同相続人については分別の利益が問題となるとの指摘もあり（岡村玄治『債権法總論［改訂版］』（厳松堂書店，1940年）214頁），安易な廃止に奔らなかったのは賢明だったと言えよう。ただし，次に見るとおり実務では連帯保証を用いることで分別の利益を外しておくことが通例となっている。

　分別の利益は，債権者Gが共同保証人のいずれかに（B_1とする）請求する場面で問題となる。GとB_1の間に分別の利益を放棄する特約があれば分別の利益は失われ，B_1は全額の支払義務を負う。分別の利益を放棄する特約は様々な形であり得，共同保証人間の求償権を定める465条が例示的に示している。すなわち，1項は，①「主たる債務が不可分である」場合と②「各保証人が全額を弁済すべき旨の特約がある」場合を挙げている。①はSもBらも等しく不可分債務を負うので，債務の性質上当然に全部の弁済となる。②の全額負担の特約がBらの間にある状況は「保証連帯」と呼ばれ，保証人相互の限りでの連帯関係である。Bらの間に②の特約があるだけではGに対して分別の利益は失われていないが，この特約の当事者にGも加わると，BらはGに対して全額の支払義務を負うことになる。①②の他に，③Bらが連帯保証人である場合も全額の支払義務が認められる。連帯保証人は主たる債務者と連帯して債務を履行するからである（⑫2⑵⑶）。実務上は連帯保証が多用されており，分別の利益が現実に問題となる事例は少ない。連帯保証と保証連帯は名称が似ているが，「連帯保証」は分別の利益が認められない上に催告・検索の抗弁も認められないが（454条），「保証連帯」であれば共同保証人は債権者Gに対する関係では通常の保証人のままであるので，催告・検索の抗弁を提出できる点が異なる。

(2) 共同保証人間の求償権
①内容

　分別の利益は債権者Gの請求に共同保証人Bらが対抗する「対外関係」の問題であるのに対し，465条の定める「共同保証人間の求償権」はGに保証

債務を履行した B_1 が B_2, B_3 に対して求償できるかという共同保証人間の「内部関係」の問題である。

　共同保証人間の求償権は，Bらの間で取り決めた「負担部分」を超過するGへの支払がされた場合に発生する。負担部分はBらの間で取り決めた割合があればそれにより，なければ共同保証人の頭数で割った割合で決まる。465 条は求償の範囲を 1 項と 2 項に分けて規定するが，これは保証連帯の関係があるか否かで区別される。すなわち，1 項は共同保証人が相互にGに対する全部の債務を負う場合（保証連帯の場合）であり，連帯債務の求償権を定める 442 条から 444 条までが準用されている。2 項は各共同保証人が負担部分の限りで履行すれば足りる（のに，わざわざ超過して支払った）場合であり，委託を受けない保証人の求償権を定める 462 条が準用されている。

　以上のように，共同保証人間で「対外関係」について負う義務の内容と「内部関係」について負う義務の内容を区別して考える必要がある（尾島茂樹「分別の利益・再考」金沢 42 巻 2 号 129 頁（1999 年）参照）。最判昭和 46 年 3 月 16 日民集 25 巻 2 号 173 頁は，Gから金銭の貸渡しを受けていた主たる債務者SがGに対しては自分は連帯保証人だと表示しており，実質的には連帯保証人である B_1 が自らを主たる債務者と表示してGに全額を支払い共同連帯保証人 B_2 に対し求償したのに対し，B_2 は B_1 は主たる債務者だとして争った事件であるが，原判決が B_2 は連帯保証人であって分別の利益がないとの理由で B_1 の主張を全面的に認めたのに対し，最高裁は「分別の利益は，数人の共同保証人がある場合に，保証人の債権者に対する関係における問題であって，保証人と債務者，ないしは保証人相互の内部関係については，なんらかかわりのない問題である」とし，Bらの間に負担部分の特約があるか否かを審理させるため事件を原審に差し戻している。上に見たように分別の利益が問題となる「対外関係」と「内部関係」は区別しなければならないから，求償権の発生は「内部関係」次第であるとした判決である。

②性質

　保証債務を履行した B_1 の本来の求償先は，主たる債務者Sである。465 条が共同保証人 B_2，B_3 への求償も認めるのは本来の求償権の趣旨ではなく，Sの求償リスクを共同保証人間で分担させるために B_1 に特別の権利を

与えるものである。465条は1項，2項とも「負担部分を超える額を弁済したとき」に初めて求償権を認めているが，この扱いは連帯債務の求償権とも（442条1項。「負担部分に応じた額」），保証の扱いとも異なる（保証人にはそもそも負担部分がない）。これは，共同保証人は「負担部分」の求償リスクは自ら負担すべきだからとされる。この点も通常の求償権と性質が異なることの表れと言える。

最判平成27年11月19日民集69巻7号1988頁は，Gに全額を弁済したB₁が，主たる債務者Sに対して訴訟を提起してSに対する求償権βの時効を中断させていたところ（その後判決も確定），Sが支払えないのでその後に共同保証人B₂に対して465条1項に基づく求償権γを行使したが，B₂はγの消滅時効は既に完成していると主張して時効を援用して争ったものである。B₁は求償権βに関する訴訟提起によってB₂に対するγ求償権も時効が中断したと再抗弁した。判決は，「民法465条に規定する共同保証人間の求償権は，主たる債務者の資力が不十分な場合に，弁済をした保証人のみが損失を負担しなければならないとすると共同保証人間の公平に反することから，共同保証人間の負担を最終的に調整するためのものであり，保証人が主たる債務者に対して取得した求償権を担保するためのものではないと解される。」「したがって，保証人が主たる債務者に対して取得した求償権の消滅時効の中断事由がある場合であっても，共同保証人間の求償権について消滅時効の中断の効力は生じないものと解するのが相当である。」とした。すなわち，Sに対する求償権βと共同保証人相互の求償権γは別個の債権であって少なくともβ債権の行使はγ債権に影響しないと判断されたのである。通常の求償権と共同保証人間の求償権が本質的に性質を異にするとの理解が前提にあるものと見られる（齋藤毅「判解」最判解平成27年度509頁）。判例は，求償権γは「保証人が主たる債務者〔S〕に対して取得した求償権〔β〕を担保するためのものではない」としており，仮にγがβを保証する債権であるとされていれば，主たる債務の時効障害が保証債務に波及することを定める457条1項（⑫2⑵②）が類推適用される可能性もあったが，これを否定したことになる。

(3)「保証人」と「保証人」の間の代位

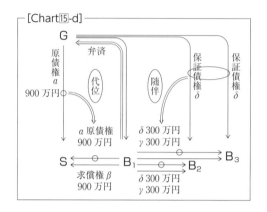

①原債権αの行使に対する制約（501条2項）

B_1 は，Gに保証債務を履行すると，B_2，B_3 に対して共同保証人間の求償権 γ を取得する。同時に，B_1 は弁済による代位によってGの原債権 α を取得するので，それに随判して B_2，B_3 に対する保証債権 δ も取得する。共同保証人間の負担部分は頭数ルールで決まり，保証人間の代位割合も頭数ルールで決まる。したがって，原債権 α を 900 万円の金銭債権とすれば，γ も δ も B_2，B_3 にそれぞれ 300 万円請求できる債権となり額は変わらないはずである。額が変わらないのなら 2 つある意味はないようにも見えるが，原債権者Gが既に B_2，B_3 に対して δ の債務名義を得ていた場合，つまり確定判決（民執法22条1号）や執行証書（5号）を得ていた場合は B_1 は債務名義獲得の手間を省くことができるし，あるいは保証債務 δ 自体に保証（副保証）や物的担保が設定されていた場合は保証人間の代位をする意義がある。

問題は，γ と δ の額が本当に同じになるかである。原債権 α に高率の利息が付く場合，これを頭数で割った代位可能額も高額になる。例えば原債権 α の利息が 12 ％の場合，Gに弁済した B_1 は，B_2，B_3 に対して α を頭数で割った額を代位でき，これがさらに年利 12 ％で膨らんでいく。これに対し，共同保証人間の求償権は特約がなければ法定利息 3％（404条）が付くだけである（465条1項による442条2項準用。2項による462条準用の場合，法定利息すら付か

ない）。B_1 は当然，代位によって 12% の利息が付く δ 債権を行使したいと考える。しかし，これを認めて高額の代位を可能とすると，465 条に定めた共同保証人間の求償リスクの分配が徹底されない。今回の改正の前には争いがあったが，改正法 501 条 2 項は括弧書で代位の範囲を「保証人の一人が他の保証人に対して債権者に代位する場合には，自己の権利に基づいて当該他の保証人に対して求償をすることができる範囲内」と定め，代位の上限を共同保証人間の求償権 γ の額とすることで決着を付けた。

② 465 条の負担部分と 501 条の代位割合の関係

しかし，求償と代位に食い違いが生じる場面は上記に尽きない。共同「保証人」B_1，B_2 の 2 人と「物上保証人」E の計 3 人がいる場合を考えよう。501 条の「代位割合」は 3 項 4 号から物上保証人 E を併せた頭数 3 で割って決まるので各 300 万円となる。それに対し，465 条の「負担部分」は共同保証人間の内部関係であるので，保証人の頭数 2 で割って各 450 万円となりそうである。つまり，900 万円を G に弁済した B_1 は B_2 に対して，465 条の求償権としては 450 万円請求できるが，501 条に基づく保証債権 δ の代位行使としては 300 万円を請求できるにとどまる。465 条も 501 条 3 項も同じく求償リスクの負担調整を目的とする規定であるのに両者で請求できる額が変わるのは不合理である。さらに，これを放置すると 450 万円の「求償」を受けた B_2 が 150 万円分を E への「代位」による抵当権実行によって回収するなど負担の調整が 2 回続くこととなり，501 条 3 項が代位割合を定めることによって 1 回的に負担調整を解決しようとした趣旨に反することにもなる（山田誠一「求償と代位」民商 107 巻 2 号 169 頁（1992 年），190 頁）。この問題は改正前から認識されつつ今回の改正で対処されなかった。

　そもそも 465 条の負担部分が共同保証人の頭数ルールで決まるとされていたのは，共同保証人間で求償リスクを公平に分担するためであって，共同保証人「のみ」の頭数で割ること自体に積極的な意義があったわけではない。したがって，物上保証人もいる場合に 465 条の計算方法が共同保証人だけでなく物上保証人もカウントしたものに切り替わるとする見解を支持できる。頭数 3 としても，B_1 と B_2 の間では 3 分の 1 ずつの求償リスクの負担となって公平だからである。

3　担保保存義務

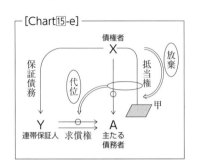

(1) 趣旨

　最後に，504条が定める債権者の担保保存義務を見る。
　XがAに1000万円を貸し付ける際に，A所有地・甲に抵当権の設定を受け，Yが連帯保証人となったとする。その後，XはAに懇願されて甲上の抵当権を放棄してしまった。そして，XはYに保証債務の履行請求をしてきた。Yは保証債務を履行すれば，原債権 a に代位し，a に随伴して甲上の抵当権を行使し，1000万円を回収することを期待できた。しかし，原債権者Xが抵当権を放棄してしまえばそれができなくなる。Xの恣意によって代位の期待が覆されてしまうのでは，せっかく501条が弁済による代位を定めた意義が損なわれる。そこで，504条が担保保存義務を定め，債権者が故意又は過失で代位対象となる担保を喪失・減少した場合には，その分だけ代位権者の負担を免じることとした。つまり，Xに担保保存義務違反があれば，甲の担保額だけYの保証債務は減免される。

(2) 担保保存義務免除特約

　とはいっても，Xとしては，Aの財務状況を見ながら担保解放を交渉カードとして，Aから早期に弁済を受けることも選択肢にしたいと考える。したがって，Xからすると担保保存義務の存在は金融回収の選択肢を狭めるので，XY間で担保保存義務の免除特約が結ばれることが多い。このような特約をすること自体は，契約自由の原則により許容される。しかし，特約の効力を常に認めるとYの地位があまりに不安定となり504条の趣旨が損なわれる。最判平成2年4月12日金法1255号6頁は，XがAの担保差替えの申出に応じて徴求した代替担保に10分の1の最低売却価額とする評価額がついて結局売却されなかった事案において，特約を有効としつつ，「右特約の効力を主張することが信義則に反しあるいは権利の濫用に該当するものとし

て許されないというべき場合のあることはいうまでもない」とした。ただし，本件ではXの担当者が代替担保となる不動産を現地調査を行って評価までしたなどの事情があり，「取引上の通念に照らし被上告人に重大な過失があるということもできず，その他被上告人が上告人に対して本件担保保存義務免除特約の効力を主張することが信義側に反しあるいは権利の濫用に該当するものとすべき特段の事情があるとはいえない」とされた。このように取引上の合理性の見地から担保保存義務違反の判断を行う判例法理は，今回の改正で504条2項に明文化された。

(3) 担保保存義務違反と担保財産の承継人の関係

最判平成3年9月3日民集45巻7号1121頁の事案は，Y_1の所有地・甲についてXがAの債務のための抵当権の設定を受け，Xが共同抵当に入っていた乙の抵当権を放棄した後に，Y_1と甲の所有権をめぐって争っていたY_2に和解契約 (695条) によって甲の所有権が移転し (176条)，甲がY_2の下で競売にかけられた際に，Y_2は，Xの乙抵当権放棄は担保保存義務違反だと主張してXに配当金の不当利得返還請求をしたというものである。判決は，「民法504条は，債権者が担保保存義務に違反した場合に法定代位権者の責任が減少することを規定するものであるところ，抵当不動産の第三取得者は，債権者に対し，同人が抵当権をもって把握した右不動産の交換価値の限度において責任を負担するものにすぎないから，債権者が故意又は懈怠により担保を喪失又は減少したときは，同条の規定により，右担保の喪失又は減少によって償還を受けることができなくなった金額の限度において抵当不動産によって負担すべき右責任の全部又は一部は当然に消滅するものである。そして，その後更に右不動産が第三者に譲渡された場合においても，右責任消滅の効果は影響を受けるものではない。」として，甲がY_1の下にあるうちに生じたXの担保保存義務違反の事情はY_1からの担

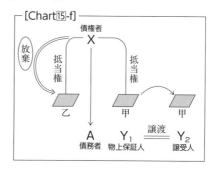

[Chart15-f]

保財産の譲受人である Y_2 にも承継されるとした。甲の減免責の事情が甲の譲渡とともに承継されるという判例法理は，今回の改正で504条1項後段で明文化された。

　義務違反による減免責の状態が担保財産とともに承継されるとすると，担保保存義務免除特約に関する事情はどう扱われるのかが次に問題となる。特約は XY_1 間でされるものだから Y_2 には承継されないと考えるのであれば，Y_1 が物上保証人であるうちに担保保存義務違反の事情があったが特約により減免責はないとされたとしても，特約の当事者でない Y_2 への譲渡があると減免責の効力は復帰すると考える余地があった。最判平成7年6月23日民集49巻6号1737頁は，これを否定した。同判決は，担保財産が Y_1 の下にある間にされた担保放棄を免除特約によって免責することが平成2年判決と同様に「金融取引上の通念から見て合理性」があるとした上で，その後に譲渡を受けた Y_2 の担保保存義務違反の主張につき，「担保保存義務免除の特約があるため，債権者が担保を喪失し，又は減少させた時に，右特約の効力により民法504条による免責の効果が生じなかった場合は，担保物件の第三取得者への譲渡によって改めて免責の効果が生ずることはないから，第三取得者は，免責の効果が生じていない状態の担保の負担がある物件を取得したことになり，債権者に対し，民法504条による免責の効果を主張することはできないと解するのが相当である。」とした。すなわち，Y_1 の下で物上保証人の物的負担の減免責の可否は確定し，その状態が Y_2 に承継されると考えるのである。

（吉原　知志）

事項索引

【あ行】

与える債務 …………………………… 3
委託を受けた保証人 ………………… 163
委託を受けない保証人 ……………… 164
一部代位 ……………………………… 188
一部保証 ……………………………… 155
逸出財産 ……………………………… 29
一般財産 ……………………………… 6
インフォメーション・センター ……… 130
ABL（Asset Based Lending）………… 96

【か行】

外在化 …………………………… 136, 137
解除 …………………………………… 4
価額償還請求権 ……………………… 38
掴取力 ………………………………… 5
確定日付時説 ………………………… 130
確定日付のある証書 ………………… 126
過誤払いの危険 ……………………… 103
貸越し ………………………………… 92
保険契約者貸付 ……………………… 93
可分債権／債務 ……………………… 142
仮差押え ……………………………… 10
間接強制 ……………………………… 7
貫徹力 ………………………………… 5
管理コスト …………………………… 108
管理処分権 ……………………… 17, 28
期限の利益喪失約款 ………………… 72
求償／求償権 ………………… 144, 163, 207
給付の一倍額性 ……………………… 143
給付保持力 …………………………… 5
強制執行 ………………………… 7, 18
強制履行 ……………………………… 4
供託／供託権 …………………… 57, 106

供託請求権 …………………………… 106
共同保証 ……………………………… 206
極度額 ………………………………… 160
金銭債務 ……………………………… 3
金銭執行 ……………………………… 8
禁反言の法理 ………………………… 102
経営者保証 …………………………… 155
形成権説 ……………………………… 29
継続的保証 …………………………… 162
軽率性 ………………………………… 154
原債権移転構成 …………………… 180, 183
原債権者優先主義 …………………… 189
検索の抗弁 …………………………… 159
合意相殺 ……………………………… 72
更改 …………………………………… 57
交叉的不法行為 ……………………… 63
公序良俗違反 ………………………… 115
公正証書 ……………………………… 126
更生担保権 …………………………… 13
混同 …………………………………… 58

【さ行】

債権執行 ………………………… 8, 19, 67
債権者平等原則 ……………………… 10
債権者不確知 ………………………… 106
債権譲渡担保 ………………………… 111
債権譲渡登記 ………………………… 126
債権の担保化 ………………………… 104
債権の取立権 ………………………… 111
催告の抗弁 …………………………… 159
財産減少行為 …………………… 13, 28, 41
財団債権 ……………………………… 13
債務者対抗要件 ………… 131, 133, 138
債務者への照会 ……………………… 134
債務消滅行為 ………………………… 38

215

債務なき責任	172	正当な利益	176, 182
債務名義	6, 17	責任財産	6, 16, 26
サイレント方式の債権譲渡	132, 137	責任説	30
詐害行為	26	絶対効	29
詐害の意思	26	絶対的効力事由	144
作為債務	3	絶対的無効	102
差押え	8	絶対的免除	145
事業に係る債務	154	折衷説	30
事後求償権	165	相関的判断	43
事実上の優先弁済	18	総合口座取引	92
自称譲受人	127	相殺	58
事前求償権	165	相殺禁止／相殺制限	23, 59, 170
自然債務	5	総債権者の利益	20
執行認容訴訟	30	相殺権の濫用法理	18, 66
執行力	5	相殺の充当	59
実体法	6	相殺の担保的機能	68
私的自治の原則	17, 28	相殺予約	72
支払停止	50	相対効	29
支払不能	11, 50	相対的効力事由	144
指名債権	125	相対的取消し	30
受益者	26	相対的無効	102
手段の相当性	43	相対的免除	145
出訴期間	26	訴求力	5
受領拒絶のおそれ	22	訴訟法	6
受領遅滞	5	損害賠償請求権	4
種類債務	3		

【た行】

情誼性	154	代位行使	17
証券的債権	125	代位割合変更特約	195
譲渡事実の回答義務	135	第三債務者	8, 16
譲渡書面	136	第三者異議の訴え	9
信義則	102	第三者対抗要件	133
人的担保	153	第三者の弁済	175
信用保証協会	197	第三取得者	191
随伴性	158	代替執行	7
請求異議の訴え	9	代替物	3
請求権説	30	代物弁済	57
請求力	5	担保保存義務	212
制限説	71		

216　事項索引

直接強制 ···················· 7	発生原因 ·················· 27, 110
通謀害意 ·················· 51	発生の確実性 ················ 112
通謀の有無 ················ 43	被代位権利 ·················· 16
接ぎ木構成 ················ 183	必要的共同訴訟 ··············· 33
定期預金 ·················· 87	否認権 ··················· 13, 46
停止条件付相殺契約 ·········· 72	被保全債権 ················ 16, 26
デッドロック状態 ··········· 105	ファクタリング ·············· 139
転得者 ···················· 27	不可分債権／債務 ·········· 142, 152
中間転得者 ················ 53	不作為債務 ················· 3, 8
転付命令 ·················· 8	付従性 ··················· 158
登記一元化論 ··············· 135	附従的性質 ················· 185
登記事項証明書 ············· 127	不真正連帯債務 ·············· 147
当座貸越取引 ··············· 92	不代替物 ··················· 3
当然分割原則 ··············· 142	負担部分 ··················· 144
到達時説 ·················· 130	物権的効力 ················· 98
特定財産 ·················· 6	物上債務 ··················· 174
特定性 ···················· 112	物上保証人 ················· 172
特定物債務 ················ 3	分別の利益 ················· 206
取立て ···················· 8	別除権 ··················· 12
取立訴訟 ·················· 8	弁済 ····················· 56
取戻権 ···················· 13	弁済による代位 ·············· 175
	弁済の充当 ················· 56
【な行】	偏頗行為 ················· 13, 47
	法定代位 ··················· 181
内容証明郵便 ··············· 126	補充性 ··················· 158, 159
なす債務 ·················· 3	保証 ····················· 153
二重弁済 ········ 128, 131, 133, 164	保証連帯 ··················· 207
任意代位 ·················· 181	
任意履行 ·················· 4	**【ま行】**
根保証 ···················· 160	
債権者代位権廃止論 ·········· 17	身元保証法 ················· 162
	無資力 ··················· 17, 28
【は行】	無制限説 ··················· 72
	免除 ····················· 30, 57
配当異議の訴え ············· 9	目的・動機の妥当性 ············ 43
配当要求 ·················· 9	
破産管財人 ················ 11	**【や行】**
破産債権 ·················· 11	
破産財団 ················· 11, 46	有用な資 ··················· 43
破産免責 ·················· 5, 12	預金担保貸付 ··············· 88

217

【ら行】

履行拒絶権‥‥‥‥‥‥‥‥‥‥105

履行請求権‥‥‥‥‥‥‥‥‥‥‥4

履行遅滞‥‥‥‥‥‥‥‥‥‥‥‥4

履行不能‥‥‥‥‥‥‥‥‥‥‥‥4

類推適用‥‥‥‥‥‥‥‥‥‥‥87

連帯債務‥‥‥‥‥‥‥‥‥‥143

連帯の免除‥‥‥‥‥‥‥‥‥146

連帯保証‥‥‥‥‥‥‥‥‥‥160

判例索引

大判明治 39 年 2 月 5 日民録 12 輯 136 頁 ･･････････････････････････････････････ 42

大連判明治 44 年 3 月 24 日民録 17 輯 117 頁 ･･････････････････････････････････ 31

大判明治 44 年 10 月 3 日民録 17 輯 538 頁 ･･････････････････････････････････ 42

大判昭和 7 年 6 月 21 日民集 11 巻 1198 頁 ･･････････････････････････････････ 21

大判昭和 10 年 3 月 12 日民集 14 巻 482 頁 ･･････････････････････････････････ 20

大判昭和 14 年 5 月 16 日民集 18 巻 557 頁 ･･････････････････････････････････ 24

最判昭和 29 年 9 月 24 日民集 8 巻 9 号 1658 頁 ･･････････････････････････････ 22

最判昭和 32 年 11 月 1 日民集 11 巻 12 号 1832 頁 ･･････････････････････････ 44

最判昭和 33 年 9 月 26 日民集 12 巻 13 号 3022 頁 ･･････････････････････････ 45

最判昭和 34 年 6 月 25 日民集 13 巻 6 号 810 頁 ････････････････････････････ 165

最大判昭和 39 年 12 月 23 日民集 18 巻 10 号 2217 頁 ･･････････････････ 69, 73

最大判昭和 40 年 6 月 30 日民集 19 巻 4 号 1143 頁【百選 II 22 事件】････････ 156

最判昭和 40 年 10 月 12 日民集 19 巻 7 号 1777 頁 ･･････････････････････････ 17

最判昭和 41 年 10 月 4 日民集 20 巻 8 号 1565 頁 ･･････････････････････････ 87

最判昭和 42 年 9 月 29 日民集 21 巻 7 号 2034 頁 ･････････････････････････ 193

最判昭和 42 年 11 月 9 日民集 21 巻 9 号 2323 頁 ･･･････････････････････････ 43

最判昭和 42 年 12 月 21 日民集 21 巻 10 号 2613 頁 ･･･････････････････････ 82

最判昭和 44 年 6 月 24 日民集 23 巻 7 号 1079 頁 ･･･････････････････････････ 19

最判昭和 44 年 12 月 19 日民集 23 巻 12 号 2518 頁 ･････････････････････････ 44

最判昭和 45 年 4 月 10 日民集 24 巻 4 号 240 頁 ･･･････････････････････････ 106

最大判昭和 45 年 6 月 24 日民集 24 巻 6 号 587 頁 ････････････････････ 71, 73

最判昭和 46 年 3 月 16 日民集 25 巻 2 号 173 頁 ･･･････････････････････････ 208

最判昭和 47 年 3 月 23 日民集 26 巻 2 号 274 頁 ･･･････････････････････････ 156

最判昭和 48 年 3 月 27 日民集 27 巻 2 号 376 頁 ･･･････････････････････････ 88

最判昭和 48 年 7 月 19 日民集 27 巻 7 号 823 頁 ･･･････････････････････････ 98

最判昭和 49 年 3 月 7 日民集 28 巻 2 号 174 頁 ････････････････････････････ 128

最判昭和 49 年 6 月 28 日民集 28 巻 5 号 666 頁 ･･･････････････････････････ 63

最判昭和 49 年 12 月 12 日判民 113 号 523 頁 ････････････････････････････ 52

最判昭和 50 年 12 月 8 日民集 29 巻 11 号 1864 頁【百選 II 28 事件】････････ 77

最判昭和 51 年 3 月 4 日民集 30 巻 2 号 48 頁 ･････････････････････････････ 60

最判昭和 52 年 3 月 17 日民集 31 巻 2 号 308 頁 ･･･････････････････････････ 99

最判昭和 53 年 9 月 21 日判時 907 号 54 頁 ･･････････････････････････････ 61

最判昭和 53 年 12 月 15 日判時 916 号 25 頁 ･･････････････････････････････ 112

最判昭和 54 年 9 月 7 日判時 954 号 29 頁 ･･･････････････････････････････ 63

最判昭和 57 年 12 月 17 日民集 36 巻 12 号 2399 頁【百選 II 20 事件】･･･････ 151

最判昭和 59 年 2 月 23 日民集 38 巻 3 号 445 頁 ･････････････････････････････････91
最判昭和 59 年 5 月 29 日民集 38 巻 7 号 885 頁【百選Ⅱ 36 事件】････････････････183, 195
最判昭和 60 年 1 月 22 日判時 1148 号 111 頁 ･･･････････････････････････････186
最判昭和 60 年 2 月 12 日民集 39 巻 1 号 89 頁 ･･･････････････････････････････166
最判昭和 61 年 2 月 20 日民集 40 巻 1 号 43 頁 ･･･････････････････････････････185
最判昭和 61 年 11 月 27 日民集 40 巻 7 号 1205 頁 ･･････････････････････････････201
最判昭和 63 年 10 月 13 日判時 1295 号 57 頁 ･･･････････････････････････････92
最判平成 2 年 4 月 12 日金法 1255 号 6 頁 ･･･････････････････････････････････212
最判平成 2 年 12 月 18 日民集 44 巻 9 号 1686 頁 ･･･････････････････････････････172
最判平成 3 年 9 月 3 日民集 45 巻 7 号 1121 頁 ･･･････････････････････････････213
最判平成 5 年 7 月 19 日判時 1489 号 111 頁 ･･･････････････････････････････････83
最判平成 7 年 3 月 23 日民集 49 巻 3 号 984 頁 ･･･････････････････････････････187
最判平成 7 年 6 月 23 日民集 49 巻 6 号 1737 頁 ･･･････････････････････････････214
最判平成 9 年 2 月 14 日民集 51 巻 2 号 337 頁【百選Ⅱ 70 事件】････････････････････61
最判平成 9 年 4 月 24 日民集 51 巻 4 号 1991 頁 ･･･････････････････････････････93
札幌高判平成 9 年 5 月 25 日金法 1535 号 67 頁 ･･･････････････････････････････65
最判平成 9 年 6 月 5 日民集 51 巻 5 号 2053 頁 ･･･････････････････････････････100
最判平成 9 年 7 月 15 日民集 51 巻 6 号 2581 頁 ･･･････････････････････････････61
最判平成 9 年 12 月 18 日判時 1629 号 50 頁 ･･･････････････････････････････204
最判平成 10 年 2 月 10 日金法 1535 号 64 頁 ･･･････････････････････････････65
最判平成 11 年 1 月 29 日民集 53 巻 1 号 151 頁 ･･･････････････････････････････112
最判平成 13 年 11 月 22 日民集 55 巻 6 号 1056 頁 ･･････････････････････････････118
最判平成 15 年 4 月 8 日民集 57 巻 4 号 337 頁【百選Ⅱ 35 事件】････････････････････84
最判平成 19 年 2 月 15 日民集 61 巻 1 号 243 頁 ･･･････････････････････････････120
最判平成 21 年 3 月 27 日民集 63 巻 3 号 449 頁 ･･･････････････････････････････101
最判平成 24 年 5 月 28 日民集 66 巻 7 号 3123 頁 ･･････････････････････････････169
最判平成 24 年 12 月 14 日民集 66 巻 12 号 3559 頁【百選Ⅱ 24 事件】･･･････････････161
最判平成 27 年 2 月 17 日民集 69 巻 1 号 1 頁 ･･･････････････････････････････167
最判平成 27 年 11 月 19 日民集 69 巻 7 号 1988 頁 ･･･････････････････････････････209

条文索引

110 条	86	432 条	152
116 条	101	433 条	152
136 条	69	436 条	143
145 条	159	437 条	149
152 条	159	438 条	144
351 条	172	439 条	144, 150
372 条	172	440 条	144
379 条	191	441 条	144, 149
398 条の 7	162	442 条	149, 184
412 条	4	443 条	150
412 条の 2	4	444 条	149
413 条	5	446 条	154
414 条	4, 7	447 条	155, 156
415 条	4	448 条	158
416 条	5	452 条	159
417 条	5	453 条	159
423 条	19	454 条	160, 207
423 条の 3	18	456 条	206
423 条の 5	18	457 条	158, 159
424 条	26, 40	459 条	163
424 条の 2	49	459 条の 2	164
424 条の 3	51	460 条	165
424 条の 4	52	461 条	165, 169, 174
424 条の 5	53	462 条	164
424 条の 6	37	463 条	164
424 条の 7	38	465 条	206
424 条の 9	37	465 条の 2	160
425 条	38	465 条の 3	160
425 条の 2	38	465 条の 4	161
425 条の 3	38	465 条の 5	161
425 条の 4	38	465 条の 6	154
426 条	26	465 条の 7	154
427 条	142, 152	465 条の 9	155
429 条	152	466 条	96
430 条	152	466 条の 2	106

466 条の 3	106	540 条	4
466 条の 4	107	563 条	62
466 条の 5	108	649 条	165
466 条の 6	123	719 条	147
467 条	76, 122, 125	881 条	97
469 条	78	改正前 423 条	21
473 条	56	改正前 424 条	27
474 条	176	改正前 434 条	147
478 条	19, 80, 133	改正前 437 条	145, 147
482 条	57	改正前 439 条	147
488 条	56	改正前 466 条	96
489 条	57	改正前 467 条	125
490 条	56	恩給法 11 条	97
492 条	57	国税徴収法 24 条	120
494 条	100	信用保証協会法 1 条	197
499 条	181	動産・債権譲渡特例法 4 条	126
500 条	181	破産法 2 条	170
501 条	180, 191	破産法 67 条	169
502 条	189	破産法 72 条	170
504 条	212	破産法 160 条	52
505 条	58, 59, 62	破産法 161 条	47
506 条	59	破産法 162 条	50
508 条	62	破産法 253 条	12, 159
509 条	63	非訟事件手続法 76 条 2 項（改正された）	24
510 条	65	民事執行法 22 条	17
511 条	69	民事執行法 152 条	65
513 条	57	民事執行法 155 条	8, 68
514 条	57	民事執行法 168 条 -174 条	7
515 条	57	民事保全法 1 条	10
518 条	57	民法施行法 5 条	126
519 条	58, 145		
520 条	58		

著者紹介

堀竹　学（ほりたけ　まなぶ）
（担当　②③④⑧⑨⑩）
大阪経済大学経営学部准教授
京都大学博士（法学）

吉原知志（よしはら　さとし）
（担当　①⑤⑥⑦⑪⑫⑬⑭⑮）
香川大学法学部准教授
京都大学博士（法学）

新民法の分析Ⅲ　債権総則編

2019 年 11 月 20 日　初版第 1 刷発行

著　者　　堀　竹　　　学
　　　　　吉　原　知　志
発行者　　阿　部　成　一

〒 162-0041　東京都新宿区早稲田鶴巻町 514 番地
発行所　　　株式会社　成文堂

電話 03(3203)9201　Fax 03(3203)9206
http://www.seibundoh.co.jp

印刷・製本　藤原印刷
© 2019 M. Horitake, S. Yoshihara　　　Printed in Japan
☆乱丁・落丁本はおとりかえいたします☆
ISBN978-4-7923-2743-9　C3032　　検印省略

定価（本体 2,500 円＋税）